高校教师发展
与优化课程设置探索

韩慧莉　著

中国铁道出版社有限公司
CHINA RAILWAY PUBLISHING HOUSE CO., LTD.

图书在版编目（CIP）数据

高校教师发展与优化课程设置探索/韩慧莉著.—北京：
中国铁道出版社有限公司，2024.7
ISBN 978-7-113-31106-3

Ⅰ.①高… Ⅱ.①韩… Ⅲ.①高等学校－师资培养－研究
②高等学校－课程设置－研究 Ⅳ.① G645.12 ② G642.3

中国国家版本馆 CIP 数据核字（2024）第 058185 号

书　　名：**高校教师发展与优化课程设置探索**
　　　　　GAOXIAO JIAOSHI FAZHAN YU YOUHUA KECHENG SHEZHI TANSUO
作　　者：韩慧莉

责任编辑：奚　源　　　编辑部电话：（010）51873005　　　电子邮箱：*zzmhj1030@163.com*
封面设计：文　亮
责任校对：刘　畅
责任印制：赵星辰

出版发行：中国铁道出版社有限公司（100054，北京市西城区右安门西街8号）
网　　址：http://www.tdpress.com
印　　刷：北京铭成印刷有限公司
版　　次：2024年7月第1版　2024年7月第1次印刷
开　　本：710 mm×1 000 mm　1/16　印张：16.25　字数：265千
书　　号：ISBN 978-7-113-31106-3
定　　价：85.00元

前　言

　　教育是社会发展的推动力，而高等教育作为培养专业人才的重要阶段，更是承载了培养创新思维、批判性思维和终身学习的责任。高校教师在这个过程中扮演着至关重要的角色，他们不仅需要深厚的学科知识，更需要具备创新教学方法、关注学生发展、促进跨学科合作的能力。因此，高校教师的发展与优化课程设置成为推动高等教育质量提升、培养具备综合素质人才的关键环节。

　　本书旨在探讨高校教师的发展与课程设置的优化，深入研究如何提高教师教学水平，促进课程体系的创新与升级。通过对高校教育中的新趋势以及前沿研究的剖析，提供一份全面而实用的指南，为高校教师提供发展的路径和优化课程设置的灵感。

　　高校教师作为知识传承者和培养人才的重要力量，其发展与课程设置的优化将直接影响国家和社会的未来。通过这本书，我们希望激发高校教师的创新思维，提供实用的指导原则，促进高校教育的发展与优化。

著　者

2024 年 4 月

目 录

第一章　教师发展概述

第一节　教师职业发展模型

一、教师职业发展阶段的理论

教师职业发展阶段的理论是教育领域中的一个重要研究方向，它旨在深入了解教师在职业生涯中所经历的不同阶段，并为教育管理者、培训机构以及个体教师提供有效的指导。在过去的几十年里，许多学者提出了不同的教师职业发展阶段理论，其中一些理论被广泛接受和应用。本部分将综述一些主要的教师职业发展阶段理论，探讨它们的主要观点、对教育实践的启示以及未来的研究方向。

（一）发展阶段理论概述

1. 伯利纳的发展理论

伯利纳是早期提出教师发展阶段理论的学者之一。他认为，教师的发展过程分为五个阶段：入门阶段、熟练阶段、精通阶段、专家阶段和大师阶段。每个阶段都有其特征和任务，教师在不同阶段面临不同的挑战和发展需求。

2. 柯尔汉姆的发展理论

柯尔汉姆提出的发展理论强调了教师的自我发展和反思。他将教师职业发展划分为三个主要阶段：职业初期、职业中期和职业后期。在这个理论中，教师通过反思和不断学习，逐渐形成独立的教学风格和专业身份。

3. 弗拉特的发展理论

弗拉特的发展理论强调了教师在专业化过程中的动态变化。他将教师的职业发展划分为四个阶段：起始阶段、适应阶段、整合阶段和探索阶段。在这个理论中，教师在职业发展过程中经历不同的学习和适应过程，逐渐形成自己的教育信仰和实践方式。

（二）发展理论对教育实践的启示

1. 个体差异的认知

发展理论有助于认识到不同教师在职业生涯中可能经历不同的发展轨迹。了解教师个体差异，有助于教育管理者更好地制订个性化的职业发展计划，提供有针对性的培训和支持。

2. 专业发展的引导

理解教师职业发展阶段有助于为教师提供更明确的职业发展目标和路径。培训机构和学校可以为不同阶段的教师提供相应的专业发展课程和机会，促进其在专业领域的不断成长。

3. 提升教学质量

通过理论指导，教育工作者可以更好地理解教师职业发展中可能出现的困境和瓶颈，这有助于为教师提供有效的支持，促使教师克服挑战，提升教学质量。

（三）未来研究方向

1. 教师发展的跨文化研究

当前的发展理论主要基于近现代文化和教育背景，未来的研究可以关注不同文化背景下教师职业发展的特点和差异，以更好地指导更大范围的教育实践。

2. 教师发展与技术融合

随着科技的快速发展，未来的研究可以深入探讨教师在数字化时代的职业发展需求和挑战，以及技术对教师发展的影响。

3. 教师发展与教育政策

未来研究可以更加关注教育政策对教师职业发展的影响。政策制定者可以借鉴发展理论，制定更符合教师发展需求的政策，促进教育体系的健康发展。

教师职业发展阶段的理论为教育实践提供了重要的指导和启示。了解教师在不同阶段的发展特点，有助于制订更科学的培训计划、提供个性化的支持，推动教育体系的不断优化。未来的研究应更加关注跨文化和技术融合等方面，为应对全球化和数字化时代的教育挑战提供更有效的解决方案。

二、教师发展的生命周期模型

教师发展的生命周期模型是一种理论框架，用于描述教师在其职业生涯中经历的不同阶段、发展任务和需求。这样的模型有助于理解教师在不同阶段的专业成长，为教育管理者提供指导，并为教育政策和教育培训提供基础。在本书中，将讨论一些主要的教师发展生命周期模型，包括其核心理论观点、阶段划分以及对教育实践的启示。

（一）教师发展生命周期模型概述

1. 辛格赖特的教育生命周期模型

辛格赖特提出的教育生命周期模型将教师发展划分为四个阶段：入门阶段、熟练阶段、经验阶段和专家阶段。在入门阶段教师主要关注基本的课堂技能和适应学校文化；熟练阶段着重提高教学技能；经验阶段强调个性化的教学风格；专家阶段则是对整个教育领域有深刻的理解和影响力。

2. 佩里的成人思维发展理论

佩里的成人思维发展理论强调个体在不同阶段的思维和认知发展。他将发展划分为四个阶段，包括初级阶段、学徒阶段、独立阶段和专业阶段。佩里认为，教师的思考方式和对教学的看法会随着时间和经验的增长而发生变化。

3. 伯利纳的五个阶段模型

伯利纳提出的五个阶段模型包括入门、熟练、精通、专家和大师五个阶段。每个阶段都有其特征和发展任务，教师在这个过程中逐渐形成自己的专业身份和教学风格。

（二）生命周期模型的核心理论观点

1. 阶段性发展

这些生命周期模型都强调教师发展是一个分阶段的过程。每个阶段有其独特的任务和挑战，教师需要适应并发展相应的技能和认知。

2. 个体差异

生命周期模型也考虑了教师个体差异。不同的教师在同一阶段可能有不同的需求和发展速度，这表明生命周期模型并不是一种刚性的框架，而是具有一定的灵活性。

3. 反思和学习

这些模型普遍强调教师在每个阶段都需要进行反思和学习。通过对教学实践的反思，教师能够更好地适应变化，提高专业水平。

（三）对教育实践的启示

1. 制订个性化的发展计划

了解教师发展的阶段性特征，有助于制订更个性化的发展计划。学校和教育管理者可以根据教师所处的生命周期阶段，为其提供有针对性的培训和发展机会。

2. 提供合适的支持

生命周期模型提示了不同阶段的教师可能面临的挑战，这为学校提供了合适的支持的线索。例如，在入门阶段，新教师可能需要更多的指导和支持，而在专业阶段，教师可能更需要独立发展和探索创新。

3. 促进专业社群建设

理解生命周期模型有助于促进专业社群的建设。在学校组织中，可以鼓励不同阶段的教师互相合作、交流经验，从而形成更加有活力和具有学习氛围的专业社群。

（四）未来研究方向

1. 跨文化比较

未来的研究可以更加关注不同文化背景下教师发展的生命周期模型，探索其中的异同，为全球范围内的教育提供更为有效的指导。

2. 教师发展与技术应用

随着科技的发展，未来的研究可以深入探讨教师发展与技术融合的关系，包括如何利用技术促进教师的专业发展、培训和跨学科合作。

3. 教育政策与生命周期模型的结合

未来的研究可以更深入地探讨生命周期模型如何与教育政策相结合，以更好地支持教师职业发展，这包括如何制定政策以鼓励教师继续学习、提供更多的发展资源等方面。

教师发展的生命周期模型提供了一个理解教师职业发展的有力工具，这些模型通过对教师职业生涯的不同阶段进行深入研究，为教育体系提供了更加精细化和个性化的管理和支持策略。总体来说，这些模型的启示可以概括为三个方面：发展的阶段性特征、个体差异的重要性以及反思与学习的核心作用。

教师发展生命周期模型强调教师职业发展是一个阶段性的过程。每个阶段都伴随着不同的任务和需求，这要求教育管理者和政策制定者提供相应的支持和培训，以满足教师在不同发展阶段的需求。从入门到专家，教师需要不断适应新的教育环境、提高专业技能，并在个人发展中寻找更高的目标。

个体差异的认知是这些模型的另一个核心理念。不同的教师在同一阶段可能有不同的发展速度和需求。因此，个性化的支持策略显得尤为重要。学校和教育机构应该通过定制化的培训计划、个别指导以及专门针对不同发展阶段的资源投入，满足教师的差异化需求。

最后，反思与学习是教师发展生命周期模型的核心。教师职业发展并非一成不变，需要不断地反思和学习。这强调了教育体系中建立学习型组织的重要性，鼓励教师通过不断反思实践经验、参与专业发展活动，以推动个人和组织的共同成长。

未来研究方向可以更深入地探讨生命周期模型在实际应用中的有效性，并结合现代教育技术的发展，深入理解在线学习、虚拟培训等手段对教师职业发展的影响。此外，还可以通过纵向跟踪调查和横向比较研究，验证生命周期模型的普适性，以适应不同文化、不同背景的教育体系。

总体来说，教师发展生命周期模型为教育管理者、政策制定者和教育研究者提供了一种深刻的理解教师职业发展的工具。通过了解不同阶段的特征和需求，能够更好地支持教师的职业发展，从而提升整个教育系统的质量和效益。

三、教师职业发展路径的多样性

教师职业发展路径的多样性是指在教育领域，教师在其职业生涯中可以选择和经历各种不同的发展道路。这种多样性可能源自个体差异、专业兴趣、学科领域、教学经验等多个因素。本书将深入探讨教师职业发展路径的多样性，涵盖不同的发展轨迹、影响因素以及对教育体系的意义。

（一）教师职业发展的多样性

1. 不同的教育阶段

教师职业发展的多样性首先体现在教育阶段的不同。有些教师可能选择从事基础教育，如小学或初中教育，而另一些可能更倾向高中或大学层次的教育。不同阶段的教育需要不同的教学方法和技能，因此，教师在职业发展中可能会选择适应不同阶段的教育。

2. 学科和专业方向

教师职业发展的多样性还表现在选择不同的学科和专业方向上。一些教师可能对数学或科学领域有浓厚的兴趣，而另一些可能更喜欢文学或社会科学。在教育领域，这种多样性反映在不同学科和专业领域的师资队伍中。

3. 行政与教学路径

教师职业发展的多样性还可以通过选择行政或教学路径来体现。有些教师可能选择成为学校的管理者、主管或行政人员，而另一些可能更倾向深耕教学，成为专业的学科教育者。这种选择取决于个体的领导才能、兴趣和职业目标。

4. 教育技术和创新路径

随着科技的不断发展，教育技术和创新领域的崛起为教师提供了另一种职业发展的路径。一些教师可能对将技术整合于教学深感兴奋，选择从事与教育技术、在线教育、远程学习等相关的工作。这种路径注重创新和教学方法的不断更新。

5. 继续教育和研究方向

教师职业发展的多样性还可以通过追求继续教育和研究方向来实现。一些教师可能选择攻读更高学位，深入研究教育领域的理论和实践，他们可能成为学术界的一员，从事教育研究和学术写作。

（二）影响教师职业发展多样性的因素

1. 个体差异

每个教师都是独一无二的，个体差异是影响教师职业发展路径多样性的重要因素。不同的教师有不同的兴趣、技能、价值观和职业目标，这将直接影响他们在教育领域中的选择和发展路径。

2. 教育背景和培训

教育背景和培训也是塑造教师职业发展多样性的关键因素。具有不同学科、专业或培训背景的教师可能更容易选择不同的发展路径，例如，具有艺术背景的教师可能更容易涉足创意教育领域。

3. 教育体系和文化

不同国家和地区的教育体系和文化也会影响教师职业发展路径的选择。一些国家更注重教师在研究领域的发展，而另一些国家更强调实践和教学技能的培养。

4. 社会需求和教育政策

社会需求和教育政策是塑造教师职业发展路径多样性的外部因素。当社会对某一领域的需求增加时，教师将更倾向选择与之相关的发展路径。教育政策的变化也会影响教师的职业发展选择，例如，某些政策鼓励教师参与继续教育或专业发展。

（三）多样性对教育体系的意义

1. 促进教育创新

教师职业发展路径的多样性有助于促进教育创新。不同背景、兴趣和专业领域的教师在各自的发展路径上能够带来不同的思维和观点，从而推动教育体系更好地适应社会变革和技术发展。

2. 满足不同层次的教育需求

教育体系中有各类不同层次和类型的学生，对应也存在各种不同的教育需求。教师职业发展的多样性有助于满足不同层次学生的需求。一些教师更专注提高基础教育的质量，而另一些教师更专注高等教育或职业培训，这样的差异性有助于建立更全面的教育系统，为学生提供更丰富的学习经验。

3. 促进专业社群建设

不同发展路径上的教师形成了各种专业社群。这种社群能够为教师提供交流、合作和共享经验的平台，促进彼此之间的专业发展。通过不同领域和层次的教师互相激励和支持，整个教育体系能够更好地适应变化和创新。

4. 增加教育系统的灵活性

教师职业发展路径的多样性增加了整个教育系统的灵活性。在社会、科技和经济等方面的变化中，灵活性是教育体系适应和应对挑战的关键。有着多样发展路径的教师能够更好地适应变化，从而提高教育体系的韧性。

5.丰富学科和专业知识

教师在不同的职业发展路径上可获取不同的学科和专业知识，这样的多元化有助于拓宽教育领域的知识边界，丰富学科内涵，为学生提供更广泛的知识视野。例如，从事教育技术的教师可能为学生提供更现代化、创新性的学习体验。

（四）应对挑战和未来展望

1.挑战

尽管教师职业发展路径的多样性带来了丰富性和灵活性，但也面临一些挑战。其中之一是如何在多元性中保持教育体系的整体协调性和质量。另外，有些发展路径可能存在社会认可程度和待遇的挑战，需要更多的努力来提高各种发展路径的社会地位和专业认可。

2.未来展望

未来应该继续探索和鼓励更多形式的教师职业发展路径，这包括提供更灵活的培训机会、支持跨学科合作以及鼓励跨领域经验等方式，促进教师在职业发展中的多样性。同时，政府、学校和社会应该加强对不同发展路径教师的支持，确保他们能够获得公平的机会和待遇。

此外，未来还应该注重教师发展路径的可持续性和持续学习。教育领域的发展日新月异，教师需要不断更新知识、适应新的教学技术和方法。为教师提供持续学习和发展的机会，有助于构建更具活力和适应力的教育体系。

教师职业发展路径的多样性是教育体系的一项重要特征。这种多样性为教育体系带来了丰富性、灵活性和创新性。了解和尊重不同发展路径上教师的选择，为其提供支持和鼓励，是建设更健康、更具活力的教育体系的关键。通过共同努力，可以推动教育体系不断发展和进步，以更好地满足学生和社会的需求。

第二节　教师专业发展机会

一、教师学术研讨会与培训

教师学术研讨会与培训是教育领域中至关重要的专业发展机会，它们为教师提供了深入学习、交流思想、分享最新研究成果以及提升教育技能的平台。这两者不仅有助于教师在学科知识和教学方法上不断提高，同时也促进了教育体系的创新和发展。本部分将深入探讨教师学术研讨会与培训的意义、组织方式、对教育体系的影响以及未来的发展趋势。

（一）教师学术研讨会的意义

1. 提升学科专业水平

教师学术研讨会为教师提供了在学科专业领域深入学习的机会。通过参与研讨会，教师能够接触到最新的学科研究成果、理论观点和教学方法，从而提升自身学科专业水平。这有助于确保教学内容的科学性、先进性和实用性。

2. 促进教育研究与创新

学术研讨会为教师提供了展示和分享研究成果的平台。教师通过交流研究成果，可以从同行的反馈中获取启示，加深对研究问题的理解，并激发创新思维。这有助于推动教育研究的发展，为教育领域的创新提供新思路。

3. 促进教师合作与共享

学术研讨会也是促进教师之间合作与共享的平台。教师可以通过交流教学经验、分享教材和教学资源，共同解决教学中的难题。这有助于建立更加紧密的教育专业社群，提高整个教育体系的协同效应。

4. 强化教育职业认同感

参与学术研讨会有助于加强教师的专业认同感。通过与同行的互动，教师能够深刻体会到自己是一个庞大、有责任感的职业群体的一员，有助于提高教师对自己职业的自豪感和责任心。

（二）教师培训的意义

1.更新教育理念与教学方法

教师培训为教育工作者提供了学习新教育理念和教学方法的机会。不断更新和适应最新的教学理念有助于提高教师的教育水平，确保他们的教学方法与时俱进，更好地满足学生的需求。

2.提高教育技能

通过培训，教师可以获得更多实践经验和专业技能。这包括课堂管理、教学设计、评估方法等多方面的技能。培训旨在提高教师的教育水平，使他们能够更好地应对多样化的学生需求。

3.促进专业发展

培训活动也是教师专业发展的关键环节。不仅是学科知识，还包括教育领域的相关法规、伦理规范等。这有助于提高教师的专业素养，推动整个教育体系的提升。

4.提升教师职业满意度

通过培训，教师能够更好地适应职业发展的需求，提高自身的职业满意度。提供良好的培训机会不仅有助于教师更好地完成工作，还能够激发他们对职业的热情和动力。

（三）学术研讨会与培训的组织方式

1.学术研讨会

学术论文征集与评审：组织者通常会向教育界发出学术论文的征集通知，然后通过评审机制选择合适的论文予以发表。

专题演讲与分论坛：学术研讨会通常包括一些专题演讲，邀请知名学者分享最新的研究成果，同时设立分论坛，便于教师在具体问题上深入讨论。

互动交流环节：为了促进与会者之间的互动，学术研讨会通常设有问答、小组讨论、展示展览等环节。

2.教师培训

定期举办培训课程：学校、教育机构或教育部门可以定期组织各类培训课程，覆盖教育理论、教学方法、课程设计、教育技术等多个方面，这些培训可以根据不同学科、年级和教学需求进行分类。

专业导师和专家讲座：邀请有经验的专业导师和领域专家来讲座，分享他们的成功经验和专业知识，这有助于培养教师的实践能力和专业素养。

实践操作和案例分析：通过实践操作和案例分析，培训教师解决实际教学中的问题，这样的培训形式能够使教师更好地将理论知识转化为实际教学能力。

在线培训和远程学习：随着技术的进步，许多培训机构提供在线培训和远程学习的机会，教师可以通过网络参与培训活动，更加灵活地安排学习时间。

（四）学术研讨会与培训对教育体系的影响

1. 教学质量的提升

学术研讨会与培训有助于提升教师的学科水平和教育技能。通过学术研讨会，教师能够了解最新的教育研究成果，通过培训则能够掌握新的教学方法，这将直接影响到教学质量的提升。

2. 促进教育创新

学术研讨会和培训为教师提供了认识和应用新理念的机会。教师通过接触最新的研究、教学理论，更容易获得创新的灵感，从而促进教育体系的不断创新和进步。

3. 专业社群的形成

通过学术研讨会与培训，教师能够建立起同行之间更为紧密的联系，这有助于形成专业社群，教师在这个社群中可以分享经验、互相支持，共同探讨教育领域的问题。

4. 教育领域的发展

学术研讨会与培训是推动教育领域发展的重要因素。通过不断交流和学习，教师能够在各个方面保持专业素养，同时也能够促使整个教育领域朝着更加科学、先进的方向发展。

（五）未来发展趋势

1. 数字化与在线学习

随着数字技术的飞速发展，未来的学术研讨会与培训将更加数字化和在线化，这意味着教师可以更加方便地参与培训活动，可以随时随地进行学习。

2. 跨学科与跨领域

未来的培训与研讨会将更加注重跨学科和跨领域的内容，这有助于打破学科壁垒，促进不同领域之间的交流，培养更全面的教育人才。

3. 教育技术与创新方法

未来的培训和研讨会将更加关注教育技术的应用和创新方法的探索。教师将学到如何更好地利用技术提高教学效果，以及如何运用创新方法应对日益复杂的教育环境。

4. 全球化视野

未来的学术研讨会与培训将更加强调全球化视野，通过与国际上的教育专家和机构合作，教师可以获取更广泛的教育经验，了解教育的最新动态。

学术研讨会与培训对于教师的专业发展至关重要，它们不仅提供了学科知识和教育技能的更新机会，更为教育体系的创新和发展提供了重要支持。在未来，随着数字化技术的发展和全球教育的紧密联系，学术研讨会与培训将继续发挥着重要的作用，推动教育领域的不断进步。通过不断改进培训机制、提升学术研讨会的质量，可以更好地激发教师的学习热情，促使他们在不断变化的教育环境中更好地适应和发展。

在未来，教师学术研讨会和培训将更加注重个性化发展。因为每位教师都具有独特的背景、兴趣和需求，个性化的培训计划和研讨会内容可以更好地满足不同教师的发展需求。这或许包括定制化的在线学习课程、专业领域的深度研讨以及更加灵活的学术交流平台。

同时，教育机构和政府应该加强对教师学术研讨会和培训的支持，这不仅包括提供经济支持，还包括制定相应政策，为教师参与学术研讨会和培训提供更多的便利和奖励。培训机构和学术组织也应该更加密切地与学校、教育机构等合作，共同推动教师专业发展。

教育界需要更加注重对学术研讨会和培训效果的评估。通过科学的评估方法，可以更好地了解教师参与培训和研讨会后的实际变化和提升，这有助于不断改进培训和研讨会的质量，确保它们真正成为推动教育领域进步的有效平台。

总体而言，教师学术研讨会与培训在教育领域中具有不可替代的作用，它们是教师专业发展的关键环节，有助于提升教育体系的整体水平。随着未来的发展，我们期待看到更加创新和多样化的培训方式，更加灵活和个性化的研讨会组织，以推动教育领域不断迈向新的高度。

二、导师制度的效果与挑战

导师制度是一种旨在帮助个体职业生涯发展的组织内部机制，它为新加入的成员提供指导、支持和培训，以促使其更好地适应组织文化，提高工作效能。导师制度在不同领域、行业以及教育机构中得到广泛应用，旨在促进组织中人才的培养和保留。这里将深入探讨导师制度的效果和面临的挑战，以更全面地理解这一机制的运作和影响。

（一）导师制度的效果

1. 新员工融入与适应

导师制度为新员工提供了一个融入组织的平台，通过指导和支持，新员工能够更快地适应组织文化、规章制度以及工作环境。这对于新员工的职业生涯起步非常关键，有助于缩短他们的学习曲线，更快地为组织作出积极贡献。

2. 个体职业发展支持

导师制度提供了一种持续的职业发展支持机制。通过与导师的交流，个体能够更清晰地了解自己的职业目标、优势和发展方向。导师可以分享自身的经验，为个体提供有针对性的建议，帮助其更好地规划和实现职业发展路径。

3. 知识传承与经验分享

导师制度有助于知识的传承和经验的分享。有经验的导师可以通过与新人的互动，将自身的专业知识、技能和经验传授给新一代成员，从而保持组织内部的知识连续性，提高整体的业务水平。

4. 增强团队凝聚力

通过导师与被指导者的密切互动，团队凝聚力得以增强。导师制度不仅是一种一对一的关系，也促进了更广泛的团队合作和协同工作，这有助于形成积极的工作氛围，提高整个团队的绩效。

5. 提高员工满意度

有良好导师制度的组织通常能够提高员工满意度。员工感受到组织对其个人和职业发展的关注，有助于激发他们的工作热情和忠诚度，这对于减少员工的流失率、提高组织的声誉都具有重要意义。

（二）导师制度面临的挑战

1.时间和资源投入

导师制度需要组织投入大量的时间和资源，尤其是导师。对导师而言，除了完成自己的工作任务外，还需要花费时间指导和培养新人，这可能对导师的工作负担产生影响，尤其是在工作压力较大的情况下。

2.导师与被指导之间的关系管理

导师与被指导者之间的关系可能面临复杂性。有时，导师与被指导者可能存在权力差异、沟通障碍等问题，这可能导致关系紧张，影响到导师制度的正常运作。因此，需要一定的管理和培训来提高导师的指导能力。

3.个体差异和期望管理

不同的个体可能有不同的期望和需求。有些被指导者可能更需要职业发展方面的支持，而有些可能更注重技能培训。导师需要灵活地适应不同个体的需求，这对于组织而言是一项挑战。

4.绩效评估和效果测量

衡量导师制度的有效性并非易事。传统的绩效评估方法难以全面反映导师制度对个体和组织的贡献。因此，建立科学有效的评估体系，全面了解导师制度的实际效果，是一个亟待解决的问题。

5.跨文化和跨代沟通

在跨文化和跨代的工作环境中，导师制度可能会受到文化差异和代际差异的影响。导师需要具备跨文化沟通的能力，了解不同文化背景和代际特点，以更好地履行导师的职责。

（三）导师制度的优化与改进

1.建立完善的培训机制

为导师提供专业的培训，帮助他们更好地理解导师制度的目标和操作方式。培训内容可以包括沟通技巧、职业规划知识、跨文化管理等方面，以提升导师的指导能力。

2.引入科学技术支持

引入科技手段，如导师制度管理软件和在线培训平台，可以帮助组织更好地管理导师制度，这些工具可以跟踪和评估导师与被指导者之间的交流、目标达成情况等数据，帮助组织更好地了解导师制度的运作效果。

3.制定明确的导师制度政策

组织需要制定明确的导师制度政策，包括导师与被指导者的角色、期望、责任和权利等方面的规定，这有助于减少不确定性，提高导师制度的透明度，使每位成员都能够清晰地了解自己在导师制度中的地位和责任。

4.建立导师制度的绩效评估体系

为了更好地衡量导师制度的效果，组织可以建立绩效评估体系。通过收集数据，包括导师和被指导者的反馈、职业发展情况等，定期进行评估，这有助于发现导师制度中的问题并及时进行调整和改进。

5.提供多样化的导师选择

为了更好地应对个体差异和期望的挑战，组织可以考虑提供多样化的导师选择。例如，可以设立不同领域、不同层级的导师，以满足不同成员的需求。此外，引入"导师团队"模式，由多位导师共同指导一个被指导者，也是一种可行的方式。

6.鼓励导师和被指导者的双向反馈

建立开放的沟通渠道，鼓励导师和被指导者进行双向反馈，这有助于改善导师制度的运作，使导师更好地理解被指导者的需求，同时被指导者也能够提供对导师的建设性意见。双向反馈有助于建立更加健康、积极的指导关系。

（四）未来导师制度的展望

未来，随着工作环境和组织形式的变革，导师制度会朝着更加灵活和创新的方向发展。以下是未来导师制度可能的发展趋势：

1.虚拟导师制度

随着远程工作和在线协作的普及，未来的导师制度可能更加注重虚拟导师制度，这意味着导师与被指导者之间的交流更多地依赖于数字化工具，导师通过在线平台提供支持和指导。

2.跨界导师制度

未来的导师制度可能更加注重跨界导师制度。在不同行业、不同领域之间进行跨界的导师指导，有助于个体获得更广泛的经验和知识，促进跨学科的发展。

3.数据驱动的导师制度

未来的导师制度可能更加依赖数据驱动。通过使用大数据和人工智能技术，组织可以更全面地分析导师制度的运作效果，及时发现问题并做出调整。

4.多元化导师制度

随着全球化的发展，未来导师制度可能更加注重多元化。组织需要培养导师具备跨文化沟通的能力，以更好地满足多元化工作环境中成员的需求。

5.社会化导师制度

未来导师制度可能更加社会化。除了组织内部的导师制度，个体也可以通过社交平台等渠道找到外部导师，进行跨组织、跨行业的指导，这有助于个体获取更广泛的资源和支持。

导师制度是一种重要的组织内部机制，它对于新员工融入、个体职业发展、知识传承和团队凝聚等方面都有着积极的作用。然而，导师制度也面临着时间和资源投入、关系管理、个体差异等多重挑战。通过建立完善的培训机制、技术支持，明确政策和绩效评估体系，组织可以更好地优化和改进导师制度。未来，导师制度将朝着虚拟化、跨界化、数据驱动、多元化和社会化的方向发展，以更好地适应不断变化的工作环境。

三、教育团队中的专业发展机会

教育团队的专业发展是一个至关重要的议题，它直接关系到教育质量、学生学习成果和整个教育体系的创新与进步。在迅速变化的社会环境中，提供有效的专业发展机会对于教育从业者的个人成长和团队的整体素质至关重要。下面将深入探讨教育团队中的专业发展机会，包括不同层次的机会、新兴的趋势以及如何最大程度激发教育从业者的潜力。

（一）教育团队中的专业发展层次

1.个体层面的专业发展

个体层面的专业发展是教育团队中最基础也最核心的部分。这包括：

（1）持续学习。个体需要不断学习新的知识和技能，这可以通过参加培训、研讨会、读书以及在线学习等方式实现。教育从业者需要保持对学科知识、教育理论和教学方法的敏感性，以适应不断变化的教育环境。

（2）反思与自我评估。反思和自我评估是个体专业发展的重要环节。通过定期反思自己的教学实践、学科理解和教学方法，教育从业者可以发现自身的优势和不足，从而有针对性地进行提升。

（3）参与研究和创新。积极参与研究和创新是个体专业发展的有效途径。参与研究和创新包括在教育领域发表论文、参与教育项目、设计创新的教学方法等，通过这些活动，个体能够不断提高自己的专业水平，为团队和学生提供更优质的服务。

2. 团队层面的专业发展

团队层面的专业发展关注的是整个教育团队的协同作战和共同提升，这包括：

（1）协作与团队建设。在教育团队中，协作和团队建设至关重要。团队成员之间需要建立有效的沟通机制，共同制定团队目标，协同合作以提高整体绩效。团队建设活动、定期的团队会议和合作项目都是促进这一层面专业发展的方式。

（2）共享资源和经验。教育团队中的成员应该鼓励共享资源和经验，这可以通过建立内部网络平台、定期举办经验分享会议、共同编写教材等方式实现。通过分享，团队成员可以互相借鉴，形成更为丰富的教学方法和经验。

（3）跨学科合作。跨学科合作是团队层面专业发展的一个新兴趋势。教育问题往往是复杂的，需要不同学科的知识来综合解决。通过促进跨学科合作，教育团队可以更好地应对多样性的学生需求，提供更全面的教育服务。

3. 教育机构层面的专业发展

在整个教育机构层面，专业发展需要更广泛的支持和战略规划。这包括：

（1）制定明确的专业发展政策。教育机构需要制定明确的专业发展政策，明确个体和团队的发展方向、目标和支持措施，这可以通过建立专门的专业发展部门或委员会来实现。

（2）提供多样化的培训和发展机会。教育机构应该提供多样化的培训和发展机会，涵盖不同层次、不同需求的教育从业者，这包括定期的培训课程、讲座、研讨会、外部交流等。

（3）鼓励教育创新。鼓励教育创新是机构层面专业发展的关键。教育机构可以设立创新基金、支持教师参与教育科研项目、提供教学实践创新的奖励等,激发教育团队的创新活力,这有助于推动教育体系不断更新,适应时代需求。

(4)促进国际化交流。为了拓宽教育视野,教育机构可以积极促进国际化交流,这包括与国外教育机构建立合作关系、邀请国际专家来讲座、支持教师赴国外学术交流等。国际交流有助于引入先进的教育理念和经验,提升整体教育水平。

(二)新兴趋势与技术驱动的专业发展机会

1.在线学习与虚拟教育

随着信息技术的不断发展,在线学习和虚拟教育成为专业发展的新兴趋势。教育从业者可以参与在线学习平台、观摩虚拟教学案例,拓展自己的知识储备,学习先进的教学技术和方法。

2.人工智能在教育中的应用

人工智能在教育领域的应用为专业发展提供了新的机遇。教育机构可以引入智能教学辅助系统,为教师提供个性化的教学建议和学生分析。教师可以通过学习和使用人工智能工具,提高教学效率和个体化教育水平。

3.利用大数据进行个性化发展

大数据技术的应用使得个性化发展更加可行。通过分析大数据,教育机构可以更准确地了解每个教育从业者的需求,进而为其提供个性化的专业发展建议,这有助于提高发展的精准性和实效性。

4.专业社交网络

专业社交网络的兴起为教育从业者提供了一个分享和交流的平台。在这些网络上,教育从业者可以加入专业组织、参与专题讨论、获取最新的教育动态,这样的专业社交网络为个体和团队提供了一个广泛互动的空间。

5.虚拟实境(VR)和增强实境(AR)技术

虚拟实境和增强实境技术为专业发展提供了更为丰富的学习体验。通过使用 VR 和 AR 技术,教育从业者可以参与虚拟教学场景,提高实际操作技能,体验更多元的教学情境。

(三)激发教育从业者的潜力

1.提供多样化的职业晋升通道

为了激发教育从业者的潜力,教育机构应该提供多样化的职业晋升通道,这包括教育研究、教材编写、教学设计等不同的职业发展方向。通过提供更多的选择，教育从业者能够根据个人兴趣和特长找到最适合自己的发展路径。

2. 鼓励实践和行动研究

实践和行动研究是激发潜力的有效途径。教育从业者通过教学实践不断尝试、反思并进行研究，能够更好地理解教育过程，提高解决问题的能力，推动个人和团队的专业发展。

3. 建立导师制度

导师制度为新老教育从业者之间搭建了一个沟通与学习的桥梁。有经验的导师可以通过分享经验、提供指导，帮助新人更好地适应教育环境，激发其教育热情。同时，新人的不同视角也能够给导师带来新的思考和启发。

4. 奖励制度与认可机制

建立奖励制度与认可机制是激发潜力的重要手段。通过设立教育贡献奖、教学优秀奖等奖项，以及建立明确的认可机制，可以激发教育从业者的积极性，使其在专业发展中不断追求卓越。

5. 持续的专业发展培训

提供持续的专业发展培训是激发潜力的关键。培训不仅应该覆盖新的教学方法和技术，还应该关注心理学、沟通技巧、团队管理等多方面的素养。这种全方位的培训有助于教育从业者更全面地发展自己的能力，适应不断变化的教育需求。

6. 创造积极的工作环境

营造积极的工作环境对于激发教育从业者的潜力至关重要。一个支持创新、尊重个体差异、鼓励沟通和合作的工作环境，有助于激发教育从业者更好地发挥个人潜力。领导者在这方面扮演着重要的角色，需要通过制定积极的政策、提供资源支持、关心员工的个人发展等方式，创造出积极向上的工作氛围。

7. 反馈和评估机制

建立有效的反馈和评估机制是激发教育从业者潜力的有效手段。通过及时反馈，教育从业者可以了解自己的优势和不足，从而有针对性地进行改进。评估机制应该是公正的，基于客观数据和事实，有利于发现和表彰教育从业者的潜力和贡献。

在不断发展的教育环境中，专业发展已经不再是一个按部就班的任务，而是一个需要不断创新和适应的过程。教育团队的专业发展不仅关系到每位教育从业者的个体成长，更关系到整个教育体系的质量和创新。

通过个体层面、团队层面和机构层面的专业发展机会，教育从业者能够不断拓展自己的知识、提高教育水平，进而提升整个团队的综合素质。新兴趋势和技术的引入为专业发展提供了更多元的选择和更丰富的学习体验。激发教育从业者的潜力需要全方位的支持，包括多样化的职业通道、实践与行动研究、导师制度、奖励与认可机制、专业发展培训、积极的工作环境以及有效的反馈和评估机制。

总体而言，专业发展不仅是一项任务，更是一种态度。教育从业者需要保持对学习和创新的热情，积极主动地参与专业发展，不断提高自身的专业素养。教育机构和领导者则需要为教育团队提供全方位的支持和引导，为其专业发展创造良好的条件。只有通过共同努力，教育团队才能在不断变化的时代中保持活力、提高水平，为学生提供更优质的教育服务。

第二章　高校教师教学能力

第一节　课堂教学

一、备课

教师在接受一门课程的讲授任务后，第一步要认真研究这门课程的教学大纲。因为教学大纲是执行教学计划的基本纲要，也是指导学生学习、进行教学质量评估的重要依据。通过对教学大纲的阅读，可以从中了解课程的性质、教学的目的和任务、各章节的主要内容和重难点、课时安排、考核方式、参考书籍等相关信息，让教师对课程的教学过程从总体上进行把握，有利于备课、课堂教学等工作的开展。

备课的第二步是仔细通读教材。教材是知识的载体，也是教师讲课的基本依据。教师要根据教学大纲的要求，将课程选用的教材认真阅读几遍，对相关知识点的概念、定义、公式推导、案例等内容力争理解透彻并烂熟于心。同一门课程往往有多本教材，不同的教材编写思路并不一样，对相同知识点的叙述也不尽相同，因此还需要教师选择几本相同课程的其他教材进行对比阅读，这样既能掌握不同教材的编写思路，还能从不同角度对同一个知识点进行解读，开阔思路，有利于课堂教学的展开。

备课的第三步是写教案。这里有两个问题需要特别指出：有些初次上课的青年教师，没有把整门课的教案完整地写好，就匆忙上阵，课上到哪里教案写到哪里；有些教师认为有了课件，就不需要写教案了。必须说的是，上课前要写出完整的教案，即使用多媒体课件上课，仍然要写教案，当然可能是先写教案，再制作课件，关于这个问题在本章第三节中再详述。青年教师尤其有必要编写详细的书面教案。

教案的设计包括教学进度的安排、教学时数的分配、教学方法或手段的选择、教学内容的组织和教学效果的总结等。教师在认真编写教案的过程中，不仅可以熟悉授课内容，而且还可以想象授课场景，收集有利于教学效果的图片、实验现象等教学素材，准备知识点之间的过渡及衔接。教学方案设计得好是取得良好教学效果的关键。

教师只有充分做好课前准备工作，课堂上的教学才能做到胸有成竹、从容自若。课前准备工作包括备课和课件制作，针对课堂中将要讲授的知识点，查找翻阅多本参考书籍，从不同的角度对知识点进行学习，以求融会贯通、触类旁通；还需要结合教材中的例子以及课后的习题进行练习，加深对知识点的理解和掌握。同时，在备课过程中，对于知识点的讲授顺序、讲课方法、板书内容等也要提前做好安排。对于将要讲授的知识点，通常是按照由浅入深、由表及里的顺序进行安排；对于重点和难点，事先做好标记，做到重点突出、条理清晰，便于学生理解和掌握；对于需要板书的内容，事先做好设计，方便学生做笔记。目前，高校的教学工作多采用多媒体辅助进行，因此讲课使用的课件需要认真准备，详见本章第三节。

二、课堂教学

课堂教学仍是目前主要的教学形式，课堂教学是教师的主战场。

教师在上课之前，一般提前十几分钟到达教室，熟悉课堂氛围，进行课前准备，开启电脑、安装好课件等，做好上课前的各项工作。上课铃声响后，要迅速进入状态，开始课堂教学。

教师的课堂教学能力包括以下五方面：

（一）教学表达能力

教师借助语言手段和非语言手段传授知识，完成"传道授业"的课堂教学任务。

1.语言表达能力

在课堂上，知识传授主要通过教师的语言表达来完成，语言表达能力是教师最基本的教学能力，包括口头语言表达能力和书面语言表达能力两种，是教师逻辑思维、组织与处理教材以及运用语言文字等多方面能力的综合体现。教师授课语言必须做到用词准确、逻辑严谨，语速均衡、吐字清晰，简明扼要、生动形象，幽默风趣、感染力强，富有启发性、深入浅出，要有抑扬顿挫的节奏感，有利于渲染教学气氛、吸引学生听课的注意力、增强教学效果。教师的书面语言表达能力主要反映在板书设计中。板书要做到标题醒目、布局合理、内容简要、字迹端正。

2. 非语言表达能力

非语言表达能力是指教师在课堂教学中通过眼神、面部表情、手势、身体姿势、站位变化等肢体语言进行信息交流的能力。在课堂教学中，非语言交流与语言交流恰当地结合，可以起到强化、提高语言信息交流的效果。教师运用非语言表达交流信息应做到真切、准确、自然、适度。特别指出，教师一般应该站着讲课，尽量不要坐着讲课，特别是不要躲在电脑后边按鼠标。

然而，自然、精准、生动、幽默的语言表达能力并非一朝一夕能够掌握的，特别是刚刚走上工作岗位的新教师要想具备这种能力，需要经过长期磨炼。

（二）选择和运用教学方法、教学媒体的能力

选择和运用教学方法、教学媒体的能力是教师必备的能力，方法得当则事半功倍，方法不当则事倍功半。教师要善于结合教学目标、教学任务、学科特点以及学生的实际，采用启发式教学、情景式教学、案例式教学、体验式教学等多种教学方法，并恰当地选择教学媒体。

（三）课堂教学的组织管理能力

课堂教学的组织管理能力是每位教师必备的能力，其目的是为课堂教学创造良好的秩序和氛围，以保证课堂教学井然有序地进行。教师不仅要对教学内容进行精细加工，合理选择教育方法，还要维持课堂纪律，调动学生的积极性，营造融洽的教学气氛。教师在上课过程中要注意培养良好的师生关系，做好与学生之间的互动，激发学生的学习主动性。组织管理课堂教学工作要贯穿教学活动的始终。

（四）教学活动的监控能力

所谓教学活动的监控能力，是指教师在教学的全过程中，将教学活动本身

作为意识的对象，不断对其进行积极主动的检查、评价、反馈、控制和调节的能力。教师能否在教学过程中针对教学具体实施效果与学生课堂反应进行自动调整，如课堂教学设计是否合理、教学组织是否有序、课堂互动是否得法等，并据此调整自己的教学节奏和教学行为，是教师教学自控能力的表现。教学自控能力高的教师在教学的过程中能及时根据学生的反应，努力调动学生的学习积极性，随时准备有效地处理课堂上出现的偶发事件。教师对自己的教学活动进行调节、校正的能力是教师观察的敏锐性、思维的灵活性、意志的果断性等几方面心理特征的综合，是教师成熟的职业心理品质和教育技巧的概括，是教师长期自觉锻炼的结果。

监控能力中还包含教学反思能力。教学反思是教学后，教师以自己的教学活动过程为思考对象，来对自己行为、决策及由此所产生的结果进行审视和分析的过程。通过教学反思，教师进一步明确教学目标，理解教学内容，提高教学水平，有利于教学效果的改进。

（五）与学生交流的能力

交流能力的重要方面是理解学生的能力，包括读懂学生的表情、听懂学生的表述，并从学生的表现中进一步理解其内心世界，在教学中分析学生的特点与问题，通过师生间的相互作用来促进学生的发展。师生间的交流是双向的，而不仅是教师对学生的影响。师生的双向交流，对教学的开展是颇有助益的。

教学是一门艺术，要提高教学水平，绝非一朝一夕能够做到，需要长期的磨炼。对初上讲台的青年教师来说，认真听老教师讲课、向老教师请教，有助于快速提高自己的教学能力。

三、课后辅导

课后作业是课堂讲述的延续，课后作业能够反映学生对所学内容的掌握程度，通过改作业可以检验教学目标的实现效果，发现教学活动存在的问题。教师在教学过程中，完成一个章节的讲课任务后，要及时布置作业，要求学生在课后复习的基础上独立完成，通过练习来巩固所学的知识，加深对所学知识的理解。要及时收集学生的课后作业，认真进行批改，通过批改作业检查教学中的不足。如果时间允许，要尽量给学生讲解作业，分析具有共性的问题，进行信息反馈，充分发挥作业的作用。

除了课堂外，教师还要充分利用各种渠道与学生沟通。例如，利用课间与学生交流、定期安排课外辅导答疑时间、通过与学生座谈等方式与学生沟通、开设"第二课堂"，等等。

四、教学评价能力

学生学业成绩评价能力是指教师对学生学业成绩是否达到教学目标的判断能力。

对学生学业成绩的评价方式是考查和考试。考查属于定性的评价方法，通常适用于无法定量考核或无须定量考核的学习活动，如观察、课堂测验、课堂提问、检查作业、写作论文、实践作业等。考试是将定量分析与定性分析结合起来的一种评定方法，如口试、笔试、操作考试等。正确运用评价方法的能力是指教师能够从自身的教学要求出发，选择适当的评价方法，以达到了解学生真实学习状况的目的。具体表现为：

（1）了解学生对教师课堂讲授内容的理解和接受程度，采用日常考查的方法，如提问、检查作业、课堂小测验等。

（2）考核学生实践活动的能力，采用操作考试的方法，如实习、实践活动、写实习总结和实验报告。

（3）考核学生综合运用知识分析问题和解决问题的能力，采用课堂讨论、写作论文、开卷考试等方法。

（4）考核学生的思辨能力和语言表达能力，采用口试的方法。

（5）全面系统地考核学生对知识技能的掌握状况，采用笔试闭卷考试的方法。

运用考试方法的能力主要体现在命题工作中，要掌握以下原则：覆盖面与侧重点相结合的原则；知识与能力相结合的原则；试题独立性和整体性相结合的原则；信度、效度、难易度、区分度相结合的原则。

要合理设计试题结构，即按照学生识记、理解、应用、综合等考核目标，将主观性试题和客观性试题进行合理设计，全面考核学生的学业水平。主观性试题也称自由应答式试题，类型通常有论述题、论证题、演算题、简答题、应用题、作图题、概念题、辨析题、案例分析题等，侧重于考核学生的能力水平；

客观性试题也称固定应答式试题，类型通常包括是非题、选择题、匹配题、填充题、改错题等，侧重于考核学生的知识水平。

试题编制的技术和程序包括：编制命题计划，设计题目的难易程度、权重、内容比例、题型、题目数量；拟定考试题引，安排题目顺序，一般按照先易后难、先省时后费时、先客观后主观的顺序；确定标准答案和评分的标准，供评卷参考。

教师要具备客观评定学生学业成绩的能力，包括：第一，合理运用记分方式。通常记分的方式有百分制、等级、评语三种方式。考察适宜采用等级制，考试适宜采用百分制，书面作业类的考核适宜采用评语。第二，恰当运用评分标准。应根据试题的难易程度和权重系数确定评分标准。评分做到原则性和灵活性相结合，既要遵循标准答案，又不拘泥于答案。

教师要及时整理分析考核反馈信息，发现教学中的问题，调整教学目标，完善教学内容，改进教学方法，调整教学策略，以提高教学水平和教学质量。

第二节　实践教学

实践教学是一种课堂理论教学之外，基于实践的教育理念和教育活动。它通常是指在教学过程中建构一种具有教育性、创造性、实践性，以学生主体活动为主要形式，以激励学生主动参与、主动思考、主动探索为基本特征，以促进学生总体素质全面发展为主要目的的教学观念和教学形式。

实践教学是学校实现人才培养目标的重要环节，它对提高学生的综合素质，培养学生的创新意识和创新能力，使学生成为一个复合型人才具有特殊作用。《中华人民共和国高等教育法》明文规定："高等教育的任务是培养具有社会责任感、创新精神和实践能力的高级专门人才""本科教育应当使学生比较系统地掌握本学科、专业必需的基础理论、基本知识，掌握本专业必要的基本技能、方法和相关知识，具有从事本专业实际工作和研究工作的初步能力"。而学生实践能力的培养以及基本技能、方法和相关知识的训练就是靠实践教学来保证的。

实践教学主要包括如下环节：实验（实训）、实习、毕业论文（毕业设计）、课程设计。

一、实验（实训）

实验（实训）教学是课堂理论讲授的继续，是对学生进行基本技能训练的主要环节。实验（实训）教学的基本任务是加深和巩固理论知识，使学生掌握实验（实训）的基本原理、基本方法、基本操作和基本技能，获得独立测量、观察、处理实验（实训）数据、分析实验（实训）结果、撰写实验（实训）报告等能力，培养学生分析解决问题、独立进行科学实验研究的能力和严谨的科学态度。

基本要求如下：

（1）实验（实训）课教师应该根据教学大纲的要求，编写实验（实训）大纲，开出规定的实验（实训）项目，选定或编写合适的实验（实训）教材。

（2）主讲理论课的教师必须经常了解实验（实训）教学情况，主动与实验（实训）课教师配合，防止理论与实践脱节。

（3）实验（实训）教师应按教学要求定期组织集体备课，规范实验（实训）教学内容。

（4）实验（实训）课教师在每次实验（实训）前应做好仪器、设备检查等各项准备工作，确保实验（实训）正常进行。

（5）实验（实训）课教师应向学生清楚阐述实验（实训）原理、操作规程以及实验（实训）教学要求，实验（实训）示范操作应当熟练、规范，应确保实验（实训）教学的效果和实验（实训）安全。

（6）实验（实训）过程中应加强检查指导，观察、记录和评定学生操作情况，严格要求学生遵守实验（实训）规则，合理使用器材，培养学生严肃的科学态度和严谨的工作作风。

（7）教师对学生的实验（实训）报告应进行认真批阅，对存在的问题及时讲评，建立起完善的实验（实训）课程考核系统。

（8）应积极探讨改进实验（实训）教学方法，不断完善实验（实训）教学手段，不断充实更新实验（实训）内容，开展实验（实训）教学方法、技术、装置改进等方面的研究，及时研究解决实验（实训）教学中的问题，积极开设新实验，实验教学时数在 8 课时以上的课程，都要开设综合性、设计性实验。实验（实训）室进行开放管理，加强对学生的创新精神和实践能力的培养。

二、实习

实习是教学过程中综合性、实践性的训练，是检查学生在校期间学习成果的重要环节，目的是要求学生综合运用所学理论知识和技能，解决实践问题，培养学生独立工作的能力。

其基本要求如下：

（1）实习指导教师应根据各专业人才培养方案所确定的实习计划，按照教学计划规定的时间和实习大纲的要求进行实习指导工作，一般不得随意变动和增减。

（2）学生在进入实习前，要对学生进行实习动员及岗前教育。

（3）实习指导教师应对实习工作有正确认识和责任感，具有较广博的基础知识、专业理论和岗位工作经验，具有一定的组织才能和实习指导能力。

（4）实习指导教师应督促实习学生遵守实习单位各项规章制度，保证实习学生正确地进行实际操作。

（5）指导教师应采取多种方式了解学生实习情况，严格要求学生在实习过程中认真做好实习日记，实习结束后要写好实习报告。指导教师应认真评阅实习报告，给出考核成绩和实习鉴定评语。

三、毕业论文（设计）

毕业论文（设计）是教学计划的组成部分，是重要的实践教学环节之一。通过毕业论文（设计）的实践，培养学生严谨求实的科学素养和综合运用所学知识分析、解决实际问题的能力，对学生进行科学研究的基本训练。

其基本要求如下：

（1）指导教师根据学院制订的毕业论文（设计）工作计划，参与提供选题、答辩、审定论文成绩等项工作。

（2）毕业论文（设计）选题应符合专业培养目标和教学基本要求，应结合教师的科研课题、经济建设、社会发展的实际情况，坚持理论与实践相结合的原则。难度适中，学生能在规定时间顺利完成或取得阶段性成果。学生能较全面地运用基本的专业理论知识和技能，在完成过程中获得基本科研训练，有助于分析问题、解决问题能力的提高和创新能力的提升。

（3）指导教师应由教学水平高、科研能力强的具有讲师及以上职称的教师担任，也可由高、中、初级职称的教师组合，并由中级及以上职称教师负责实施指导。每位教师指导学生人数一般文科不超过8人，理科不超过6人。

（4）毕业论文（设计）的质量由课题指导教师负责，指导教师要严把毕业论文（设计）质量关。学校实施毕业论文（设计）的校内抽查和校外送审制度，对抽查和送审不符合学校规定的教师，均按有关规定处理。

四、课程设计

课程设计是针对某一门课程学习过程的一个综合性实践教学环节，目的是锻炼学生的认识能力和动手能力，培养学生的实践创新意识和创新能力以弥补现行教材知识滞后的缺陷，了解学科发展的最前沿知识。

其基本要求如下：

（1）课程设计应该具有相应的教学大纲、课程设计指导书和任务书。

（2）课程设计选题应符合教学基本要求，目的、任务明确，难易适度。选题要达到让学生能综合运用所学知识，提高分析问题、解决问题及实践动手能力的目的。

（3）实验设备、场地及参考资料等条件能满足教学要求。

（4）教师应该具备主讲本门课程的资格，在指导学生的过程中，严格要求并认真贯彻因材施教的原则，注重培养学生的实践能力和团队合作精神。

（5）教师应督促学生按照要求，认真、独立完成课程设计，课程设计报告要求思路清晰、文字通顺、书写规范。

（6）教师要严格掌握评分标准，严肃、认真、科学、公正地评定成绩。

在深化高等教育的大环境下，各高校越来越注重实践教学，不断按照社会对各类专业人才的就业素质要求、区域经济发展水平及时调整和拓展实践教学内容，根据各自的办学特色、社会经济发展的新形势以及科技发展的新成果，不断探索设置具有层次性、渐进性、可操作性的实践教学内容，不断完善各自的实践教学体系，实践教学的地位不断凸显。刚刚走上讲台的青年教师，对最新的科研发展动态的掌握具有一定优势，如果能从实践教学入手，不仅可以发挥自身的优势，还可以通过实践教学带动理论教学水平的提高，尽快完成角色转换。

第三节　多媒体课件制作

随着计算机技术、多媒体技术和计算机网络与通信技术的快速发展，以及现代教育思想的进步，多媒体课件等教学媒介在我国各级各类学校得到广泛应用，推动了现代教育技术的发展，也给传统教学方法和手段的改革带来了新的活力。多媒体教学作为一种先进的教学手段，具有传统教学手段无可比拟的优势，主要表现在：直观性强、信息量大，能够通过各种媒体的有机结合，形象生动地展示教学的重点、难点，可以活跃课堂氛围，极大地激发学生的学习兴趣和创造性思维；可以省出时间对重点、难点及关键点等内容的教学投入更多精力，优化课堂结构，提高教学效率，加强课堂师生交流。多媒体课件授课是全面实现教学现代化、提高教学质量的重要手段。

一、多媒体课件制作存在的问题

高校教师应用多媒体授课的比例在逐年递增，作者学校有些课程如大学英语、微观经济学等甚至已经达到100%。随着使用率的提高，多媒体课件作为先进的教学辅助手段，优势日益明显，但同时也逐渐暴露出种种弊端，主要是缺乏规范和监管，导致各种课件良莠不齐。有的课程因优秀课件而使教学如虎添翼，而有的课程却因课件质量低劣导致教学质量滑坡，主要存在如下问题：

（1）由于精力有限或制作水平所限，教师所用课件一般是从网上下载或随教材而获得，很少有自制课件，导致讲课缺乏自己的风格，有时难以领会制作者的意图，容易犯"照本宣科"的大忌。年轻教师这样做危害更甚，缺乏钻研教材、构思教案、设计教学过程等环节，教学水平难以提高。拿来主义很容易使教学缺乏创造性和主动性，更谈不上形成自己的教学风格，一味被课件牵着鼻子走，这样的教学无疑是失败的。

（2）有些课件设计粗糙，课件质量不高，播放节奏太快，没有设置动画，整屏静态显示，很多内容一起呈现，缺乏循序渐进的过程，导致教学效果不佳。从另一个角度来看，由于课堂节奏过快，教师（尤其是缺乏教学经验的青年教师）往往会加大教学容量。信息量过大会导致刺激过多、强度过大，容易引起学生疲劳，比传统的"满堂灌"后果更为严重。

（3）有的课件片面追求漂亮的外观，制作过于花哨，过多使用与教学内容无关的视频、音频材料，对课件界面做过分渲染，背景和动画方式搞得很复杂，屏幕渲染过度，过分强调了课件制作技巧，课件表面形式浮华，其结果是形式掩盖了内容，而不是表现了内容，喧宾夺主，分散了学生的注意力，降低了课堂教学效果，甚至偏离了教学主题。

（4）对解题思路的分析缺乏灵活性。上课讲解时有了新的想法，或者学生提出了新问题、新方法，教师难以根据学生的反应及时调整教学节奏，只好采取回避态度，千方百计地将学生引导到课件既定的思路上，使整个教学过程缺乏活力和灵活性，抑制了学生在求知过程中的创造性发挥，这与目前提倡的培养学生创新能力的要求显然是背道而驰的。

（5）忽视了与学生的情感交流。在传统教学中，学生常常被教师渊博的知识、富于情感的语言、娴熟的教学技巧所吸引，课堂能形成良好的教学氛围。而在多媒体教学过程中，很多教师不自觉地成了放映员，学生成了观众，没有情感的大屏幕反而成了教学的"主角"。教师关注更多的是多媒体的下一步操作，在不知不觉中忽视了与学生的情感交流。教师在学生心目中只是一个"多媒体系统的操作者"，师生情感交流被冷冰冰的人机交流所取代，导致教学气氛沉闷，不但教学效果受到影响，长此以往，还会影响学生对所学课程的兴趣。

二、多媒体课件的设计原则

多媒体课件制作是否成功，设计非常关键。为实现多媒体课件的优化设计，应遵循以下四个原则：

（一）教学性原则

课件的设计应反映教学目的和教学规律，能够针对特定的教学对象，符合教学要求。多媒体课件应用的目的是优化课堂教学结构，提高课堂教学效率，既要有利于教师的教，又要有利于学生的学。课件的教学目标要明确，题材及媒体应选择得当，针对性强，内容完整；能够突出教学的重点，解决教学的难点，课件的制作直观、形象，有助于学生理清思路；符合学习规律，符合认知学习理论，有利于调动学生学习的积极性和主动性。

（二）科学性原则

课件应取材适宜，内容正确，表达规范，课件演示符合现代教育理念。

（三）技术性原则

课件的操作要尽量简便、灵活、可靠，避免复杂的键盘操作。一个好的课件，一要交互性强、易于操作，二要易于修改。

（四）艺术性原则

课件的设计要满足较高的审美要求，拥有较佳的艺术表现手法，整体风格相对统一。课件的艺术性实际上反映了制作者个人的艺术修养。

三、多媒体课件的设计与制作步骤

多媒体课件的开发制作是一个较为系统的工程，应按照一定的流程进行。一般课件的制作过程可分为以下四个步骤：

（一）教学设计

教学设计即根据教学内容确定开发目标。教学设计是制作多媒体课件最重要的一个阶段，是课件制作成功的关键。如果把多媒体课件的整个开发过程比作建造一座大楼的话，那么课件的教学设计就是绘制这座建筑图纸的过程。

高校教师应根据教学大纲的要求，认真钻研教材，明确教学内容、目的和要求，把握好教材的难点、重点。课件要以教材为蓝本，始终围绕教学目标，但又不能被课本所束缚；要充分增加课件的含金量，实现课堂容量最大化，又要做到创新、务实。基于此，多媒体课件开发的目标应为应用多媒体课件，能够准确、直观、形象地演示教学过程，引发学生主动学习、自主探究，激发其创新思维，掌握新知识，突破课程的重点和难点，从而提高教学质量和教学效率。

（二）脚本制作

脚本一词多用于电影、电视剧剧本的拍摄制作中，是指电影、电视剧在拍摄过程所依赖的文字稿本。设计课件脚本是制作多媒体课件的一个重要环节，它是整个课件制作的依据，是教师的教学策略设计到形成课件的过渡，是教学设计和多媒体课件的桥梁。有效的脚本设计既能充分体现课件设计的思想和要求，又能给予课件制作有力的支持。脚本设计是保证课件质量、提高开发效率的重要手段。

脚本编创工作包括选题，收集有关信息和素材，进行创意描述、文字撰写、内容编排、版面设计，涵盖图文比例、画面色调、音乐节奏和交互方式等，最终应细化为"分镜头"剧本。一个有创意的脚本，对提高课件的开发效率，保证课件的质量起决定性的作用。

（三）素材准备

多媒体素材是课件中用于表达教学内容的各种元素，包括文本、图形、图表、图像、动画、视频、音频等。素材准备就是根据设计要求，采集、编辑制作课件所需的多媒体素材，准备工作一般包括文本的录入，图形、图像的获取与制作，动画的制作，视频的截取及声音的采编等，然后以一定的文件格式存储，以备调用。收集素材应根据脚本的需要来进行，素材的取得可以通过多种途径。有些素材可以从素材库或在互联网上直接获得，有些素材专业性较强，需要作者动手制作，如利用照相机或扫描仪采集图像，然后通过专业的图像处理软件对所获得的图片进行编辑、修改、整合等加工；再如，为了使课件生动形象，利用 Flash 等软件制作动画，演示出用语言和文字难以更完美表述的内容，使之符合脚本的要求。素材要以形象的方式呈现教学内容，以满足让学生听得懂、看得清、记得牢的要求。

恰当地选择多媒体课件的素材，能使课件表现力更强、形象生动，有利于最大限度地调动学生的学习积极性，提高教学效果。

（四）课件制作

课件制作的核心环节是制作合成，其主要任务是根据脚本的要求和意图设计教学过程，将各种多媒体素材编辑整合起来，制作成交互性强、操作灵活、视听效果好的高质量多媒体课件。制作课件不是简单的媒体组合，而是一个复杂的、需要非常强的动手能力进行艺术加工的过程，制作时要做到界面友好、文字规范、图像清晰稳定、构图与色彩使用正确、版面设计美观、动画设置恰当，要保证运行时平稳流畅，可控性好、可靠性强，利于学生仔细观察和分析，便于教师操作。

制作课件之前，首先要选择一款适合自己的课件制作软件。目前最简单易学、用得最多的是 Office 套装软件中的 PowerPoint，这是一个较好的演示文稿图形的制作软件，利用已收集的文本、数据及图片制作出幻灯片，操作简单，在短时间内就可以制作出美观、生动、实用的多媒体课件。如果制作的课件要求可控性和交互性较高，可以选择 Authorware 和 Director MX；要想在课件中加入动画，可以配合采用功能强大的动画制作软件 Flash。除此之外，还可以选择某些专门用于课件制作的软件，如方正奥思等。这里主要讲解基于 PowerPoint 制作课件的方法。

制作 PPT 课件需做好以下三个方面的工作：

（1）对象生成，包括文本对象和图形对象。脚本或素材中的文本一般是 Word 格式，需要转化为 PPT 的对象格式，方法多种多样，应根据具体情况选择合适的方式。

例如，脚本或素材中的文本若含有数学公式，可使用"插入—对象—文档"命令，将之转化为 PPT 中的对象，既方便又美观。若采用公式和文字组合的方式，会给修改带来极大的麻烦。

图形对象除了直接来自素材库，也可在幻灯片中直接制作，PPT 自带丰富的绘图工具和强大的绘图功能，只要掌握得好，即可绘制出精美的图形。

（2）版面设计。一个好的课件，版面设计应使人赏心悦目，获得美的享受。优质的课件应是内容与形式统一，展示的对象结构对称，界面布局简洁明快、主题突出，色彩柔和、搭配合理，符合学生视觉心理。这样的课件才能让学生感觉舒服，从而引起对课件内容的兴趣，减轻疲劳感。这就要求课件的制作者要有一定的美学观念和审美情趣。

具体标准：字体大小适宜，图形动静结合，间距疏密有致，背景对比清晰，色彩淡雅柔和。

对象对齐是版面整洁美观的重要方面。具体操作如下：按住 Shift 键的同时，将所需对齐的对象逐个选中；对齐各对象时可使用"绘图—对齐或分布—左对齐或顶端对齐"命令，也可用"Ctrl+ 移动键"微调。

（3）动画设计。评价课件质量的好坏，动画设计是关键。动画设计应保留板书的大部分优点，符合学生的视觉心理，让他们感觉舒缓、自然。切忌使用太多的播放方式，使人眼花缭乱，学生容易产生视觉疲劳。

现在很多课件没有进行动画设计，整个幻灯片都是静态显示，所有内容一下全部呈现，显然不符合教学规律。也有些课件正好相反，过分追求动画效果，一个个对象从四面八方飞进来，"犹如一颗颗飞逝的流星从眼前划过"，搞得人晕头转向，怎么会有好的教学效果呢？这种过分追求观赏性而忽视实用性的做法完全违背了多媒体课件为教学服务的思想。

动画设计要符合三个原则：细致性原则、协调性原则、连贯性原则。

细致性原则要求在课件制作中，播放对象要尽量小、尽量细，尤其是在思路分析、推理论证等过程中，一定要注意播放速度过快的大忌，做到细而又细，内容逐步显示。如果课件的对象太大、播放太快，缺乏循序渐进的过程，就会严重影响教学效果。

协调性就是舒适性、简洁性。动画设计应保留板书的大部分优点，符合学生的视觉心理，动画的播放效果应与学生的认知相协调。动画设计切忌：播放方式过于复杂，伴音过多、过于强烈。过于"花哨"的设计，会使学生的注意力受到干扰，不能专心思考，影响课堂教学效果。一些结论性的对象为了引起学生的注意可以选择"放大"的动画效果，有的对象还可以伴音播放。总之，"动画"形式不能单调，也不宜太复杂，动画效果应与"对象"的性质、教师表达的意图、课堂教学的情境相协调。协调的动画和声音有利于营造一种积极的学习气氛，可以突出重点，提高趣味性，吸引学生的注意力。任何不协调的地方都会干扰学生的思路，给学生的学习带来不利的影响。

连贯性原则就是不因"换页"而中断显示。利用课件进行课堂教学存在一个很大的问题：黑板有几大块，板书内容可保留较多，但投影屏幕面积有限，经常遇到一个问题没讲完而屏幕已满的情况，随着幻灯片的"翻页"而演示中断，学生的思维失去了连贯性，这就严重影响了教学效果。采取各种方法解决幻灯片版面的局限性，保证学生思维的连续性，是当前课件制作中亟待解决的问题，也是多媒体课件设计中一项非常重要的任务。下面给出一些保持连贯性的制作技巧：

技巧1："擦"。保留主要部分，"擦去"次要部分，实现传统教学过程中"擦黑板"的效果。

具体步骤是：

①复制当前幻灯片，并粘贴在下一页；

②打开新幻灯片，用 Ctrl+A 组合键选中全部对象，在预设动画中单击"关

闭"按钮。这样做的目的是使幻灯片切换时所关闭的内容保持静止不动；

③选中所要擦去的对象并进行删除，同时把"幻灯片切换"设置为"向左擦去"，这样幻灯片切换时被删除的内容就会产生被"擦"掉的效果。

如果在"擦"去的位置再添加文本或对象，就会有"擦"了以后又继续"写"的感觉。这样制作的课件不破坏版面的简洁性，还能保证屏幕内容的完整性和连续性。

不频繁地更换幻灯片也能达到"擦"的效果，只要插入一个文本框，其大小与要覆盖的区域相同，然后选定该文本框，在自定义动画中选择"擦除"动画效果即可。特别要注意的是文本框的填充色与幻灯片的底色应保持一致。

技巧2："接"。为了更节省空间，可将前页主要内容保留在幻灯片上部，用线隔开，下面再继续演示。

技巧3："挂"。在传统的教学过程中，教师为了解决黑板的版面不足而常常将相对独立并完整的内容写在小黑板上。在制作多媒体课件时，也可以采用"小黑板"。它可以是一个文本，也可以是一个图片对象，还可以是一个组合。多媒体课件中的"小黑板"常常用于对某一问题进行注释、提示或者补充延续。

技巧4："插"。在推导或演算时，有时需插入一个对象，而不必保留，可采用"插"的方法。

具体步骤是：

①在叙述正文时，按正常次序放好需插入的对象；

②复制幻灯片，粘贴在下一页；

③打开新幻灯片，删去插入的对象，并选中所有对象，在预设动画中选中"关闭"；

④继续添加文本或对象。

测试修改是课件制作过程中的一个重要阶段。多媒体课件在正式使用之前，一定要对课件进行全面细致的组织播放，反复调试，防止在正式使用时出现不必要的技术性和知识性的错误。一般由学科教师、计算机操作人员和学生等组成测试小组，对已完成的多媒体课件进行安装测试、界面测试、内容测试、兼容性测试和功能测试等。针对测试中出现的问题，要进行及时的修改和完善。考虑到其他用户使用时可能会对运行环境和课件本身的操作有不解之处，在调试工作的最后阶段还应该为课件编写使用说明书等。

至此，课件的制作工作基本结束。最后谈一下积件问题。

课件的通用性一直是困扰课件开发者的一个棘手问题，"积件式思想"提供了一条解决的途径。所谓"积件式思想"，就是像积木搭建一样进行课件制作，或者像组装电脑一样，一个一个部件地拼。具体来说，就是把教学内容中需要用到的资料和相关的资源制作成一个一个独立的"部件"，让教师能按自己组织教材的需要，灵活地调用各个部件里的内容，设计自己的教学过程，表现自己的教学风格，而不受课件的限制。

积件是针对课件的局限性而发展起来的新的教学软件模式和新的教材建设思想，由教师和学生根据教学需要，自己组合运用多媒体教学信息资源的教学软件系统。积件思想作为一种关于 CAI（计算机辅助教学）发展的系统思路，是对多媒体教学信息资源和教学过程进行准备、检索、设计、组合、使用、管理、评价的理论与实践。它不是在技术上把教学资源素材库和多媒体制作平台进行简单的叠加，而是从课件的制作经验中发展出来的现代教材建设的重要观念转变，是继第一代教学课件软件之后的新一代教学软件系统和教学媒体理论。

积件的最大优点是突破了课件的封闭性，积件的素材资源和教学策略资源以基本单元方式入库。传统的课件是以教学内容的章节为单位进行开发制作，突出的不足是不能适应所有教师的教学。积件是改进传统课件不足的一种重要的新设计思想，是计算机辅助教学的一场革命。积件素材将教学信息资源与教学思想、教学方法、学习理论分离，成为教师和学生学习的工具，因而适应任何类型的教师和学生，具有高度的灵活性和可重组性，让过去课件设计者从事的教学设计回到教师、学生手中。教学设计和学习理论的运用，不是在课件开发之初，而是由师生在教学活动中进行，真正做到以不变（积件）应万变（教学实际），计算机成为课堂教学的有力工具，成为教师和学生个性与创造性充分发挥的技术保障。

积件的积累非常重要，一方面可以从现成的资源（如市场、网络上的一些相关资源）中收集，一方面可以自己开发，久而久之，积件库将会越来越充实，课件也会制作得越来越丰富。

第四节　在线教学

在线教学，即 E-Learning，是以网络为介质的教学方式，或称远程学习或在线学习。与传统教育相比，在线教育有以下特点：

资源利用最大化：跨越了空间距离的限制，学校可充分利用其他高校的优质资源，同时也可以发挥自己的学科优势和资源优势。

学习行为自主化：任何人、任何时间、任何地点、从任何章节开始、学习任何课程，都可以自主选择。

学习形式交互化：教师与学生、学生与学生之间，通过网络进行全方位的交流。

教学形式的个性化：跟踪个人的学习情况，提出个性化学习建议。

教学管理自动化：咨询、报名、交费、查询、学籍管理、作业与考试管理等。

根据教学资源的传递方式和师生间的互动性，可以把教与学分成九种模式。其中，基于网络教学平台的混合式教学、开放式课程、大规模开放在线课程是当前在线教育的主流，而翻转课程将是在线教育的理想教学方式。

（一）基于网络教学平台的混合式教学

基于网络教学平台的混合式教学，将教师的教学行为由课堂扩展到课堂外，学生除了课堂学习外，还可以通过网络教学平台进行学习，大大提高学生的学习效率，这样既可以发挥教师的主导作用，又可以发挥学生的主体性作用。在分析学生需要、教学内容、实际教学环境的基础上，可充分利用在线教学和课堂教学的优势互补来提高学生的认知效果。混合式教学强调的是在恰当的时间应用合适的学习技术达到最好的学习目标。

目前网络教学平台一般具有教学资源共享、网上作业、网上测试、在线交流等功能，能辅助教师实现多媒体在线教学、在线答疑、在线讨论与交流、在线教学评价及在线个别辅导。

（二）开放式课程

开放式课程，即 OCW（open course ware），将课程的教学材料和课件公布于网上，供全世界的求知者和教育者免费无偿地享用。2001 年麻省理工学院启动开放课程项目，2005 年国际上成立了联盟，目前有近 200 个大学会员、几十个组织会员。还有一些紧密合作的资源共享联盟，如西班牙语高校开放课程联盟、非洲网络大学、日本开放课程联盟、中国开放课程联盟（CORE）、韩国开放课程联盟等。"十二五"期间，我国教育部也加大了精品开放课程的建设，包括精品视频公开课、精品资源共享课。目前，在爱课程网、网易公开课上可以获取大量的开放课程资源。开放式课程提供高质量数字化教学资源，包括课程大纲、教学视频、课堂讲义、试题、补充教材等，但不提供师生互动与答疑机制，也不提供学分、学位或认证。

（三）大规模开放在线课程

大规模开放在线课程（MOOC），是目前最能体现开放式教育完整性的在线教育模式。其中"M"代表 massive（大规模），指的是课程注册人数多，最多一门人数达 16 万；第二个字母"O"代表 open（开放），指的是凡是想学习的，都可以进来学；第三个字母"O"代表 online（在线），指的是时间空间灵活，7×24 小时开放，使用自动化的线上学习评价系统，而且还能利用开放网络互动；"C"则代表 course（课程）。它维持了开放教育与开放式课程的精神，让所有学习者可以免费使用课程教材，通过网络让全世界有心学习的学生选修课程，而且它融合了在线教育的特质，提供了身处教室的临场感，提供师生彼此之间各式的互动交流及评价机制，让学习不受时间和空间的限制。同时，它弥补了开放式课程在教学互动及学习评价等层面的不足，提供了课程结业认证的可能。因此，它将成为未来教育的主流之一。

慕课是一种将分布于世界各地的授课者和成千上万个学习者通过教与学联系起来的大规模开放在线课程。这一大规模在线课程掀起的风暴始于 2011 年秋天，被誉为"印刷术发明以来教育最大的革新"。2012 年，被媒体称为"慕课元年"。斯坦福大学两个教授创立了 Coursera 在线免费公开课程平台，麻省理工学院和哈佛大学联手发布 EDX 网络在线教学平台，慕课已成为当今国际教育界最热的话题。2013 年，很多国家推出了自己的慕课平台，如英国的"未来学习"、法国的"数字大学"、德国的"我的大学"、日本的 MOOC、澳大利亚的 Open2Study，等等。在我国，清华大学推出了"学堂在线"，上海市教委推出上海高校课程中心，还有爱课程网、网易云课堂、淘宝同学平台等。

一些高校已开始进行慕课的尝试，一些中学也已开始通过制作微课程，帮助学生从辅导、教辅书中解脱出来。只用了一年多时间，Coursera 就有普林斯顿、斯坦福大学等 100 余所世界一流大学为其提供了 300 多门优质慕课，来自全球的学生人数已经突破了 550 万。

目前，仍有不少人对慕课存在认识上的误区。第一个认识误区是认为慕课就是网络视频课程。事实上，慕课完全不同于 10 多年来兴起的教学视频和网络共享公开课。它具有三个特点：一是大规模，与传统课程只有一二十个或一两百个学生不同，慕课的学生动辄上万人，甚至十几万人，优质教育受益范围可无限扩大；二是微课程＋小测试，慕课授课形式生动活泼，充分运用动画、视频等手段，营造一种沉浸式、游戏化学习环境，使教学深入浅出，更加注重发挥学生的能动性；三是很强的教学互动，慕课完全克服了传统网络视频课程单向、没有互动的不足，慕课线上"你提问、我回答"，亦学亦师，形成强大的线上学习社区，极大促进了教师与学生之间的互动教学和学生与学生之间的协同学习。

第二个认识误区包括两种对立的观点：一些人认为慕课是万能的，未来教育都可通过慕课来解决；持反对意见的人则以没有师生面对面的知识传授与交流来否定慕课。实际上这两种观点都是片面的。慕课当然不是万能的，重要的是慕课为促进教育、提高教育质量、推动教育创新提供了强大的手段。慕课的出现最关键的是引发了教学理念与方法的重大变革。传统的教学模式是教师在课堂上讲课、布置作业，让学生回去做作业。慕课引发的全新的教学模式被称为"翻转课堂"。

（四）翻转课堂

翻转课堂，又译为"反转课堂"。2011 年，"翻转课堂"兴起，很快引起了多方的关注。这种新型的教学形式，颠覆了传统意义上的课堂教学模式，通过使用在线视频并将讲课转移到课堂外，教师在课堂上主要是与学生互动来回答问题、解决问题，从而使教师能有更多的时间关注有需要的学生。"翻转课堂"可以充分利用网上现有的各种优质教学资源，让学生逐渐成为学习的主角。学生在学习的过程中，可以观看任课教师的视频来学习，也可以观看其他教师的视频来学习。通过课堂的对话和讨论，不仅可以提升学生的学习效果，教师也可以真正做到因材施教。因此，此种教学模式下学生在宿舍或在家完成网络在线的慕课学习，课堂跃升为师生间进行深度知识探究，思辨、互动与实践的场所，使以教师为中心、知识灌输为主的教学模式转变为以学生为中心、能力提升为核心的个性化教学模式。实践表明，采用这种"翻转课堂"的学习方法，能够大大提高学生的学习效率和效果。这种线上线下混合式教学模式，也称O2O（online to offline），是既充分利用网络在线教学优势，又强化面对面课堂互动，进行知识传授与探索的全新教学模式。

第五节　教学研究

教学研究能力是高校教师教学能力的重要组成部分。

教育部《关于全面提高高等教育质量的若干意见》明确提出，高等教育要走以质量提升为核心的内涵式发展道路，要求高等学校要通过教学改革立项等机制，鼓励教师开展教学理论研究、教学实践探索和优质教学资源开发，高等学校广大教师要积极探索教学规律，研究和改革教学内容与教学方法，不断提高教学水平。当前，进入大众化阶段的高校比以往任何时候都更需要关注教学研究，迫切需要教师尤其是广大青年教师积极参与教学研究，促进教学质量的全面提升。

教学研究是深化教学改革的内在要求。学校对教学研究日益重视，支持力度不断增大，学校出台《本科教学质量与教学环境工程项目管理办法》就是其中一个重要举措。

一、对高校教师教学研究能力的认识

教师首先要对教学研究有一个正确的认识。

有些教师尽管承认教学是自己的主要任务，但认为教学研究不是自己的而是专职教育教学研究者的职责，这种想法使得他们把自己视为教学研究的局外人，不主动参与教学研究。还有相当一部分教师认为，要讲好课只要懂专业知识、提高学历就行了，并认为只要教的时间长了，自然而然会成为好教师。这显然是对教师职业缺乏专业认识，同时混淆了理论指导与教学实践经验的相互作用的关系。每个教师，尤其是非师范专业毕业的青年教师，都应该认真学习教育理论知识，努力掌握教学基本技能，特别是要研究教学法，以弥补自身的不足。

教学研究即研究教学，简称"教研"，是探求教学的真相、性质、规律等的活动。加列认为，教学研究主要探讨和回答三个问题：教师的教学是怎样的，教师为什么那样教学，那样教学的效果怎样。教学研究的目的是研究并解决教学中的具体问题，提升教学实践的科学性，为教师改进教学方法、提高教学质量提供参考和指导，所以，教学研究应立足于对教学的反思性、探究性研究，以解决教学活动中的各种实际问题。

教学研究不是单凭经验来解决教学问题，或机械照搬现成的方法来解决教学问题，也不同于范围宽泛、理论深奥的教育科研。教学研究的目的很直接，即为了搞好教学，为教学实践活动服务，提升教学质量；教学研究的对象很明确，即教学实践活动中的真问题，它来自教学实践，又必须在教学实践中解决并应用于教学实践。教学研究的任务很具体：一是探索、揭示和发现教学活动的内在规律，自觉遵循规律，以达到事半功倍的效果；二是研究教学实践中出现的问题，查找原因、分析对策，改变不符合教学规律的思想、做法，使教学实践更具科学性和有效性。所以，教学研究是进行教学改革、优化教学过程、提高教学质量的基础和关键，对教学具有全面的促进作用。如果教师教而不研，教缺乏科学性，就会失之于平庸和肤浅；如果研而不教，研究缺乏针对性和实用性，就会失之于空泛。

教学活动也是一种学术活动，教师要充分认识教学的学术性，把教学作为一种学术事业来对待，积极主动地研究教学，意识到高质量的教学研究也是一种学术活动。这样才能重视教学，用学术的标准来衡量教学，要求教学；才能全身心投入教学，孜孜不倦地研究教学，提高教学的学术水平。

教学研究是教师提升自身教育素质的最好途径。可以说，一个称职的教师不仅要善于教学、工于教学，而且要勤于教研、长于教研。这既是提高教师教育教学理论修养、改进教学方法、培养教书育人综合素质和能力的需要，也是在新形势下对每一个教师搞好教学工作的起码要求。教师职业本身就决定了教师应具有双重角色或双重职能，既是教育者又是研究者；既有"教"的职能，又有"研"的职能，做到教研结合、教研一体，紧跟教学搞研究，搞好研究促教学。只有在实践中达到二者的辩证统一，才能有效地提高教学质量，提高教书育人的效益和水平。正是从这个意义上说，教师应成为教学研究的主力军。

教师只有充分认识了教学研究的价值和意义，才能从思想上高度重视教学研究，在行动上积极投身教学研究，从教学内容、教学方法、教学组织形式、教学手段等诸多方面认真研究教学，从而提升教学研究水平，增强教学研究能力，提高教学质量，才能在工作中正确处理教学与教研、科研与教研的关系，才有可能实现自己的事业追求，成为一名为学生所欢迎、为社会所尊重的优秀教师。

二、开展教学研究的途径

高校教师开展教学研究工作有三种基本途径：专家引领、同伴互助、自我反思。具体来说有以下四个方面：

（一）教学研究与教学实践相辅相成

教学实践是进行教学研究的基础。只有躬耕教坛，认真实践，才有可能获得教学研究所需要的思路和第一手材料。教师要在教学实践中，根据课程特点不断更新和优化教学内容，改进教学方法和手段，探索适合本课程的学业成绩考核、评价方法，增强课程的吸引力，激发学生的学习兴趣，促进有效教学，提高教学质量。

（二）教研室的教学研究活动

要加强教研室的教学研讨，开展多种形式的教研活动，如集体备课、研讨、说课、观摩、培训、优质课评比等，认真探讨教学内容与教学进度，及时补充和更新教学内容，把握学科前沿，跟踪学科发展趋势。开展经常性的相互听课和相互评课，教研室教师间就备课、改善教学方法、提高教学艺术等问题进行常态化研讨和交流，有助于取长补短，有助于青年教师成长，有助于教师提高业务水平，从而提高课堂教学质量。

教学研究的直接目的是搞好教学工作，提高教学质量，主要是通过开展多种形式的教研活动（如说课、观摩、集体备课、研讨、培训、优质课评比等）进行的。

（三）外出考察调研与参加学术交流

教师通过外出考察、学习、调研及参加学术会议交流，了解社会和经济发展对知识结构的需求，结合自身专业及所授课程，有针对性地了解学科前沿、社会需求、教学模式、教学内容、课程设置、教学方法以及教学管理等各个领域中的先进思想、先进理念及成功经验，以提高自身的理论水平和业务水平。

（四）教学研究立项

以院级、校级或省级教学研究立项为基础，加大投入，引导和推动教学改革走向深入。加强学科建设，推出品牌、特色专业建设，精品、优秀、重点课程建设，重点教材建设，多媒体网络课件建设，实验室与实习基地建设。同时进行双语教学改革、考试改革、教学方法与手段改革、人才培养模式的探索与实践、两课教学改革、教学管理、教学评价研究与改革、各种教学评估、教学团队建设等项目。通过立项研究，结合学校实际对教学难点或症结开展研究，加强教学内容和课程体系改革，探索出科学合理的教学评价标准与方法、更新教育思想和教育观念、改革教学模式和教学方法，强化实践技能，以提高学生综合素质和人才培养质量。

教师主要的工作是教学，我们不赞成放弃教学搞研究的做法，而提倡将教学与研究有机结合，也就是尽量做到忙时积累与闲时消化相结合。所谓忙时积累，因为教师不是专业研究人员，不能坐下来做专门的研究，在教学忙碌紧张的间隙，积累一些有用的资料。积累资料的方法多种多样，有卡片式、索引式、图表式、剪辑或摘录式、读书笔记式、教学笔记式、教学后记式等；积累的范围尽可能广泛，包括自己的、他人的，抽象理论的、具体案例的，正面的、反面的，国内的、国外的，兼收并蓄、为我所用。所谓闲时消化，就是利用假期、双休日来整理平时积累所得材料进行研究。教师一年当中有两个假期，加上双休日和各种节假日，如果能够充分利用这些时间做研究，一定会有所收获。

同伴互助是教学研究的良好习惯。高校教师不坐班，教师之间的接触和交流很少，要想向同事学习，与同事交流，就要加强教师之间的专业切磋、协调与合作，共同分享经验，互相学习，彼此支持，共同成长。同伴互助的实质是教师之间的交往、互动与合作，它的基本形式是对话与协作。青年教师由于缺乏实际经验，尤其需要培养协作意识，要多向教学经验丰富的老教师学习和请教，这样有助于自身的快速成长。

教师进行教学研究的途径是多种多样的，只要立志在教育事业上有所作为，就一定能够找到自己研究的切入点和突破口，协调处理好各种关系，将主观努力和客观条件有机结合起来，从而开拓教学研究的广阔途径。

三、教学研究的一般过程和方法

一个比较完整的教学研究通常包括选定研究课题、查阅文献、制订研究计划、实施研究计划、分析资料和概括总结、撰写研究论文六个步骤。

（一）选定研究课题

选题是教学研究的首要环节，也是关键环节。研究者根据教学实践的实际需要，确定将要研究的题目。

1.选题要遵循的原则

（1）科学性原则。选题要确保科学性和合理性，从而保证教学研究的正确方向。

（2）重要性原则。选题要确保是有价值的选题，包括有实践价值和理论价值的选题。教师应该选择教学实践中迫切需要解决的、十分重要或关键的问题作为自己的教学研究选题，当然也可以选择具有理论价值的选题。

（3）独创性原则。大学教师必须具有原创性才智，选题应是前人或他人尚未提出，或尚未解决，或尚未很好解决的课题，以自己的独特视角或方法去研究，使研究具有创新性。遵循选题独创性原则，需要教师具备独特的眼光、敏锐的判断和批判性思维，也需要教师广泛、深入检索、回顾、评述文献，要特别注意对前人或他人研究的吸收、继承、深化和创新，要避免简单移植、借鉴、验证、重复的选题。

（4）可行性原则。遵循选题可行性原则，教师要做到两点：一是充分考虑自身条件，如专业水平、研究能力、教学理论基础、时间与精力，处理好教学研究与完成教学研究任务可能性的辩证关系，确保选题能够顺利完成，还要考虑外在条件，如研究经费、支持性政策、特殊权限等；二是题目大小要适度，不宜过大，力求使所研究的问题清晰、具体与可行。

2.选题的方法

（1）理论指导选题方法。成熟教学理论面临教学实践挑战，向教师提出了很多研究选题。例如，高校教学要培养创新型人才，向知识与能力关系理论提出了挑战；因材施教理论面临我国高等教育大众化导致班级教学规模过大的挑战等。

（2）实践导向选题方法。教学研究的直接目的是搞好教学工作，提高教学质量，因而实践导向选题的方法是最重要的选题方法。这种选题方法具有针对性强、实用价值大、教师熟悉和便于操作等优点。教学实践中的问题面广量大，只要教师具有问题意识，并且善于观察和思索，就不难发现值得研究的课题。

（3）专家引导选题方法。对刚从事教学研究的高校教师来讲，要选到重要且适合自身条件和外界支持条件的研究课题并非易事，应该在教育教学理论作者、教学实践专家、教学研究专家、教育教学研究经验丰富的教师引导下进行选题。

（二）查阅文献，做好文献综述工作

查阅与研究课题有关的各种参考资料，了解有关研究课题的发展脉络、现有研究水平及其发展趋势，了解哪些问题已经解决、哪些问题尚待解决等，避免重复研究，使研究在前人的基础上进行，并力争有所创新。了解有关研究课题的理论基础，以开阔视野，使研究走向深入。

文献来源主要为期刊、图书和网络资料。期刊具有专业性强、信息量大、内容新颖、时效性强等特点，因而更被重视，是高校教师教学研究的第一大文献来源。图书是科学知识的总结，具有内容全面、系统、理论性强、论点成熟等特点，是高校教师教学研究的第二大文献来源。第三个来源是网络文献。在方便快捷的网络检索工具和容量极大的网络资源不断增加的今天，网络文献所占比例在不断增大。

（三）制订研究计划，做好开题报告工作

根据研究的目的，课题的内容、性质、特点和研究对象等来制订研究计划，包括选择适当的研究方法、设计研究方案、确定研究步骤和时间分配、制定实施策略、明确研究中可能遇到的问题的拟解决办法等，对将要开展的研究进行总体规划。

（四）实施研究计划

把研究计划付诸实际行动的过程，是研究工作的主体阶段。这一阶段的主要工作为运用各种研究方法和手段进一步收集、整理和加工资料，使研究课题逐渐明朗化。

（五）分析资料，概括总结

思考和分析资料，揭示出事物本质，概括出研究结果。

（六）撰写研究论文

将研究结果用课题研究报告、论文或专著的形式表达出来，以利于交流和推广。教学研究论著的撰写是高校教师对教学研究的总结、提升。

一篇严谨和规范的论文一般有引言、正文和结论三部分。论文的引言（或绪论）要简要说明研究工作的目的、范围、相关领域的前人工作和知识空白、理论基础和分析、研究设想、研究方法、预期结果和意义等，应言简意赅；正文是论文的主体，要求主题突出、观点鲜明，逻辑严谨、论点明确，论据充分、论证严密、表达流畅；论文的结论是最终的、总体的结论，而不是正文内容的简单重复，应该准确、完整、明确、精练。

以上是教学研究的基本过程，但在具体研究过程中并不是严格依次进行的，而是交错进行的。例如，在选题之前就要查阅资料，在撰写论文的过程中还需要查阅资料；整理和加工资料时也要对资料进行适当的分析和总结，并阶段性地概括结论；撰写论文看起来是教学研究中的最后步骤，实际上在收集资料、分析资料的过程中就应对论文内容进行设计构思，逐步确定论文的框架并写出初步明确的概要。

教学研究成果源于教学实践，最终又回到教学实践中，指导教学实践。如果教师远离教学实践，教学研究不切实际，致使教学研究和教学实践成为毫无联系的"两张皮"。或者教师取得研究成果后，热衷的是成果发表，而不是指导教学、改进教学、提高教学质量，这样的教学研究就起不到应有的作用。

教学研究的目的是通过对教学问题的研究，促进教师教学水平的提高，促进教学学术品位的提升，促进教学内容的创新、教学方式方法和手段的革新。总而言之，教学研究旨在研究教学中的一切问题，包括课程设置，人才培养方案的设计和修订，教学内容和教学资源的开发，也包括教学方法、教学评价制度的改革，等等。这些问题都关乎教学质量和人才培养质量。教学研究的方式很多，教学日志、教学反思、教学案例、教研活动等都是很好的方式，无论哪种方式都必须针对教学实践中的真实问题。希望所有的教师都重视教学研究，也希望"教学研究常态化"让教学研究成为每一位教师习惯性的学术行为，这样，学生才会受益，教师才会有幸福感，人才培养质量才会提高，大学才会有更好的发展。

第三章　高校教师科研能力

第一节　资源利用

一、数字资源

随着计算机和网络技术的飞速发展及计算机使用的普及，数字资源越来越广泛地被人们所利用和喜爱，上网已成为人们查阅、浏览、获取信息资源的主要方式。数字资源是数字化了的信息资源，是指以电子数据形式，把文、图、声、像等多种形式的信息存放在光、磁等非印刷载体上，并通过网络通信、计算机终端等方式再现出来的信息资源。数字资源和纸质等资源一起，成为目前文献信息传播和交流的形式。

数字资源与纸质资源相比，具有以下优点：

（1）信息存储容量大，载体体积小。

（2）传播速度快，无时空界限，便于共享。

（3）资源具有整合性，更新快，时效性强，可回溯，有史料性。

（4）使用方便，可对信息进行各种处理。

（5）检索快速便捷、范围广。

（6）信息的传播和交流互动性强。

数字资源的传播读取可分为单机、局域网和广域网等方式。单机利用可以是光盘或安装在一台计算机上的数据；局域网内部利用是用户能在机构内部浏览检索数字资源，但在局域网以外的网络环境中不能访问；广域网方式是指用户可以在任何一个拥有互联网的地方通过一定的身份认证方式甚至无须认证就可以访问数字资源。

随着计算机和网络技术的飞速发展、计算机使用的普及，数字资源越来越广泛地被人们利用和喜爱，已成为人们查阅、浏览、获取信息资源的主要方式。图书馆作为文献信息的收集和传播中心，十分注重数字化信息资源的建设，图书馆还自建了随书光盘数据库。可谓内容丰富、形式多样，除了这些全文数据库，还有各种二次文献，如文摘、题录和书目数据的数据库。

二、电子图书

（一）超星图书馆

超星图书馆有丰富的电子图书资源以供阅读，其中包括文学、经济、计算机等 50 余类，现有 228 万种中文图书元数据、140 万种图书全文。全文总量 4 亿余页，数据总量 30 000 GB，并且以每年 10 万种的速度增加与更新，是目前世界最大的中文在线数字图书馆。目前一些学校图书馆购入了超星数字图书馆的 84 万多种图书，包含所有学科领域，内容丰富，可以通过分类、书名、作者等途径进行检索阅读。

浏览全文前须下载、安装超星电子图书浏览器。

（二）Apabi 电子图书

Apabi 电子图书是由北京大学方正公司开发的数字图书系统，该公司目前已经与多家出版单位合作出版网络电子图书。

浏览全文前须下载、安装方正电子图书浏览器。

（三）读秀知识库

读秀知识库是由海量文献资源组成的庞大的知识系统，现收录 228 万种中文图书信息，占已出版的中文图书的 95% 以上，可搜索的信息量超过 6 亿页。它融文献搜索、试读、传递为一体，是一个可以对文献资源及全文内容进行深度检索，并且提供文献传递服务的平台。它不仅提供传统的文献信息，还提供封面、版权页、目录、前言和正文 17 页的阅读。

此平台采用电子邮件进行文献传递，提供图书单次不超过 50 页的文献传递，同一邮件地址同一本图书一周累计传递量不超过全书的 20%。读秀是非常丰富实用的中文电子文献资源，是进行学术研究的好帮手。

三、中文电子期刊

（一）中国学术期刊全文数据库（CNKI）

中国学术期刊全文数据库是目前世界上最大的连续动态更新的中国期刊全文数据库，目前收录 7 600 多种重要期刊，内容覆盖自然科学、工程技术、农业、哲学、医学、人文社会科学等各个领域，其中核心期刊 1 735 种。4 000 多种期刊回溯至创刊，最早的回溯至 1915 年。累积期刊全文文献 1 750 万篇。

知识来源：国内公开出版的 7 600 多种核心期刊与专业特色期刊的全文。

覆盖范围：理工 A（数理化天地生）、理工 B（化学化工能源与材料）、理工 C（工业技术）、农业、医药卫生、文史哲、经济政治与法律、教育与社会科学、电子技术与信息科学（远程和镜像均可查阅）。

（二）中文科技期刊数据库

中文科技期刊数据库是由科技部西南信息中心重庆维普资讯有限公司开发研制的中文电子期刊数据库。该库具有时间跨度大、收录期刊范围广、系统性强、种类多及文献量大等特点。

海量数据：包含了 1989 年至今的 8 000 余种期刊刊载的 2 000 余万篇文献，并以每年 250 万篇的速度递增。

覆盖范围：涵盖自然科学、工程技术、农业、医药卫生、经济、教育和图书情报等学科的 8 000 余种中文期刊数据资源。

分类体系：按照《中国图书馆分类法》进行分类，所有文献被分为八大专辑，即社会科学、自然科学、工程技术、农业科学、医药卫生、经济管理、教育科学和图书情报。八大专辑又细分为 36 个专题（远程和镜像均可查阅）。

（三）万方数据知识服务平台

万方数据知识服务平台内含中国数字化期刊全文库、学位论文全文库、学术会议论文全文库、中国法律法规库、方志库、专家博文库、科技成果库、专利库、中外标准库、西文期刊库、西文会议库、科技动态库。

万方学术期刊全文数据库内容：自 1998 年开始，以 2000 年以后的期刊为主。

收录的期刊以核心期刊为主，内容涵盖基础科学、社会科学、经济财政、哲学政法、教科文艺、工业技术、农业科学、医药卫生等八大类近 6 000 余种期刊，其中核心期刊 2 600 余种。

中国法律法规库收录了自中华人民共和国成立以来颁布的国家法律、行政法规、部门规章、司法解释、其他规范性文件以及相关的外国法律法规和国际条约，并且有裁判文书、公报案例、文书样式等全文字库。

方志库收录全国范围内的各级各类新方志 20 416 册，所收录新方志类型包括综合志、部门志、地名志、企业志、学科志及特殊志等。

万方数据科技信息系统是中国统一完整的科技信息群，汇集中国学位论文文摘、会议论文文摘、科技成果、专利技术、标准法规、科技文献、科研机构、科技名人等近百个数据库。

（四）Apabi 数字资源平台

1. 方正 Apabi 电子图书资源库

方正 Apabi 电子图书资源库是方正 Apabi 数字内容资源的核心部分。目前方正与近 500 家出版社全面合作，在销电子图书达 42 万种，涵盖了社科、人文、经管、科技等各种分类，已经形成了最大的中文文本电子图书资源数据库。

2. 方正 Apabi 高校教参全文数据库

方正 Apabi 高校教参全文数据库是方正与 CALIS 管理中心全面合作，针对高校数字内容需求，整理、收集和解决数字版权的专业的经典教材和高校指定教参的专业数据库，教参数据库覆盖"文、理、工、医、农、林、管"等重点学科，着重发展"计算机""经济管理""财政金融""外语""通信""能源""生物"等热门、新兴前沿学科。

3. 中国年鉴资源全文数据库

收录年鉴 750 多种，6 000 余卷，包括统计年鉴等众多资源。

4. 中国工具书资源全文数据库

精选收录国内各大出版社出版的精品工具书资源 1 200 余种，其中包括《辞海》《汉语大词典》《中国大百科全书》等国内公认的精品工具书。

5. 中国报纸资源全文数据库

收录报纸 300 多种。

6. 中国艺术博物馆

包括中国美术馆、中国书法馆、民间美术馆、世界美术馆、红色艺术馆共计 88 000 张珍贵图片。

7. 北京周报

收录了几十年间发布的报纸，并以英、德、法、日、西班牙语 5 种语言提供服务。

8. 国学要览

收录了包括义理之学、考据之学、辞章之学、经世之学、科技之学在内的，承载着中国传统文明精髓的古籍图书。

（五）律商网

1. 中文法律法规集成服务

全面、系统地收集了中国的法律法规，且明确标示各法律法规的出处、有效性及有效范围，同时提供法律有效性和有效范围的查询功能。个别经修改的法律法规，律商网还提供不同的版本，并且标出修改的具体条款。

2. 法律法规翻译

律商网提供中文法律法规、案例分析及法律实务内容的英文翻译。英文翻译由具有法律和英文双背景并且获取国家二级及以上翻译资质的国内翻译公司进行初次翻译，初稿完成后送给精通汉语和英语的外国法律专家校对，校对后的文稿由律商网的内部编辑和专家进行最后的审核，以保证翻译的高质量。同时，重要的法律法规的翻译将在出台后的短时间内完成，库内的翻译总量以每月数百篇的速度进行更新。

3. 法律税务实践指导

为法律与税务方面的工作人员提供与各自领域专家进行交流的机会。根据在日常实践当中所遇到的实际问题以及应对的方法、操作流程等宝贵心得进行分享。

4. 专业书刊浏览下载

与专业机构合作，在网上发布相关专业著作、专业期刊的电子版，方便用户随时随地翻阅研读，协助用户更全面、及时地理解和掌握政策法规及有关行业、领域的发展变化。

5. 实用资料汇聚

汇集了常用的政府部门办事表格及合同样本，目前已收录相关的税务、外贸、劳动关系等领域的报名表、申请表、报表的资料，合同样本则超过 700 个，其中包括国家市场监督管理总局、住房和城乡建设部等政府部门发布的标准格式合同。丰富的实用资料使各领域的业务流程、办事程序一目了然，各类合同、报表可以即时下载、打印和使用，方便用户快速获得准确资料，显著提高办公效率。

（六）北大法意法律资源数据库

北大法意法律资源数据库是由北京大学实证法务研究所联合北京大学法学院、北京大学图书馆共同研发和维护的法律数据库网站。专门为司法机构、各行业、各领域的法律、法学工作者以及法学院的师生提供专业系统的法律信息服务。

（1）仅法规就超过 33 万条的数据量，是从新中国成立至今最为完备的法规数据库之一。法院案例库为案例教学、实证研究、学术制作、比较法学提供十几万的案例数据资源。合同文本库为该领域数据最为完备、体系最为完善、功能最为强大的合同签约自助系统。

（2）网络资源每日更新。各个子库不仅提供便捷的快速检索和二次检索、功能先进的高级检索、分类专业的引导检索，还提供法规文本链接、中英文法规对照、法规案例全互动链接等多种强大的实用功能。

（3）内容：宪法法律数据库、行政法规数据库、司法解释数据库、部委规章数据库、地方法规数据库、江苏省法规数据库（专项提取）、政策纪律数据库、行业规范数据库、军事法规数据库、国际条约、法规英译本库、立法资料库（附赠）、行政执法库（附赠）、法务流程库（附赠）等。

（4）检索功能：法规层级引导检索系统。题引导检索系统、法规主体引导检索系统、法规快速关键词检索系统、法规高级条件性（关键词）检索系统、法规行业检索系统、跨库综合检索（两个以上数据库可使用）。

（5）数据统计：法规 423 853 部、法规英译本库 3 700 部、国际条约库 5 033 部、立法资料库 7 205 部、行政执法库 1 380 部、法务流程库 5 923 部。

（6）数据来源：各种数据通过官方权威机构采集。

（7）更新承诺：每日在线更新 100 部以上的法律资源数据库，全年更新大于 3 万部以上。

（七）中文社会科学引文索引（CSSCI）

中文社会科学引文索引是从文献之间的引证关系着手，去揭示科学文献之间（包括学科之间）的内在联系。它从引文去追溯科学文献之间的种种内在联系，通过文献计量方法的处理，就可以找到一系列内容相关的文献，从而可以分析出某一学科的研究动态、发展情况，以及该学科的核心作者群。它可以根据某一名词、某一方法、某一理论的出现时间、出现频次、衰减情况等，分析出学科研究的走向和规律，还可得出多种统计、排序信息。由于它的重要作用和强大功能，受到全世界科学研究人员的普遍欢迎，产生了极为广泛的世界性影响。美国科学引文索引（SCI）已被许多国家和地区作为评价科研能力和水平的最重要工具之一。

南京大学研制的中文社会科学引文索引（CSSCI），是教育部人文社会科学重大研究项目。CSSCI 严格挑选了中文人文科学、社会科学学术期刊 400 多种，《商业经济与管理》入选其中。

中文社会科学引文索引（CSSCI）有以下用途：

（1）利用 CSSCI 开展人文、社会科学研究。CSSCI 主要从来源文献和被引文献两方面向用户提供信息，还可提供特定论文的相关文献情况，为科研人员的研究工作提供了方便。

（2）利用 CSSCI 进行社会科学研究评价与管理。所收的期刊是严格按期刊影响因子分学科排序位次和国内知名专家的定性评价相结合而产生出来的。因此，CSSCI 所收录的论文和被引情况可作为社会科学研究评价指标之一。

（3）利用 CSSCI 进行人文、社会科学期刊评价与管理。CSSCI 系统可以提供期刊的多种定量数据，由期刊的多种定量指标可得出相应的统计排序，由此可评价期刊的学术影响和地位。

（八）人大《复印报刊资料》全文数据库

中国人民大学《复印报刊资料》涵盖面广、信息量大、分类科学、筛选严谨，是国内权威的社会科学、人文科学专题文献资料库。该数据库从全国 3 000 多种报刊上精选出人文、社会科学论文的全文，按专题分类编辑，分为教育、文史、经济、政治类。现每年增加文献约 2.5 万篇，每篇记录包括文章的题录、文摘、全文等著录项。查寻结果可复制、转存、自定义打印，查询途径多样，方便快捷。

四、图书馆信息咨询服务

1. 咨询

读者在利用图书馆数字资源过程中有任何问题，都可以通过以下方式向图书馆咨询和反映。以浙江工商大学为例，可通过以下方式咨询：

（1）网上咨询台：图书馆主页上的网上咨询台。

（2）现场咨询：图书馆信息咨询部。

（3）电话咨询。

（4）电子邮件。

2. 用户教育、辅导

图书馆举行数字资源宣传月活动（如浙江工商大学图书馆在每年 10 月），全面宣传数字资源和使用方法；常年举办讲座，接受读者的辅导预约。

3. 文献传递、馆际互借、代查代检

高校图书馆一般与中国国家图书馆、北京大学图书馆、中国高等教育文献保障系统（CAILS）、中国高校人文社会科学文献中心（CASHL）、国家科技图书文献中心（NSTL）等单位建立了馆际互借和文献传递关系。教师和研究生通过各种途径查到的文献，如果图书馆没有收藏或没有全文，都可以发邮件到信息咨询部，通过文献传递、馆际互借的方式获得文献。

教师如果检索文献有困难，图书馆工作人员可以代查代检。有需要的读者可以和图书馆信息咨询部联系。

第二节　学术论文撰写

一、撰写学术论文的资料准备

俗话说"巧妇难为无米之炊"，教师做科研，如果没有足够的知识储备，是写不出也写不好学术论文的。就一门学科而言，你要为你从事的学科归属定位，在收集资料时才有针对性。比如，语文学科教学论，属于三级学科，其上一级学科是课程与教学论，一级学科是教育学。同时，这个学科又属于交叉学科，与汉语言文学相关专业都有一定的联系。因此，这个专业方向的教师在进行知识储备时，必须分层次、有重点地读书。包括哲学、教育学、教育心理学、学习理论、教育史、古代文学、现当代文学、现代汉语、古代汉语、语言学、文字学等学科和专业的书籍约占 30%，课程与教学论、语文课程与教学论方面的书籍要读 70%。至于泛读书籍和杂志，应该是广览博取，最好是带着问题读书，根据研究需要和兴趣点而有选择地读书。在精读和泛读过程中，留意科研空白点、学术矛盾点、学术争鸣点、学科交叉点、理论前沿点等，提出相关问题，深入思考，并带着此类问题阅读相关理论书籍和文章，为学术论文的选题和资料储备做好充分的准备。这都是撰写出有新意的学术论文不可或缺的重要环节。

二、学术论文撰写的方法

1. 实践法

现在一些高校教师步入了一个认识误区，这也是他们很长时间没有取得丰硕的科研成果和较强的科研能力的重要原因。他们习惯性地认为，教学期间，读的书多了，积累的知识多了，自然就会有很强的科研能力，也就可以写出高水平的学术论文和毕业论文。其实，如果教师不加选择、盲目地读书，学到的很多知识是没有用的。因此，教师应有选择地读经典著作。仅这样还不够，众所周知，科研的能力是需要长期锻炼和培养的，而绝非仅是知识积累的结果。有的人读了一辈子书，却是"两脚书橱"，思想观念落伍，没有将所学知识转化为研究成果，对后人也无所裨益。就教师而言，平时读的书很多，但是由于不注意练笔，结果眼高手低，最后也写不出像样的学术论文能公开发表。这种现象应引起高度重视和深思。笔者认为，教师在读书过程中，要充分利用图书馆、网络收集相关研究资料，分类存储以备后用。同时，注意围绕热点或自己关注的问题，写心得体会、研究综述和学术评论等文章，善于借鉴学术界有创新意义的学术观点并尝试运用到自己的写作实践中。

2. 模仿法

在学术论文写作中遇到最大的困难常是不知如何选题，不知如何收集和运用资料，不知如何搭建论文框架结构，也不知写些什么内容，总之不知如何下手。因此，模仿法特别适用于初学论文写作者。在实践中有人反映，很多学术大家的论文艰深难懂，看后会产生畏惧写作的心理；有人反映，看了一线教师教研论文，觉得简单，但又不会写，因为缺乏实践经验；还有人反映，论文创新太难，误认为创新就是"全新"，由此不敢写作。其实，创新不等于"全新"。创新的要点很多，包括题目的创新、结构的创新、思路的创新、观点的创新、参考资料的创新以及研究方法的创新等诸多方面，一篇文章具备的创新点越多，其创新性也就越强。我们在写作时，不要盲目追求"全新"，先低标准要求自己，找一篇同类或类似的文章（和自己研究水平相当或略高）做参照。可以在行文结构、语言风格等方面进行模仿，而后逐步修改，走模仿到创新之路。

3. 切块法

学校要积极鼓励教师参加调研课题和书稿的撰写工作。一般而言，一个课题或一部书稿，都有明确的结题或完稿的时间限定。这种紧迫性就要求参与者必须潜心读书，严格要求自己，认真撰写出高质量的研究成果。不论是结项还是著作出版，都要经过有关部门鉴定和认可，这无形中给参与者增加了压力，也增加了科研的动力。教师在收集资料、撰写研究报告或书稿的过程中，可以从中抽出有价值、有新意的部分，独立成篇，用于发表。由于是在接受重要任务中写出的文章，因此发表在比较权威的杂志上的机会也比较大。

三、发表学术论文的主要途径

1. 了解与专业相关的杂志信息做好摘录工作

这类杂志包括专业杂志、非专业杂志，重点摘录该杂志的刊物级别、主办单位、编辑部地址、联系电话、电子信箱以及主要栏目编辑姓名等信息。如果有些杂志不方便找，可以通过中国期刊网等查找有关信息。此方法，一是可以大大节省查找投稿地址、电子信箱等所需要的时间；二是可以在投稿一段时间后，通过打电话、发邮件的方式了解稿件采用与否等情况。

2. 针对撰写的学术论文内容，了解有关杂志刊登的文章信息，有针对性地投稿

当前，很多教师反映，辛辛苦苦写出来的文章，竟然难以发表，论文写作的积极性大大受挫。究其原因，主要是缺乏投稿针对性造成的。如何提高针对性和命中率？笔者认为，首先，要了解所投刊物的主要栏目，看你的文章是否能在所投刊物上找到属于自己的位置。其次，要注意刊物上附登文章的长短，

如果要求 4 000~6 000 字，那么你的 3 000 字或 10 000 字左右的文章就不合适，要么另投他刊，要么修改以符合刊物的版面要求。最后，要注意刊物上刊登的文章是否有中英文摘要、关键词、文献标志以及作者简介等。当然，还有一点很重要，要注意刊物刊登文章的语言风格，是偏重于严谨的学术性，还是贴近生活的实践性，抑或学术性与实践性并重。只有"对症下药"，学会有针对性地投稿，才能大大增加文章被采用的概率。

3. 根据撰写的学术论文质量，有选择性地投稿，努力提高发表刊物的档次

在写作实践中，选题新颖、观点鲜明、创新性强的学术论文，最好投到专业核心杂志和相关核心杂志（包括 CSSCI、中文核心）上，采稿周期一般为 1~3 个月。如果等 2~3 个月还没有消息，应及时改投其他稍微差一点的核心杂志；如还是没被采用，则表明你的文章质量不高，那就立即改投普通杂志。否则，耽搁的时间过长，时效性已过或此方面的研究成果问世，你的文章也就失去了应有的价值。对于自认为质量一般的文章，又想发表的，建议直接投给 CN 刊物，这样采用率高些，若不行再改投他刊，直到发表为止。

4. 根据不同杂志的投稿要求，采用不同的投稿方式，增加命中率

有的杂志明确要求只接收打印稿，并且要求按照匿名评审的排版方式寄送稿件；有的杂志要求只能寄送打印稿件，但排版必须符合刊物刊登的规范；有的杂志则规定打印稿和电子稿皆可；有的杂志则特别喜欢电子稿，处理起来方便；而有的杂志开通有投稿网站，只接受网上投稿，等等。针对不同的杂志投稿要求，选择恰当的投稿方式，会赢得编辑的信任，不至于因怀疑你一稿多投而毙掉你的稿件。就寄送打印稿而言，也有多种方法：第一，如果处在同一个城市距离又不太远的话，可以直接给杂志社送稿，顺便也可以和编辑做一个简单的交流，增加编辑对你的了解；第二，可以采用快递或特快专递的方式寄打印稿。就网上发电子稿而言，也有很多技巧：第一，发稿子的同时写上一封诚恳的信，表明你对该杂志的了解程度、你期待发表文章的用途及文章的简要说明等，不论如何，要谦虚，不要给人留下不好的印象；第二，按照刊物规定的方式投稿，比如，有些刊物明确规定，投稿主题栏要写上学科名称、文章名称等信息，文章要在附件中而不能在写信栏，并强调，当收到自动回复的信件后，应按要求及时寄送打印稿。

5. 采用推荐独立发表和合作发表的方式，提升发表文章的质量和数量

年轻教师独立写出的文章，可以让一些经验丰富的教师推荐到相关刊物发表，因为经验丰富的教师从事多年的研究，可能与有关杂志建立了良好的信任关系。方式主要有：第一，给杂志社编辑打电话或发电子邮件，告诉编辑你的文章及个人信息等；第二，在寄送打印稿或发电子稿件时，把有关专业教师的推荐信寄去或发去。教师参与其他教师的课题或书稿，从中抽出的部分而形成的文章以及按照其他教师的写作思路而写成的文章，最好采用与其他教师合作署名的形式发表。此外，同专业的教师也可以就一个论文题目合作撰写论文。通过多种方式，可以有效提升教师发表文章的质量和数量。

第三节　项目申报

一、纵向科研项目申报

1.纵向科研项目的主要来源

纵向科研项目主要有国家自然科学基金项目、国家社会科学基金项目、科技部计划项目、教育部人文社科项目、浙江省科技计划项目、浙江省自然科学基金项目、浙江省社会科学基金项目、浙江省教育厅项目、浙江省社科联项目等。

2.项目管理流程

（1）项目申报。申报项目时，必须按照有关项目申报通知及指南的要求，认真填写项目申报书等材料，网上申报的项目还须网上提交；对于限项申报的科研项目，当申报项数超过限项指标时，学校请校内外专家评审推荐。

（2）项目立项。在立项批文下达后，项目负责人与项目主管单位签署项目合同书（如主管单位为科技部、科技厅）或计划书（如国家自然科学基金委、浙江省自然科学基金委）或经费预算书（全国哲学社会科学规划办公室）等。计划财务处根据科研处提供的项目经费预算开立项目账户，科研处制作项目经费卡。

（3）项目检查。科研项目立项后，项目负责人应按照项目合同书或计划书中的计划进度，组织力量开展实施工作，同时严格按项目经费预算执行开支。按要求及时向项目主管单位报送相关材料，配合主管部门做好中期检查。

（4）项目的结题和验收。科研项目完成后，项目负责人应按项目主管部门要求及时提交结题材料或验收申请，经所在学院初审，科研处审核同意后报项目主管部门，经主管部门批准通过后予以结题。

（5）项目材料归档。经项目主管部门准予结题的科研项目，项目负责人需将所有结题材料，包括项目申请书、项目批文或合同书等报送科研处，由科研处统一移交档案馆归档保存。

3. 主要项目申报指南要点

（1）国家自然科学基金项目。

①申请的项目类型。面上项目（含青年科学基金面上项目连续资助项目）、重点项目、重大项目、重大研究计划项目、国家基础科学人才培养基金项目、青年科学基金项目、优秀青年科学基金项目、国家杰出青年科学基金项目、地区科学基金项目、联合基金项目、国家重大科研仪器设备研制专项（自由申请项目）、科学仪器基础研究专款项目、数学天元青年基金项目、重大国际（地区）合作研究项目、组织间国际（地区）合作研究项目和组织间国际（地区）合作交流项目等。

②填写申请书注意事项。

a. 国家自然科学基金项目申请书须使用当年新版本（以前版本均不接收）。

b. 切记按当年度项目指南的限项申请规定，申请人及参加人在研及申请项目累计不得超过3项。

c. 中级职称（有博士学位除外）申请者需提供两名与其研究领域相同、具有高级专业技术职务（职称）的科技人员的推荐。

d. 申请人为在职研究生的，只能通过其在职的聘任单位申请，同时须单独提供导师同意其申请项目并由导师签字的函件，同意函应说明申请项目与其学位论文的关系，承担项目后的工作时间和条件保证等，但在职硕士研究生不得申请青年科学基金项目。正在博士后流动站内从事研究的科学技术人员申请科学基金项目，需要由依托单位提供书面承诺，保证在获得项目资助后延长其在博士后流动站的期限至项目资助期满；或者是出站后继续留在依托单位从事科学研究。每份申请的书面承诺由依托单位盖章附在纸质申请书后一并报送。否则，自然科学基金委不受理在站博士后人员的项目申请。

e. 申请人和主要参与者必须在纸质申请书上签字（主持人不要随意代签，

以免超项）。主要参与者中有依托单位以外的人员参加，其所在单位即被视为合作单位，须在申请书信息简表中填写合作单位信息并在签字盖章页上加盖合作单位公章，填写的单位名称须与公章一致。已经在自然科学基金委注册的合作单位，须加盖单位注册公章，没有注册的合作单位，须加盖该法人单位公章。一般情况下申请项目的合作单位不得超过两个。

f. 申请书中的研究起始年限一律填写次年的 1 月 1 日。通常面上项目研究时间为 4 年，青年项目为 3 年，重点项目为 5 年。

g. 青年科学基金项目，申请人在申请当年 1 月 1 日未满 35 周岁；女性申请青年科学基金项目可放宽年龄到 40 周岁，参与者应以青年为主体。

h. 经费申请时，请申请者认真做好项目预算，了解各项目的内涵。能源、动力费通常指的是大型仪器设备所需且能单独计量的水、电、气、燃料消耗费用等；管理费用 5%；国际合作与交流费、劳务费（用于研究生、博士后人员的劳务费用）面上项目分别不超过 15%；重点项目、重大项目及各类专项的劳务费不超过 10%。

i. 在研的国家社科基金项目人员（包括作为项目负责人已经获得国家社会科学基金资助，但在当年国家自然科学基金项目申请截止日前，尚未获得全国哲学社会科学规划办公室颁发的结项证书者）不能申报国家自然科学基金项目，国家社科基金项目结题需要结题证书复印件，否则形式审核不合格。

j. 根据所申请的项目类型，准确选择"资助类别""亚类说明""附注说明"等内容。要求"选择"的内容，只能在下拉菜单中选定；要求"填写"的内容，可以输入相应文字；有些项目"附注说明"需要严格按本指南相关要求填写。

k. 课题主要成员要详细填写成员介绍。

l. 尽量按学科代码填写到最后一级，有利于选择专家评审。

m. 对于在线方式申请，填写完申请书，先点"检查"按钮后，提交并下载打印有水印的最终 PDF 版本申请书。

n. 申请书提供的信息前后要一致（包括职称、学位、出生年月、合作者姓名等）。

o. 上年已获得科学基金资助的项目负责人当年不得申请同类型项目，自2014 年开始，上两年连续申请面上项目未获得资助的申请人当年暂停面上项目申请 1 年。

（2）浙江省自然科学基金项目。

①申请的项目类型包括一般项目、青年科学基金项目、重点项目和省杰出青年科学基金项目。

②填写申请书注意事项。

a. 所有类型项目采取限项目重报。

b. 申请人应当是申请项目的实际负责人。项目组成员分为"主要成员"和"非主要成员"两类。"主要成员"指省自然科学基金依托单位正式在编或聘用且每年在浙江工作时间6个月以上并已成为省自然科学基金网站会员的人员。"非主要成员"指境外省外人员、省内非省自然科学基金依托单位人员、省自然科学基金依托单位不符合会员申请资格人员。各依托单位符合会员资格的人员不得以"非主要成员"参与申报。

在读研究生、博士后以及省外、境外科研人员不得申请省自然科学基金项目。

c. 申请人当年只能申请1项省自然科学基金项目；当年作为主持人或者主要成员的申请项目数，合计不得超过2项。

d. 项目组全体成员在提交申请前须知情同意。申报期间省自然科学基金网络信息系统将为每位会员提供"申请验证码"，用来验证是否同意参加相关申请。申请人填写"主要成员"信息时，须输入各主要成员的"申请验证码"、身份证号码。各会员的申请验证码当年只能使用两次，要注意保管好本人的"申请验证码"。

e. 如果申请人已主持省自然科学基金资助项目，必须在通过结题验收后，才可申请主持新项目。

f. 鉴于重点项目、省杰出青年科学基金项目资助名额有限，省自然科学基金办将根据专家评审结果，择优选取专家评价较好但因名额限制无法获得资助的重点项目、省杰出青年科学基金项目转为一般项目予以资助，总数不超过20项。

g. 申请省自然科学基金项目前，请谨慎考虑与其他类科技计划项目可能产生的冲突。根据省科技厅有关规定，项目申请人在同一年度只限申报一项省级科技计划项目（含自然科学基金），不得重复或分别申报同年度不同计划项目，一经发现，取消项目立项资格。

h. 各类项目申请人需具备的其他资格条件和申报要求参见相应的项目申请指南。

i. 自 2015 年度开始，已经连续两年申请（以依托单位统一上报到省自然科学基金办的年度申请项目清单为准）省自然科学基金项目（不含学术交流项目）未获资助的项目申请人，暂停一年项目（不含学术交流项目）申请资格。

j. 申请项目的有关研究内容已获得其他资助的，应当在申请材料中说明资助情况；申请人不得以与已获得资助的省部级以上科研项目相同或基本相同的研究内容，再次申请省自然科学基金项目。

（3）国家社会科学基金项目。

项目类型分为重大项目、年度项目、西部项目、后期资助项目、中华学术外译项目、学术期刊资助和成果文库等。

a. 重大项目。重大项目是现阶段国家社科基金中层次最高、资助力度最大、权威性最强的项目类别，包括应用对策研究、重大基础理论研究和跨学科研究三类，平均资助额度为 60 万 ~80 万元。

应用对策类重大项目主要资助研究我国政治、经济、文化和社会发展中具有全局性、战略性、前瞻性的重大理论和实际问题，为党和政府决策服务。

基础理论类重大项目重点支持一批弘扬民族精神、传承民族文化、对学术发展和学科建设起关键作用的重大基础理论和文化研究课题，着力推出具有原创性或开拓性、具有重要文化传承价值的经典之作。

跨学科研究重大项目旨在鼓励通过不同学科的视角、知识、方法和人员的交叉融合，研究解决单一学科难以解决的复杂性、前沿性、综合性问题。

重大项目采用面向全国公开招标的立项方式，每年组织两次。全国社科规划办公室向有关实际决策部门和重点科研单位广泛征集选题，组织拟订国家社科基金重大项目招标课题研究方向，经全国社科规划领导小组批准后在媒体发布招标公告。投标者主要包括：中央和国家有关部委，教育部及其他部委直属高校，省级以上（含）党校、社科院、高校、研究基地等重点社会科学理论单位，军队系统重点院校和重点研究部门。重大项目实行首席专家负责制，首席专家必须具备享有中华人民共和国公民权；具有较高的政治素质和学术造诣，学风优良，责任心强；具有正高级专业技术职务或正局级（含）以上领导职务。

大项目评审工作按照资格审查、通信初评、复评答辩、立项审批、网上公示等规定程序进行，坚持公开透明、公平竞争、质量第一、宁缺毋滥的原则。严把政治方向关和学术质量关，重在服务决策，力求务实管用，体现理论创新。全国社科规划办公室、各省区市社科规划办、在京委托管理机构、相关责任单位对中标课题进行全过程跟踪管理，最终成果由全国社科规划办公室组织验收结项。

b. 年度项目。年度项目是国家社科基金项目的主体，主要资助对经济社会发展具有重要价值的专题性应用研究和对学科建设具有重要意义的一般性基础研究，旨在提高科研水平、培养优秀人才、多出优秀成果，包括重点项目、一般项目和青年项目三个类别。

年度项目在国家社科基金项目资助体系中设立时间最早、立项规模最大、覆盖面和惠及面最广。资助范围涵盖马克思主义、科学社会主义、党史、党建、哲学、理论经济、应用经济、政治学、社会学、法学、国际问题研究、中国历史、世界历史、考古学、民族问题研究、宗教学、中国文学、外国文学、语言学、新闻学与传播学、图书馆、情报与文献学、人口学、统计学、体育学、管理学等 26 个一级学科。

年度项目面向全国、公开申报、公平竞争、择优立项。全国哲学社会科学规划办公室每年组织各学科规划评审组，制定国家社科基金年度项目课题指南，经全国哲学社会科学规划领导小组批准后在媒体发布申报公告。申请年度项目必须符合课题指南的指导思想和基本要求，应用对策研究要具有较强的现实性、针对性和时效性，基础理论研究要力求具有原创性或开拓性。各省区市哲学社会科学规划办公室和在京委托管理机构负责组织本地区本部门的项目申报工作。年度项目实行匿名通信初评与会议复评相结合的评审机制，全国哲学社会科学规划办公室在评审原则、评审标准、评审程序和评审纪律等方面做出明确规定。教育学、艺术学、军事学等三个单列学科课题申报和评审工作由全国教育科学规划办公室、全国艺术科学规划办公室、全军社科规划办公室另行组织。

年度项目每年基本在 12 月至次年 3 月进行申报。由于申报量的不断上升，实行限项申报，由各省份社科规划办进行统一的评审筛选工作。

项目的完成时限，基础理论研究一般为 2~3 年，也可根据研究需要适当延长；应用对策研究以研究问题的时效性确定时限，最终成果形式为专著、专题性论文集、研究报告、工具书、软件和数据库等。年度项目结项实行严格的双向匿名通信鉴定制度，重点项目由全国哲学社会科学规划办公室组织鉴定，一般项目和青年项目由各省区市社科规划办和在京委托管理机构负责组织鉴定并报全国哲学社会科学规划办公室审批。

c. 西部项目。西部项目旨在资助西部地区社科研究工作者，重点围绕西部地区改革开放和现代化建设中的重大理论和现实问题，围绕加强民族团结、贯彻党的宗教政策、维护国家统一，围绕民族优秀文化遗产抢救和区域优势学科建设等问题开展相关研究，更好地服务西部地区经济社会发展。由于浙江省无申报资格，这里不做详细介绍。

d. 后期资助项目。后期资助项目主要资助人文社会科学基础研究领域中完成 80% 以上且尚未出版的优秀科研成果，旨在鼓励广大人文社会科学工作者潜心治学，扎实研究，多出优秀成果，进一步发挥国家社科基金在促进我国哲学社会科学繁荣发展中的示范作用。

后期资助项目以资助中文学术专著为主，也资助少量学术资料汇编和工具书；申报范围为国家社科基金 23 个学科（暂时不包括教育学、艺术学、军事学三个单列学科）。除由同行专家推荐申报外，也可由指定的出版学术著作为主的出版社推荐申报。常年随时受理申报，一般每年 5 月、11 月各评审一次。全国社科规划办组织成果鉴定结项，并统一安排出版。

e. 中华学术外译项目。国家社科基金中华学术外译项目主要立足于学术层面，资助我国哲学社会科学研究优秀成果以外文形式在国外权威出版机构出版，进入国外主流发行传播渠道，以增进国外对当代中国以及中国传统文化的了解，推动中外学术交流与对话，提高中国哲学社会科学的国际影响力。

中华学术外译项目资助文版暂定为英文、法文、西班牙文、俄文、德文等 5 种。国内具备本学术领域较高专业水平和双语写作能力的科研人员、与国外科研机构开展密切学术交流的国内科研机构以及具有国际合作出版经验的国内出版机构均可申请。常年随时受理申报，一般每年 5 月、11 月各评审一次。

f. 国家哲学社会科学成果文库。为集中推出反映现阶段我国哲学社会科学研究领先水平的优秀成果，充分发挥优秀成果和优秀人才的示范带动作用，鼓励广大哲学社会科学工作者以优良学风打造更多精品力作，设立了"国家社科基金成果文库"，每年从已结项的国家社科基金项目优秀成果中遴选 10 种左右，后进一步拓展为国家哲学社会科学成果文库。

国家哲学社会科学成果文库申报范围包括国家社科基金所有 26 个学科（含教育学、艺术学、军事学三个单列学科）。申报成果可以是国家社科基金项目研究成果，也可以是国家社科基金资助范围以外的研究成果。申报成果为已经完成且尚未出版的中文学术专著、专题论文集或专题研究报告，字数一般在 20 万~50 万字，最多不超过 80 万字。"成果文库"每年评审一次，统一组织出版，并向作者颁发荣誉证书。

由于国家社科基金项目的申报均分为三级管理，即全国社科规划办、省社科规划办、学校科研处，所以每年学校的申报截止时间均早于全国社科规划办网站的截止时间半个月甚至更早。

（4）浙江省哲学社会科学基金项目。

浙江省哲学社会科学基金项目分为重大招标课题、常规性课题、合作课题、委托课题、文化研究工程课题及基地课题。其中重大招标及文化研究工程课题为不定期进行申报评审，其他课题每年均可申报一次。

浙江省哲学社会科学规划常规性课题为每年申报及立项量最多的一类课题，省社科规划办会根据每年我省的实际情况，调整课题类型。主要类型可分为基础研究型、应用对策型、后期资助、"学科共建"、自筹经费、欠发达地区扶持课题。另外，"之江青年"行动计划开始后，又新增加了之江青年课题。根据当代实际政策情况，新增加了"马克思主义研究工程"4 项课题。每年年初，在国家课题申报后一个月左右进行常规性课题的申报工作，全校近几年每年的申报量均超过 200 项，可见教师对此强烈关注及参与。

①基础理论研究。申报人可根据自己的学术积累，按所设的 17 个学科组，分学科自主选题，自由申报，但成果形式之一必须为专著（工具书）或论文，结题时须公开出版或发表。课题立项向学术前沿问题研究倾斜，重点扶持对学科发展以及对弘扬浙江精神、传承浙江文化有重要作用的研究项目。

②应用对策研究。应用对策类课题的申报调整为以最终成果方式申报，旨在引导和鼓励社科界深入调研，增强研究的针对性和时效性，提高研究成果质量和转化的实效，为科学决策服务。围绕改革、发展、稳定的现实问题，申报人深入开展调研，掌握第一手资料，进行科学分析，发现真问题，找出真答案。省社科规划办常年受理应用对策研究成果申报，并委托专家进行筛选鉴定。根据省社科联《社科成果要报》采纳摘编及领导批示或部门采纳情况，结合省社

科规划学科组专家筛选鉴定意见，给予一般项目或重点项目等立项等级。省社科规划办对该类课题常年受理，分期（半年）立项，原则上每人每年限立一项。在研省部级（含）以上课题阶段性成果和最终成果不能重复申报省社科规划课题。

③后期资助研究。后期资助研究课题旨在鼓励和扶持在基础研究领域潜心治学、锐意创新的社科工作者，资助已完成且尚未出版的优秀学术专著中文初稿，要求达到本学科领域先进水平，无知识产权纠纷。学术译著、工具书、论文（论文集）、教材、软件等暂不列入资助范围。

④关于"学科共建"、自筹经费和欠发达地区扶持课题。"学科共建"参与单位，为未设有省社科重点研究基地的一般高等院校（含高等专科学校）、杭州市委党校、宁波市委党校，已经设有省社科重点研究基地的高等院校以及高等职业技术学院、其他市委党校等不参加"学科共建课题"的申报；2011年和2012年已提交过申请的单位，除特殊情况需要调整之外，不再提交新的申请；参加学科共建课题的单位对立项的学科共建课题研究经费实行1:1配套；该课题实行单独申报，立项指标单列。申报学科共建课题的不能同时申报其他类型的课题。

自筹经费课题的申报单位为高等职业技术学院、各市委党校、各市电大，其他单位原则上不再设立自筹经费课题。自筹经费课题只在基础研究中设立。申报自筹经费课题者必须落实经费来源，由各科研管理部门在申报表相应栏目中盖章证明。

欠发达地区课题仅面向丽水、衢州、舟山三市申报。

此类型课题有些学校均无申报资格。

⑤之江青年课题。凡入选"之江青年学者行动计划"的青年学者如往年课题已经结题，无在研国家社科基金项目、省社科规划课题，可参加今年的课题申报，此类课题单独评审，指标单列。

另外，每年会根据社会热点及现象开展专项课题活动，如"社会重大舆情调研"专项、"高校思想政治工作"专项研究——"浙江最美现象"专题、"长三角区域合作研究"专项课题等。

基地课题是全省各个重点研究基地组织申报的省社科规划课题。为进一步整合全省社科资源，打造科研高地和学术梯队，培育当代"浙学"特色和优势，浙江省哲学社会科学重点研究基地建设计划启动。经过省内外专家评审，成立了浙商研究中心等11个首批重点研究基地（含"一地多点"基地）和2个扶持型研究基地。又陆续成立了温州人经济研究中心、非洲研究中心等5个研究基地。全省共有20个省级重点研究基地。基地项目公开面向全省申报，本单位及外单位的教师及科研人员均可参加，基地课题申报一般在每年年末进行。

浙江省社科联印发了《关于加大社科理论研究成果宣传力度的办法（试行）》（浙社科联发〔2010〕48号），旨在鼓励和支持我省哲学社会科学工作者加强理论研究成果的宣传，更好地研究浙江、宣传浙江、服务全国，努力扩大我省社科理论界在全国范围内的学术影响。有成果发表在《求是》杂志、《光明日报》等中央级媒体，确认为省社科规划年度课题。

凡是被列为省级社会科学学术著作出版资金全额重点资助项目及部分优秀的资助项目均可列为省社科规划一般课题。

（5）教育部人文社会科学研究项目。

①项目类别。教育部社科项目是教育部面向全国普通高等学校设立的各类人文社会科学研究项目的总称。主要包括：

a.重大课题攻关项目。指以课题组为依托，以解决国家经济建设与社会发展过程中具有前瞻性、战略性、全局性的重大理论和实际问题，以及人文社会科学基础学科领域重大问题为研究内容的项目。选题由教育部向全国高等学校、科研院所及实际应用部门征集，面向全国高等学校招标。

b.基地重大项目。指为普通高等学校人文社会科学重点研究基地设立的、围绕基地学术发展方向进行研究的重大项目。选题由重点研究基地根据基地中长期规划确定，并经基地学术委员会审议通过后，报教育部统一组织招投标。

c.一般项目。规划项目，含规划基金项目、博士点基金项目、青年基金项目，经费由教育部资助；专项任务项目，经费由申请者从校外有关部门和企事业单位自筹，选题由申请人根据教育部社科研究中长期规划和个人前期研究积累自行设计，鼓励申请人从实际应用部门征得选题并获得经费资助。

教育部社科项目申报工作由教育部统一布置。一般在每年第一季度征集并确定重大课题攻关项目、基地重大项目（合称重大项目）选题；第二季度发布各类项目的申报通知或招标公告，集中受理申报材料。

②填写申请书注意事项。

a. 申请人必须是高等学校的在编在岗教师，具有良好的政治思想素质和独立开展及组织科研工作的能力，身体健康，能作为项目实际主持者并担负实质性研究工作。

b. 申请人每次只能申报一个项目。重大项目、规划基金项目和博士点基金（博导类、发展类）项目申请者须具有正高级专业技术职称；青年基金项目申请者应具有博士学位或中级以上专业技术职称，年龄不超过 35 周岁；专项任务项目申请者须获得校外实际应用部门的经费资助，并提供相关证明材料。

c. 原则上应组成课题组申报。应用对策性研究课题，提倡吸收实际工作部门人员参加课题组。鼓励根据实际需要吸纳专家学者加入课题组开展合作研究。对于跨学科、跨学校、跨地区、跨系统组织优势科研力量开展实质性合作研究的课题组予以优先资助。

d. 申请人所在学校积极支持，承诺提供良好的研究条件。

e. 已承担国家级或省部级重大重点项目尚未结项者，不得申报教育部各类项目；已承担国家级或教育部一般项目尚未结项者，不得申报教育部一般项目；已获得立项的课题或其中的子课题，不得重复申报。

（6）浙江省科技厅项目。

①浙江省科技厅项目主要分公益技术应用研究、软科学研究计划、重大科技专项和成果转化工程等。

②填写申请书注意事项。

a. 项目一般采取限项目申报。

b. 省科技计划项目的申报面向在我省注册登记、具有独立法人资格的事业单位。鼓励产业技术创新战略联盟、省级企业研究院结合我省产业发展科技需求主动设计申报项目。鼓励引进高层次人才，高层次专家领衔或作为课题组重要成员，申报省级科技项目。

c. 项目负责人同时主持各类省级科技计划项目（不含自然科学基金项目）数一般不得超过 1 项，主要参加人员一般不得超过 2 项。承担在研项目已达上述限定数的，应当重点做好项目的实施工作，限制申报年度省级科技计划项目。已建创新团队应当抓紧做好团队项目的立项工作，团队成员限制申报公益性计划项目。列入我省工业行业龙头骨干企业名单的企业、国家和省创新型企业承担省科技计划项目数一般不超过 2 项,其他企业不超过 1 项。在研项目数已达到上述限定数的,限制申报年度省级科技计划项目。

d. 项目申请人在同一年度只限申报一项省级科技计划项目(含自然科学基金),不得重复或分别申报同年度不同计划项目,一经发现,取消项目立项资格。

e. 鼓励合作联合申报。鼓励产学研合作、企业与企业合作、企业与风险投资机构合作申报科技项目。

f. 项目可行性报告、经费概算表等电子附件材料中应严格回避项目申请单位及项目组成人员的具体信息。

g. 一般在预算填写中管理费按资助经费的 5% 计算;人员劳务费不超过资助经费的 15%。

二、横向科研项目申报与管理

横向科研项目是指由学校承担的,通过对外开展科研活动取得的除纵向科研项目之外的其他所有科研项目,包括以合作研究、委托研究、技术开发、技术咨询、技术服务、技术转让等合同方式取得的科研项目以及承担各党派、社会团体、专业研究机构等非政府机构设立的科研项目。

科研处是科研项目的专职管理机构,组织各类科研项目的申报和科研项目合同的审核,负责全校跨学院科研项目的组织和协调,组织项目的实施、检查、验收、鉴定以及相关资料和文件的归档工作。

项目负责人是科研项目具体实施的责任人,应严格按照项目合同书或任务书要求认真组织项目的实施,自觉遵守项目主管部门和学校相关科研项目管理规定,接受项目主管部门和学校对项目执行情况的监督检查,及时向所在学院和科研处报告项目执行中出现的重大事项,按项目管理要求及时提交项目进展报告、验收结题材料等相关资料。全权负责科研项目合同的履行,并承担因合同纠纷而产生的经济责任。

学校鼓励教师和科研人员承担各类科技项目,非正式在编教职工(包括离退休人员)不能作为项目负责人申请和承担各类科研项目(项目主管部门另有规定的除外),但可作为项目组成员参加研究工作。

（一）科研项目的立项程序

以合同方式取得的横向科研项目，学校应当与项目委托方签订技术合同。

技术合同分为技术开发合同、技术转让合同、技术咨询合同、技术服务合同。

技术合同签订前，项目负责人应充分了解委托方的资信、责任主体、合作内容、技术指标、完成期限等，然后确定实施计划、双方责权利、制约规定以及报价款等条款。对有能力或预见有能力承担合同约定任务的，方可签订合同。正式合同签订好后交一份给科研处保存备案。

符合国家免税条件的技术合同，按国家相关规定办理免税审批手续。具体操作方法见技术开发合同认定。

（二）技术开发合同认定

1. 合同要求

（1）应具备双方签订的符合《中华人民共和国民法典》规定的，真实、有效的技术合同。建议技术开发采用浙江省科学技术厅监制的合同文本。更新后的技术开发合同模板，可在学校科研处网站"表格下载栏"内下载，或登录技术开发合同下载网址，名称："技术开发合同书（省厅）"。

（2）技术合同文本中，必须明确甲乙双方的主体资质、明确技术标的、明确技术交易价款，如实表述双方相互的权利和义务关系。对弄虚作假和通过欺骗行为骗取国家优惠政策者将进行依法查处。

（3）根据科技部规定，技术合同认定登记实行按地域一次登记制度，由合同卖方在合同成立后向所在地区的技术合同登记机构提出认定登记申请。

2. 报送合同文本

报送合同文本至校科研处办理合同登记时，需提交以下资料：

（1）当面提交具有法律效力且在合同有效期内的合同文本一式五份（均为合同正本）。合同文本字迹清楚、签字盖章完整有效，法人或委托代理人必须亲笔签名或盖章。

（2）技术开发合同项目总金额超过60万元（包含60万元），合同卖方需附项目"开发价格清单"，并加盖单位公章。

（3）与境外签订的技术合同需提交有效的中文文本或中英文对照文本，并需出示省商务厅的核准批件，每一份合同后附复印件一份（如软件出口合同登记证书）。

3. 有以下情况的合同不予登记

（1）合同主体不明确的。

（2）合同标的不明确，不能使合同登记人员了解其技术内容的。

（3）合同价款、使用费等约定不明确的。

（4）报送合同登记的技术合同，经科技处统一进行网上登记备案。一般经 10 个工作日，完成合同登记审核与减免税批准。

（5）认定登记后可享受以下政策：

①经认定登记的技术开发、技术转让合同享受减免营业税，技术转让合同还能享受减免所得税（一个纳税年度内居民企业技术转让所得不超过 500 万元的部分免征企业所得税，超过 500 万元的部分减半征收）。

②所有新立项科研项目，均由学校科研处统一编号，建立项目信息库和档案，科研项目立项后，项目负责人应按照项目合同书或任务书的计划进度，组织力量开展实施工作。严格遵守上级主管部门和学校科研经费管理的各项规定，合理安排经费使用支出。

③承担科研项目的项目组成员，在项目实施的全过程中应讲究诚信，遵守学术道德规范，抵制弄虚作假、抄袭和剽窃他人科研成果、捏造或篡改数据及其他学术不端行为。

④科研项目完成后，凭项目委托方出具的结题证明办理结题手续。

（三）经费管理

横向科研项目经费是指学校通过对外开展科研活动取得的除纵向科研项目经费之外的并进入学校财务的其他所有科研项目经费，包括以合作研究、委托研究、技术开发、技术咨询、技术服务、技术转让等合同方式取得的经费以及承担各党派、社会团体、专业研究机构等非政府机构科研项目取得的经费。

学校法定代表人对科研项目经费管理负总责，分管科研和财务的校领导对科研项目经费管理负直接领导责任。

学校相关职能部门和项目负责人要根据各自的职责和权限，加强对科研项目经费的监督和检查。

科研处负责科研项目的合同审查、项目中期检查和结项管理，并配合财务部门做好科研项目经费使用的审核、监督工作，承担相应的科研管理责任。

计划财务处负责科研项目经费的财务管理、会计核算和结算报销等工作，指导、监督项目负责人规范、有效使用经费，承担相应的财务管理责任。

审计处负责科研项目经费的审计，按项目管理要求出具经费审计报告，承担相应的审计责任。

科研项目实行项目负责人责任制。项目负责人负责编制科研项目经费预算和决算，严格按照有关管理制度及项目任务书或合同书规定的开支范围和标准使用项目经费，自觉控制经费的各项支出，接受上级财政部门、行政主管部门、审计机关、资助单位和学校的检查和监督，对科研经费使用的真实性、有效性承担经济与法律责任。

科研经费到校后，由科研处按规定要求和程序立项并向计划财务处和项目负责人下达经费计划书，由计划财务处设立项目账户，按项编号，专款专用。

科研项目经费票据的管理原则上遵循先到款后开票的原则，经费到校后，由计划财务处出具票据。横向科研项目如在款项未到学校账户前开具票据，须缴纳开票额的 5% 的押金。

技术咨询、技术服务类横向科研项目，由计划财务处开具票据，并按规定代扣相关税费；技术开发、技术转让类横向科研项目，符合免税条件的项目须先进行合同登记，并缴纳印花税等费用后开具票据。

学校按科研项目管理办法或合同规定提取管理费，实行总额控制。横向科研项目按 3% 提取管理费，其中 1% 返还项目负责人所在学院。

科研项目经费需转拨给合作单位时，合作单位必须是项目合同中规定的参加单位。不得借协作之名将科研经费挪作他用或转入与项目无关联的单位。合作双方须签订合作合同（协议），并经双方科研管理部门签章。

横向科研项目经费需转拨给合作单位时，申请转拨经费的项目负责人应向学校科研处提供项目合同和其他必要的资料。项目转拨经费不得超过项目到款经费的 50%，已入学校的横向科研经费不能转回原付款单位。

横向科研项目经费划拨时均须填写"科研经费划拨审批表"，经科研处审批后办理。科研项目经费划拨均通过单位账号办理。划出经费根据研究计划分年度拨付。转拨给合作单位的经费，学校按 1% 提取管理费，项目经费计入所在学院科研到款数。

科研项目经费的使用，应严格按上级主管部门相应的项目管理办法或合同书的预算执行。项目主管部门没有明确规定的，按下列规定开支：

1. 设备费

设备费是指在项目研究开发过程中购置或试制专用仪器设备，对现有仪器设备进行升级改造而发生的费用以及租赁外单位仪器设备而发生的费用；项目所购置的仪器设备，均应对照预算，按学校设备采购相关规定执行。

2. 材料费

材料费是指在项目研究开发过程中消耗的各种原材料、辅助材料等低值易耗品的采购及运输、装卸、整理等费用。

3. 测试化验加工费

测试化验加工费是指在项目研究开发过程中支付给外单位（包括项目承担单位内部独立经济核算单位）的检验、测试、化验及加工等费用；支付给外单位的测试化验加工费超过 5 000 元的需要提供外协合同或相关凭证。

4. 燃料动力费

燃料动力费是指在项目研究开发过程中相关大型仪器设备、专用科学装置等运行发生的可以单独计量的水、电、气、燃料消耗费用等。

5. 差旅费

差旅费是指在项目研究开发过程中开展科学实验（试验）、科学考察、业务调研、学术交流等所发生的外埠差旅费、市内交通费用和使用设备车辆而发生的过桥过路费、停车费、燃油费等。差旅费的开支标准应当按照上级和学校相关规定执行。

6. 会议费

会议费是指在项目研究开发过程中为组织开展学术研讨、咨询、检查、项目验收或鉴定等活动而发生的会议费用；项目负责人应当按照主管部门有关规定列支会议费，纳入国库集中支付的项目原则上应办理政府采购手续。

7. 合作、协作研究与交流费

合作、协作研究与交流费是指在项目研究开发过程中与国际、国内科研机构合作、协作研究，支付给合作、协作单位的费用；项目研究人员出国及外国专家来校工作的费用；国际合作与交流费应当严格执行国家外事经费管理的有关规定。

8. 出版、文献、信息传播、知识产权事务费

出版、文献、信息传播、知识产权事务费是指在项目研究开发过程中，需要支付的出版费、资料费、专用软件购买费、文献检索费、专业通信网络费、专利申请及其他知识产权事务等费用。

9. 劳务费

劳务费是指在项目研究开发过程中支付给项目组成员中没有工资性收入的相关人员（如在校研究生）和项目组临时聘用人员等的劳务性费用；符合纳税条件的，由计划财务处按国家税法规定代扣代缴个人所得税。

横向科研项目劳务费在科研项目合同中没有明确规定的，横向科研项目人员劳务费不超过项目实际到款额的20%，其中研究生助研津贴直接转入研究生个人银行账户。

10. 专家咨询费

专家咨询费是指项目进行调研、论证、鉴定（评审）、验收和开展学术讲座时所支付给专家的咨询费用，专家咨询费不超过项目实际到款额的5%。

11. 业务招待费

业务招待费是指在项目研究开发过程中发生的一定标准的业务招待费用。横向科研经费中可开支业务招待费，但不超过项目实际到款额的20%。除项目合同有专门规定外。

12. 其他费用

其他费用指与项目研究直接有关的其他支出。

凡使用科研项目经费购置货物、工程、服务的，原则上应依法履行政府采购程序。

凡使用科研项目经费购置仪器设备等固定资产，除合同另有规定外，均属学校固定资产，应按照学校相关规定进行审核和管理。报销所购置的外协设备时，须附相关合同或接收单位的签收证明。

严禁使用科研项目经费支付各种罚款、捐款、赞助、投资等，严禁以任何方式变相谋取私利；禁止使用科研项目经费设置小金库。

科研项目组办理经费报销，须由经办人签字、项目负责人审批报销。

项目负责人应按项目合同规定的时间及时结题，原则上应在科研项目结束或通过验收后6个月内办理结账手续。

科研项目结余经费，科研项目主管部门有明确财务规定的，按相关规定处理。没有明确规定的，结余经费全部作为科研发展基金，用于后续项目的预研，由原项目负责人掌握使用，开支范围按原规定执行。

第四节　奖项申报

一、科研成果评奖的范畴

科研成果通常指教师在从事科学研究的过程中以及过程后产生的学术性研究成果，成果形式包括学术性著作、学术论文、研究报告、技术报告、学术性研究类译著、学术资料整理、工具书、专利、软件等。科研成果奖强调成果的学术性、研究性，如小说、诗歌、散文等不属于科研成果，编著、教材在编写过程中涉及原创、知识创新的内容较少，因此大部分政府奖项也未将其列入科研成果评奖的范围。

二、申报组织流程

（一）通知发布

评奖组织部门发布申报通知后，科研处根据通知精神于科研处网站发布申报通知。教师定期浏览科研处网站，及时获取奖项申报信息，以免错过申报期限。

（二）申报材料的准备

教师根据申报通知的要求以及期限准备申报材料，通常包括申报表（或推荐表）、申报成果、佐证材料。佐证材料指申报人用来表现申报成果的学术影响、产生的经济社会效益、第三方评价等证明材料。人文社科类奖项佐证材料主要包括书评，被《中国社会科学文摘》、《新华文摘》、CSSCI（中文社会科学索引）转载收录证明、引用证明，曾获奖项证书复印件，成果采纳证明等。科技类奖项佐证材料主要包括论文CSSCI收录证明、社会效益证明、经济效益审计报告、专利证书等。

（三）形式审查

教师在申报截止日前将申报材料报送校科研处，由科研处对申报材料进行形式审查。对于限额申报的奖项，科研处组织专家评审，根据限额数量遴选出推荐申报的成果。

（四）推荐成果公示

根据评奖组织部门的要求，对所有推荐的申报成果在科研处网站或校内网站进行公示，公示无异议后报送评奖组织部门。

（五）获奖

评奖组织部门将评审后拟推荐获奖的项目进行网上公示，公示结束后正式发布获奖文件，颁发获奖证书，发放奖金。

三、申报注意事项

（一）产权问题

科研成果必须是不存在知识产权争议的成果，作者或完成人署名应以事实为依据。已公开出版或发表的成果，以著作封面、期刊论文署名为准；未公开出版、发表的成果，根据实际贡献如实填报完成人排序。

（二）学术规范

学术规范是成果评价的一个重要指标，也是保证科研成果学术性的基本要求。国家自然科学基金委员会、国家社科规划办、教育部等上级部门已经采取撤题、通报批评、限制申报等措施处理存在学术不端行为的成果。

（三）佐证材料

成果报奖过程中，除了成果本身，其佐证材料也是专家衡量一个成果学术价值的重要因素。佐证材料的产生与获取需要一个较长的时间过程，通常也是个被动的过程。教师除了通过查新、检索等方式收集佐证材料外，也应主动承担一些成果的推广、介绍工作。

四、奖项介绍

　　根据教育部科研统计要求以及高校现行考核重点，这里主要介绍各类政府奖项。按学科来分，主要分为科学技术类和人文社会科学类；按级别划分，分为国家级、省部级、厅局级。科学技术类国家级奖仅指国家科学技术奖，人文社会科学类国家级奖指国家社会科学基金项目优秀成果奖。部级奖指国家各部委颁发的常设性科研成果奖，征文奖、优秀奖不计。省级奖指由省人民政府颁发的科学技术奖和哲学社会科学优秀成果奖。厅局级奖指省内各厅局级部门组织的常设性科研成果奖。

第四章 高校教师能力提升

第一节 创造能力

一、创造力含义

教学是一种严肃的智力劳动，"教"的最终目的是让学生会自己去"学"，一个真正富有成效的教师应该培养学生"做"什么，而不是仅让学生"学到"什么。"授人以鱼，不如授人以渔"其实就是对教学创造能力最形象的描述。

二、创造力自评

一个想在大学课堂上有所作为的教师，一定要关注自己的教学是否存在创造力，关心提升教学创造力的途径是什么。教学的创造力应该包含如下要素：

（一）具有创造性的教学应该能帮助学生解决一些"大"的问题

一个优秀的、注重创造力培养的教师应该会做逆向计划，即从自己所希望促成的结果开始，力图在教学中培养学生具备理解、应用、分析、综合、评价和再学习的能力。尽力营造一个引导学生参与问题分析，而不必求助于死记硬背的创造性的教学环境。一个有创造力的教师，应该在一开始就尝试写下本门课将要处理的最大的那个问题。之后再列出一系列学生需要探索的其他问题，这些问题是为解决最大问题服务的。在反复的教学积累过程中，你可能会不断修正这个"大"的问题，敦促自己向这个领域更高层次发展。

如果教师期待某种结果，他将从第一次课开始，在学生中树立起这个共同的目标，激起学生的兴趣与好奇心，帮助学生理解摆在他们面前的学习任务，让学生确信自己要为实现相同的目标而努力。教师通过教学逐步强化这个期待的结果，赢得学生对所学课程的投入，最终在智力、认知方面提升学生的潜力。

（二）具有创造性的教学应该培养学生注重因果的推理能力及思考方式

具有创造性的教学应该完全超越追求"正确答案"的死记硬背的教学模式，最优秀的教师应该重视因果关系的分析、注重使用证据通过推理得出结论的能力。他们应该通过教学帮助学生推理出正确的答案，让他们知道那些历史学家、物理学家、数学家或政治学者是如何思考的，再现大师利用推理能力建立起本学科理论大厦的思路，使学生逐步拥有抽象的推理能力，来理解本学科的某些至关重要的概念。通过教学积累经验，了解学生最可能会在哪些方面遇到困难，鼓励他们通过团队合作，不断磨炼推理能力，并提供各种各样改进推理能力的经验及参考资料。

（三）创造性的教学应该鼓励学生挑战应试环境下积累的惰性思维模式

不可否认，中学的应试教育在选拔人才的同时，限制了学生创造性思维方式的建立，一个优秀的教师应该在课堂上强调建立新的思维模式的重要性，十几年的应试教育养成了学生直奔答案的惰性思维方式，在教学中应该尽量弱化应试的思维模式，设计出挑战原有思维方式的问题，有意将学生置于某种强制的环境中，使他们原有的思维模式不能发挥作用。

（四）创造性教学要建立一种角色转换的互动式教学模式

教学的最高境界是帮助学生学会推理和创造，学会使用新信息，而不是告诉学生应该知道什么，应该记住什么。接下来就是教师必须面对"我需要讲哪些内容"的问题。这个问题是对传统教学观念和传统学习观念的一种挑战，基于传统的教学观，通常教师谈起知识，最直接反应就是韩愈《师说》中说的："师者，所以传道受业解惑也。"好像知识就是教师应该"传递"和"转让"给学生的东西，一个性急的教师总是希望能够打开学生大脑，把知识直接灌输给他们，这样很自然就会把精力放在找出一种自己觉得最有道理的对问题的解释，而非找一种能够帮助和鼓励学生去构筑自己的解释、去推理、去得出结论、去行动的方法。

但是，由此也会产生一些争论，就是课堂到底以谁为主的问题。如果鼓励学生去推理、去得出结论，这种模式势必让学生在学习过程中变成主角，他们获得信息，并学会理解信息。但是，从另一方面看，学生对某个知识点的解释，需要有人指导，需要有人帮助他们通过阅读和作业，对教材中的观点及获得的信息找出推理的路径。

因此，较为合理的创造性教学模式应该是，教师在课堂阐明关键的信息和概念，为学生搭建一个基础性的框架，让学生能够继续获得自己的理解和结论，通过不断互动和练习，最终帮助学生构建起知识的大厦。

（五）创造能力的提升应该面向高一层次的学生对象

创造性的教学，不仅对那些学习能力较差的学生有效，同时也适合那些学习能力较强的学生。在传统的、追求正确答案的应试环境下培养出来的学生，即使在大学可以考出高分，有很好的表现，但他们其中的多数人在理解能力、思考能力及逻辑推理方面仍需要提高到一个更高的层次。

教师要根据课程内容设计一些问题，帮助学生把注意力集中在重要的问题上，引导学生抓住可能忽视的前提条件、问题发展过程中的因果链条等，帮助学生掌握重要的观点和假设，理解其含义，并学会应用。通过教学积累不同层次、不同学习能力的学生在推理技能等方面可能遇到的困难，创造一个既相互挑战又需要团队合作的教学环境。

（六）创造性教学应尽力还原"正确知识"的获取路径

很多教师在教书时，把自己的学科当作一堆学生必须记忆且永远不变的"真理"。在教授自然科学的教师中此类观点最为突出。但在社会科学及人文科学领域也有很多专家秉持这种观点："没有什么商量余地，这些事实学生必须掌握。"但回溯这些"正确知识"的获取路径，难道真的一路坦途？难道不存在可能的歧路？难道就不存在曲径通幽、柳暗花明的新境界吗？

自然科学的每一个学科，在探索自然规律的时候，科学家面对的是纷繁的信息和海量的数据。大师是如何找到正确的路径的？教学中努力再现大师的思想路径，要比记住那些公式更有价值。随着时间的推移，新的、更深入的发现不断地对已有理论进行着严苛的证伪，同时新的、有价值的理论分支不断涌现，如何模仿前人的思维模式，试着利用数学、计算机等工具进行一些有意义的初步探寻，是可以在培养创新性人格方面做出的有益尝试。把简单的事情考虑得很复杂，可以发现新领域；把复杂的事情看得很简单，可以发现新定律。

　　人文领域在探寻真理的过程中，存在不同的学派，存在不同的主张，这些学派、主张甚至是冲突的，他们都殚精竭虑找出他们已经发现"真理"的含义和可能的应用。给学生指出这些不同的探寻路径，帮助学生关注学科发展过程中意义重大的思想转折时刻，并介绍当时的争论焦点，让学生有批判性地做出评判，而不是代替学生做出唯一的选择，这是提升教学创造力的一个重要步骤。

三、创造力提升途径

　　在讨论如何才能实施创造性的教学，如何才能激发学生的创造能力之前，有必要介绍国外一些专家关于学生学习过程中学习模式的研究成果。威尔斯利学院的威廉·佩里等心理学家在研究本科生智力发展工作时，指出学生在本科学习中可能经历的四个广义的层次分类。

　　（1）在最基础的层次上，学生在学习时只注重核对对错，只注重"正确答案"，之后把它们记住。这种学生被称为"接受型认知者"。这种类型的认知者，学习时囫囵吞枣，真理是外在的，不能把其化为自己的知识，在这种模式中，教师只需要把正确的答案直接储存在学生大脑中即可。

　　（2）通过学习，很多学生会发现，不同的专家给出的"正确答案"可能并不相同。这时，学生就进入第二个发展阶段——"主观认知者"阶段，用感觉来判断一个概念的正确与否。在人文、社科领域相关专业学习的学生尤其如此，这个层次的学生如果得了低分，就常常会认为教师不喜欢他的观点。

　　（3）少数学生最后成为"程序认知者"，他们学会了遵守学科的"游戏规则"。他们掌握了学科为做出评价提供的标准，学会了用这些标准来应付学习，他们是思维最敏捷的学生。但这种"程序认知"并不影响他们课后的思维方式，他们仅是给予教师想要的东西，而他们的思想、行为并没有受到太持久的、实质性的影响。

　　（4）只有到了最高层次的学生，他们才成为独立的、有判断力和创造能力的思想者，重视他们接触到的观念和思维方式，并能有意识始终如一地努力加以运用。最高层次的学生分两类：一类喜欢挣脱某一观点，保持客观甚至怀疑态度；一类总是着眼他人观点的长处，而不是努力将其彻底否定。前者称为"独立认知者"，后者称为"关联认知者"。

这些研究表明，学生并不是一直向上发展，而是在不同层次之间来回移动，他们可以同时处在不同的发展阶段，在他们的专业领域，他们可能上升到程序认知的层次；而在其他领域，他们可能仍然是接受型认知者或主观认知者。显然一个优秀的教师首先应该能判断学生分别处于何种层次。允许学生存在差异性，但首先应该摒弃教书仅是向学生传授正确答案、学习仅是简单记住那些答案的陈旧观念，以此帮助那些接受认知型学生超越其认知模式，教学的最终目标是帮助学生向最高层次发展。

了解了上述观点以后，可以确定若想成为一个在课堂上有创造的优秀教师，首先应该树立如下观念：

（1）知识是通过构建形成的。根据传统的教育观念，记忆是一个储存的仓库，我们把知识存入其中，在需要的时候随时将其取出。其中隐含着学生应先学习材料，之后才能对其进行思考的观念。但一个优秀的教师并不应该这样看待记忆，我们的大脑既是存储器，同时也是处理器，我们是通过自己所有感官接收到的内容来构建我们的现实感，建立我们所认为的世界运行的模式，并利用这种现成的模式去理解新的感官输入。在读大学的时候，每个人可能已经存在各自不同的思维模式，每当遇到新的资料时，每个人就会利用自己已经建立的模式对其进行理解。这就意味着，教师在向学生传授知识的时候，教师的思想并非原原本本地从自己的大脑传递到学生的大脑中。学生会将自己的思维模式带进课堂，从而影响他们对知识的判断，甚至可能导致他们的理解跟我们想要传达的思想大相径庭。所以要改变存在于每个人身上的那种试图用已知的框架来理解新输入的思维惯性，优秀的教师应该在教授他们学科最基本的事实时，要求学生以该学科的成果及研究方法为基础，构建一个新的思维模式。

（2）思维模式的变化是缓慢的。如何才能刺激学生去建立新的思维模式，进行"深度"学习？

人的思维模式有成千上万种，每个学生不见得了解究竟是何种思维模式阻碍了自己的正确认知；另外，即使知道自己的认知模式存在误区，但是由于思维惯性，他们仍有可能对固有的模式依依不舍。

　　教师应该摒弃应试的教学模式，将学生置于自身思维模式不能发挥作用的境地，先让学生在中小学培养出的惯性思维模式失去作用，再帮助他们慢慢学会构建一个新的认知框架，通过建立自己的理解，学会使用知识去解决问题。通过理解和应用的过程来学习知识，也许他们最终依然必须记住一大堆知识，但同时他们学会了通过逻辑推理来解决问题。

　　怎样做才能实现教学上创造能力的提升，是一个很难下定义的命题，因为教无定法。但是，如果留意的话，在大学生涯中，从那些魅力四射的教师身上，从电视公开课上那些举重若轻的名师身上，一定能感受到他们传递给你的充满创造性的力量。

第二节　沟通能力

　　教和学永远是一对矛盾体，谁为主体的讨论永远是见仁见智。一个教师站在讲台上，如果善于沟通、勤于沟通，一定能让学生尽快地接受自己，顺利地建立起教与学之间的桥梁，此后才能在一种配合的、活跃的环境中完成自己的教学设想，想要完成此目的，首先就要了解学生的心理和需求。

　　研究和调查显示，不管是何种专业，学生对教学的期望是稳定的，学生喜欢什么样的教学和厌恶什么样的教学具有一些共性，知彼知己，才能有利于教学中的师生沟通。除去一些具有技术性的数据，将学生喜欢和不喜欢的教学列出如下：

一、学生喜欢的教学模式

教师能够清晰、有逻辑地呈现本学科的基本素材。

教师能够使学生理解本学科的基本原则。

教师能够帮助学生对知识进行深入浅出的理解。

教师能够保持课程的连续性。

教师对学生的批评是建设性的，有利于学生的改进。

教师应该表现出某一学科中的专家知识水平。

教师不照本宣科，在教学中会拓展教科书中未提到的内容。

教师经常举例说明学科理论的实际应用。

教师不会仅依据一次考试或一次作业来评判学生。

能纵观全局的讲课，即前后章节要相互关联、前后章节要与整个课程联系起来。

二、学生不喜欢的教学模式

教师想当然地认为学生已经拥有成功学习某门课程的背景知识。

教师想当然地认为学生已经具有掌握学科内容的动机。

教师的 PPT 讲稿布满了密密麻麻的文字，或者播放时间太短，学生来不及理解其中的信息。

教师声称欢迎学生提问，但是不给学生提问的时间，或者当不喜欢学生提出的问题时会取笑学生。

教师要求学生对学科知识的意见和解释借鉴自己的观点，并用考试成绩作为威胁来保证学生服从自己的观点。

教师未能及时更正、更新教案，每个学期都以同样的方式讲授同样的内容。教师传播着过时的、不正确、不完整、基于自己偏见的信息、解释和观点。

教师事先未能做好准备，讨论处于无序状态，经常出于不明原因偏离主题，学生不能理解教师讲了什么。

教师对目前的状况厌倦，对所从事的教学工作缺乏热情，教学没有激情，讲课单调乏味，不能清晰地阐述教学内容。

教师向学生做长篇大论，中间不做任何停顿。

教师表现得过于自我，不能与学生建立关系，也未能表现出对学生个体的兴趣。教师傲慢、冷漠，不尊重学生，常常威胁学生，经常挥舞考试的大棒，并以自己的这种风格而自豪。

教师似乎是无法接近的，不与学生交流，没有约定的答疑时间，课外时间对学生没有任何帮助。

教师未能指出为了考试学生应该掌握的东西，教师出的试卷、布置的作业和讲课内容无关，在学生准备考试的过程中，教师未能提供任何帮助。

教师不能一视同仁，而是特别关照某些学生。

三、师生沟通的原则和策略

通过媒体，经常可以听到许多著名教师诲人不倦的故事，听到许多勤恳的教育家使顽石点头、春风化雨的美谈。这往往会在刚刚走上讲台的教师的脑海中化成一个让人望而生畏的形象：名师一定是一个学识丰厚、充满爱心，同时又极富人格魅力的超人。

其实，这些杰出的教师既有幽默风趣的，也有不苟言笑的；既有严格拘谨的，也有不拘小节的；既有妙语连珠的，也有出语考究的。个性并不是成功教学中的决定因素，除去知识和经验上的储备，杰出的教师无一例外是课堂上最善于与学生沟通的专家，在这里杰出教师与学生沟通背后有一个精心打造的态度、概念和感知的模式。

（一）师生关系决定教学成败

无论是自己做学生时，还是登上讲坛后，都会发现同样的授课内容，甚至是面对同样一批学生，有的教师把课上得精彩纷呈，有的却上得味同嚼蜡。低效教育产生的原因是师生沟通的低效，在沟通时一些最基本的禁忌是：

（1）说教。尽管你讲的道理是正确的，但喋喋不休的说教会让学生产生抗拒心理，对教师产生厌烦情绪。

（2）命令。教师命令式的要求会让学生产生距离感，甚至是怨恨和抵触的情绪。

（3）泛泛之词。当学生急切地想要教师给予帮助时，教师没有意义的安慰语言会让学生产生失望的情绪，对教师产生无能、冷漠的不良印象。

师生沟通交流时正确的做法是：通过聆听学生的述说，感受对方的情绪，让学生体会到你的关心，建立沟通的初步基础；随时调整自己的表述方式，让对方能够接受你的想法；通过对方的认可，让他能够自省并感受到问题所在，能够全部或部分接受你的建议；将这种相互信任延伸到教学活动之中，把沟通提升到自然而然的境界。

（二）建立师生平等的观念

在教学工作开始时，每个教师一定对自己所授的课程充满信心，潜意识里一定希望能够建立一种权威感，以此顺利地推进教学工作，自觉或不自觉地对学生的不敬及不认真举起分数这个杀威棒，讲课成为行使这个权力和炫耀学问的机会，但结果往往是教师丧失了权威、学生付出了代价，教与学两败俱伤。

一个优秀的教师绝不是靠挥舞成绩的大棒、炫耀学问而取得成功的，所有的成功一定源于在学生身上倾注心血，源于对学生的关心。我们把时间、心血和精力花费在学生身上后传递出的感染力和亲和力是能够深入人心的，这是师生顺利沟通的前提条件。

教学时要传达一个观念，高考不过是获取了一张高校的入场券，而大学的学习是要获取一张人生的入场券。我们每一次教学活动就是在为你将来的目标提供一次强有力的支撑。严明的纪律规则从本质上说不仅是一种契约，更是师生之间一种牢不可破的信任关系。基于这种信任关系，你可以坦诚地告诉学生：自己竭尽所能帮助你们学习，培养你们的能力，但是你们必须决定是否愿意经历这种体验，如果你们决定投身这个事业，有些事情必须下定决心去做，不虚度四年的光阴。

切记考试成绩不是教育的目的，教学不是制造赢家和输家的游戏，设法帮助每个学生达到最佳状态才是保证你在学生心目中的威信，并能和学生进行有效沟通的重要前提。

（三）建立信任与坦率的关系

摒弃绝对权威之后，取而代之的是同等重要和更有效力的信任感。这种信任意味着教师相信学生想要学习，并假设他们能够学好。这种信任感可以产生较高的期望值，可以超越相互挑剔的氛围，拉近与听课学生之间的距离，把听课的学生变得亲切友善。一个杰出的教师在课堂上将信任通过每一节课传递给学生，最终一定会使学生提高自信及自律，并从中受益；相反，一个平庸的教师总是担心学生欺骗自己，教学中疑虑重重，教室中最终将充斥着敌视，课堂上不会有任何互动的闪光和学生灵气的迸发。

跟学生建立了特殊信任的教师，经常展现出海纳百川的气度，有了这种胸怀，他们可以适时地谈论自己的求学经历、人生抱负、成功的经验和失败的教训；在适当的时候谈谈是什么吸引自己进入研究的领域，什么问题的探索产生了富有意义的研究成果，并激励了自己的人生智慧。著名物理学家、诺贝尔奖获得者波尔就曾讲过一句名言：我不怕显露我的愚蠢。切记，课堂并不是炫耀专门知识、标榜自我的场所，科学并不是神秘莫测、高不可攀的东西，平视的角度往往更容易激发学生对探索未知的世界的好奇，并对掌握新的知识充满信心。

信任和坦率可以产生良好的互动氛围，学生可以自由讨论各种观点和理解方法而不担心受责难和难堪。应该告诉学生，没有万能的专家，教学相长，教师在课堂上也可以从学生身上学到东西，让学生感觉放松和有挑战，鼓励向教师和他人观点质疑，学会欣赏学生勇于提问的精神，树立"我的班上根本没有愚蠢问题"的观念。诺贝尔奖化学奖获得者——哈佛大学的达德利·赫希巴赫说：在你能够达到了解事物的新水平之前，你一定是迷惑不解的。

（四）坦然面对可能遇到的挫折

一个教师的教学生涯犹如一次航行，内心要有一种坚定的信念：我和我所带领的学生一定能成就一番事业，前人积累的学问是为我们导航的灯塔。我们最终所能达到的目标不是依靠天赋过人，是源自持之以恒的毅力。但航行不可能是一帆风顺的，总会遇到偶尔的迷失或搁浅。一个优秀的教师首先应该超越责任认定造成的压力，如果仅是抱怨管理方和学生，从负面吸取教训，对学生产生防范心理，给自己树起一道无形的围墙，这势必影响教师的自信心。正确的态度是反省有什么事情没有做到位。对学生依然怀有公平、同情和关爱之心，以平静、平等的心态去解决问题，并将这种为师之道贯穿在今后的讲课内容、讲课方法和评估学生之中，这样就一定能够平稳地驾驶教学之舟驶向正确的目标。

四、师生沟通的艺术

作为一个教师，在课堂、实验室、办公室或与学生相遇的任何地方，展现沟通艺术的最重要技巧就是以口头表达方式刺激学生的思维能力。在学术界，写好文章特别重要，相比之下，口头交流技巧则显得不那么重要。然而，教师在与学生沟通时，或言简意赅地说明，或长篇大论地解释，与写作科技论文一样需要精益求精的技巧。

（一）关注全体

富有感染力的教师开始讲解要点时，往往先注视一个学生，然后把目光从一个学生转移到另一个学生，在完成这个讲解之前，将目光停留在教室后排某个学生那里，让学生感受到自己的讲解是面向所有人的。在大教室上课，他们可能会特意询问坐在后排角落的学生："你能听到我讲话吗？"或者"你可以看见这儿吗？"在课堂上往往是简单的、旨在加深印象的反问，你却可以借此观察学生的反应，辨认他们的眼神和体态语言，从这种反馈中，看到那些迷惑不解、手足无措或情绪厌烦的面孔，随时调整讲课的方式。

（二）掌握节奏

为了打破沉闷，教师可以走下讲台，消除人为的隔阂。为了理解一个重要概念或者找到一个最佳答案，营造一种交流的意识，促使学生感觉到他们是在共同努力，是这场探索的参与者。

他们还知道什么时候改变语速。每 10~15 分钟，他们改变节奏和讲授的内容，转移方向和焦点，改换活动或题目，用一个故事或问题来结束或开始一项练习。有些教师穿插一些幽默话语，有些教师则从抽象转为具体。如果学生说话就停下讲课，如果学生保持安静就继续下面的问题。

（三）营造气场

很多教师在走进教室前几分钟，经常在办公室或休息室平心静气地坐一会儿，把当天需要帮助学生和激励学生去做的事在心里过一遍。就像在第一个学期，上第一节课一样，让大脑产生紧张和兴奋。教师进入课堂，一心想激发每个学生的兴趣，想自由有效地进行交流，想帮助每个人理解课程内容，想诱发学生的思维潜能。当教师带着这种意念走上讲台时，最佳教学状态就出现了，教师营造的气场将带动学生、消除隔阂、顺利沟通。如果进入教室时，只是想挨过这两节课或向学生炫耀一下自己的学问就行了，这一刻的意念往往会导致整堂课的失败。一个优秀的教师和一个平庸的教师相比较，在课堂内容和结构上也许差异不大，但优秀教师针对学生的计划一般要更为周密和广泛，是带着一种能量进入课堂的。

（四）善用妙语

一个优秀的教师一定是思路清晰透彻的，在对概念和信息的解释上，其表述要能激发学生的学习兴趣，这种解释经常运用于讲课中，但也经常出现在回复学生提出的问题中。通常，一个优秀的教师以一般性的简单问题开始阐述，然后再过渡到复杂和特定的专业范畴，先使用熟悉的语言，然后再尝试介绍专业的词汇，这样才能打破教师和学生之间的专业壁垒，以利于进一步的沟通。

通俗易懂的解释可以帮助学生获得一个透彻的理解，但解释不见得一定要用最精确的语言，可以是一种简单的类推或比喻，强调对概念的宏观理解。有的教师害怕这种形象的解释会损害对概念的精确理解，但随着信息和例证的增多，教师可以通过介绍更复杂的概念，让学生更深入地理解。从一个并不是很精确的起点出发，便于逐步引导学生，直到学生形成敏锐的理解力，再让他们回顾最初的理解，并认识到不足之处。只有认识到学习者学习的是构建知识结构而不是单纯吸收知识的教师，才能够大胆做出通俗易懂的解释。

（五）调动学生

优秀的教师不仅自己在交流中侃侃而谈，同时也能激发学生交流的兴趣。教师应该尽量使争论问题的声音在教室中响起，但是要控制讨论的走向，不能让课堂讨论流于形式，也不能让学生仅停留在打赢嘴巴官司上。杰出的教师不仅要让学生开口交流，还要让学生思考和学会如何参与观点的交流。教师不是在讨论中打发时间，而是让学生开动脑筋，更投入地参与到教学中。

一次成功的课堂讨论，一是学生和教师、学生和学生之间相处时心情舒畅，二是这种对话营造了一种具有探索性和批判性的环境。

其基本模式是：首先，教师要提出一些事先设计好的、具有探索性的问题，仔细聆听学生五花八门甚至相互冲突的论点，让所有学生能敞开思想，这样教师可以全面了解教学情况。

其次，要激发学生对这个问题的不同观点做出评价。有多少个解决方案？每种方案的结局会是什么？哪一个是最好的解决方案？

最后，优秀的教师会问些总结性的问题：我们在这次讨论中学到了什么？我们所做结论的理由是什么？还有什么问题没有解决？

只要留心，就会发现，在各个学科和不同环境中，都会有优秀教师在运用这个模式或它的变体。有时候对话以个案研究为中心，有时候对话中心是一个问题、一个论点、一个实验或者全体同学都碰到的经历。在某些领域，这些论点可能是概念性的，或者是解读性的；在某些领域，问题可能是关于原因和结果的（如历史学科）；在某些领域，问题可能是实用性的（如理工科）。

（六）课后沟通

在教师办公室或答疑教室，教师通常也会遇到一些忧心忡忡的学生，这些人多半是对学科的学习产生了畏难情绪，或者对自己专业选择及人生定位产生了怀疑。针对第一种情况，教师最重要的工作不是帮助解决眼前的一两个题目，而是通过讨论了解其学习状况，帮助其对关键概念形成自己的理解，培养学生的自信心。第二种情况下，一个优秀的教师更重要的是要学会耐心地聆听，让学生在轻松的倾诉中释放心中的焦虑，这种情况通常不需要教师给出一个确切的答案，而是要通过自己的人生阅历，给出一个参照。教师可以给学生一些建议供其参考，但是一定要让他理解人的一生是要面对多次选择的，学会担当才能真正自立。

当然，优雅的仪态、良好的愿望、字正腔圆的嗓音、热情目光的交流和循循善诱并不是师生交流的全部，杰出的教师是优秀的讲演者、讨论引领者或人生导师，但从根本上讲，他们更应该是特殊类型的学者和思想者，引领学生钻研学问，享受智慧人生。

第五章　课程优化的基本理论

第一节　课程设计理论

一、构建有效学习目标

学习目标是教育过程中的关键要素，它明确了学生在学习中应该实现的具体成就和技能。构建有效的学习目标对于指导教学、评估学生表现以及推动学生自主学习至关重要。下面将探讨学习目标的定义、特征，介绍构建有效学习目标的步骤与原则，并探讨如何将学习目标融入教学实践中。

（一）学习目标的定义与特征

1.学习目标的定义

学习目标是对学生在学习中所期望达到的知识、技能、概念或态度的具体描述。它为教学提供了方向，帮助教师和学生明确学习的目的和期望的结果。学习目标应该具体、可测量、可观察，并与学科标准和教育目标相一致。

2.学习目标的特征

（1）具体性。学习目标应该明确而具体，清晰地指导学生朝着何种方向努力。具体的学习目标有助于学生理解期望的成果，并为教师提供指导教学的具体方向。

（2）可测量性。学习目标需要是可测量的，即能够通过明确的标准和评估方法来判断学生是否达到了目标。这有助于教师和学生更好地评估学习的进展，及时调整教学策略。

（3）可观察性。学习目标应该是可观察的，即能够通过实际行为或产出物来展现。这样的目标更容易被学生理解，同时也更容易被教师用于评估学生的学习成果。

（4）与学科标准一致。学习目标应该与相关的学科标准和课程框架一致，确保学生在学习过程中获得必要的知识和技能，同时符合整体教育目标。

（二）构建有效学习目标的步骤

1. 确定学科标准和课程框架

构建有效学习目标的第一步是明确学科标准和课程框架。学科标准提供了关于学生应该学到什么的指导，而课程框架则为具体的教学内容提供了结构。在这一步，教师需要仔细研究相关的标准和框架，确保学习目标与之一致。

2. 分析学生的先前知识和技能水平

在设定学习目标之前，教师需要了解学生的先前知识和技能水平。这可以通过考察学生的先前学习成绩、进行前测或开展诊断性评估来实现。通过了解学生的起点，教师可以更好地调整目标，确保它们既有挑战性又切实可行。

3. 确定学习目标的层次结构

学习目标可以根据其复杂性和深度分为不同的层次。通常采用布鲁姆的认知目标层次结构，包括记忆、理解、应用、分析、综合和评价六个层次。教师可以根据课程内容和学生水平，选择适当的层次来构建学习目标。

4. 制定具体、可测量的学习目标

在确定学习目标的层次结构后，教师需要制定具体、可测量的目标。这可以通过使用行动动词来确保目标的具体性，例如使用布鲁姆的动词集（如记忆、理解、应用等）。

5. 确定评估方法

学习目标与评估是紧密相关的。在设定学习目标的同时，教师需要考虑如何评估学生是否达到了这些目标。选择合适的评估方法，确保它能够有效地衡量学生的学习成果，并提供有关学生表现的详细信息。

6. 与学生共同明确目标

学习目标的制定不应该是教师单方面的决定。与学生共同明确目标有助于提高学生的学习动机和参与度。在课程开始时，教师可以与学生分享学习目标，解释为什么这些目标重要，并与学生一起讨论如何实现这些目标。

（三）构建有效学习目标的原则

1.SMART 原则

SMART 原则是指学习目标应该具备五个特点：具体性（specific）、可衡量性（measurable）、可实现性（achievable）、相关性（relevant）和有时限性（time-bound）。这一原则帮助确保学习目标明确、可操作且能够被有效评估。让我们深入了解每个方面的含义：

具体性（specific）：学习目标应该明确而具体，避免模糊或过于一般化的描述。这有助于学生和教师更好地理解目标。

可衡量性（measurable）：学习目标需要能够通过具体的标准来度量和评估。这样教师和学生可以清晰地知道目标是否已经达成。

可实现性（achievable）：学习目标应该设定在学生能够实现的水平上。目标过于艰巨可能会降低学生的动机，而过于简单则不能有效地推动学生进步。

相关性（relevant）：学习目标应该与整体教育目标和学科标准保持一致，确保学生的学习是有意义的，并与他们未来的学习和生活有关。

有时限性（time-bound）：学习目标需要设定明确的时间框架，以便学生和教师了解目标的完成期限，这有助于提高学生的紧迫感和目标达成的效果。

2. 分层次设定目标

学生在学习中有不同的起点和发展速度，因此分层设定目标是十分重要的。这可以通过设定核心目标和挑战性目标，以满足不同学生的需求。核心目标是确保每位学生能够达到的基本水平，而挑战性目标则是为高水平的学生设定的更具挑战性的目标。

3. 引导学生参与制定目标

学生在目标设定的过程中的参与度对于提高他们的学习动机和责任感至关重要。教师可以与学生一起讨论课程目标，让他们提出对于目标的理解和期望，从而更好地理解并参与实现这些目标的过程。

4. 将学习目标融入教学活动

学习目标不应该仅停留在教学计划的文件中，而应该贯穿整个教学过程。教师需要不断引导学生关注并理解学习目标，将它们融入课堂活动，以确保学生在学习过程中能够有意识地追求这些目标。

（四）将学习目标融入教学实践

1. 明确目标并与学生分享

在教学开始之前，教师应该明确学习目标，并在课程开始时与学生分享。这可以通过简短的介绍、可视化工具（如幻灯片）、学习目标牌等方式实现。确保学生了解并理解这些目标是学习过程中的重要一环。

2. 制定具体的任务和活动

将学习目标转化为具体的任务和活动是确保学生能够实际迈向目标的关键步骤。这些任务和活动应该直接与学习目标相对应，能够帮助学生在实践中掌握相关的知识和技能。

3. 提供反馈和评价

在学习过程中，持续地提供反馈和评价对于帮助学生理解他们的学习进展以及达成学习目标的程度至关重要。反馈应该及时、具体、建设性，有助于学生调整学习策略，更好地朝着目标前进。

4. 定期回顾和调整目标

学习是一个动态的过程，学生的理解水平和需求可能随时间变化而不同。因此，教师需要定期回顾学习目标，与学生一同检视目标的实现情况，并根据需要进行调整。这有助于确保目标仍然是具有挑战性和实际意义的。

构建有效学习目标是促使学生实现深层次学习的重要前提。通过明确的目标，学生能够更好地理解学习的方向，提高学习动机，并在学习过程中有明确的方向可循。构建有效学习目标需要遵循 SMART 原则，考虑学科标准和课程框架，分析学生的先前知识水平，并设定具体、可测量的目标。将学习目标融入教学实践需要教师与学生共同明确目标、制定具体任务、提供及时反馈，并定期回顾和调整目标。通过这一过程，教师能够更好地引导学生实现有意义的学习，推动他们在学科领域取得更为显著的成就。

二、课程结构与组织

课程结构与组织是教育活动的基本框架，它直接关系到学生对知识的理解、能力的培养以及学习体验的质量。一个良好设计的课程结构能够提高学生的学习效果，促使他们更深入地学习。下面将探讨课程结构与组织的概念、重要性，以及如何设计和优化课程结构，以满足学生的学习需求。

（一）课程结构与组织的概念

1.课程结构

课程结构指的是一个课程在时间和内容上的有机组合。它包括课程的总体框架、各个模块或单元的安排、教学活动的设计等方面。良好的课程结构应该有助于学生逐步掌握知识和技能，形成系统性的学科认知。

2.课程组织

课程组织涉及教学活动的有序展开。这包括教学资源的安排、学习任务的组织、课堂互动的设计等。有效的课程组织能够引导学生有目的地学习，促进他们在学习过程中的参与和合作。

（二）课程结构与组织的重要性

1.促进学科知识的整合

一个科学合理的课程结构能够帮助学生更好地整合学科知识。通过将相关的知识点有机地组织在一起，学生能够形成更为完整和系统的认知结构，提高知识的深度和广度。

2.提高学习效果

良好的课程结构和组织有助于提高学习效果。它使得学生能够有序地学习，逐步建立对知识的理解和掌握，降低学习的认知负荷，从而提高学生的学习效率。

3.促使学生参与深度学习

通过精心设计的课程结构和组织，教师可以激发学生的学习兴趣，促使他们更深入地学习。有趣的教学活动、合理的学习任务和挑战性的问题都能够激发学生主动思考和深度学习。

4.增强学生的学习体验

一个有趣和富有挑战的课程结构能够提升学生的学习体验。通过引入创新的教学方法、多样化的学习资源，学生能够在学习中体验到乐趣和成就感，从而更积极地投入学习过程。

（三）设计有效的课程结构

1.明确学习目标

课程设计的第一步是明确学习目标。学习目标应该明确、具体、可测量，以便能够在课程结构中有针对性地组织教学内容和活动。

2.划分课程单元

将整个课程划分为不同的单元或模块。每个单元可以对应一个主题或一个知识领域。这有助于组织课程内容，使得学生能够逐步深入学习。

3.确定教学方法和活动

根据学习目标和课程单元，确定适合的教学方法和活动。这可以包括讲授、讨论、小组合作、实践操作等多种形式，以满足不同学生的学习需求。

4.安排学习任务和作业

合理安排学习任务和作业，确保学生在课程中有充分的练习和应用机会。任务和作业应该与学习目标一致，有助于巩固和拓展学生的知识。

5.引入评估和反馈机制

设计评估和反馈机制，用于检测学生的学习进展并提供及时的反馈。这有助于教师了解学生的学习情况，同时帮助学生及时调整学习策略。

6.注重课堂互动

在课程结构中注重课堂互动，鼓励学生参与讨论、提问、合作等活动。这有助于培养学生的批判性思维和团队合作能力。

（四）优化课程结构与组织

1.收集学生反馈

定期收集学生对课程结构和组织的反馈。这可以通过课程评价、学生访谈、问卷调查等方式实现。学生的反馈是优化课程设计的重要依据。

2.不断改进

基于学生的反馈和课程实施的经验，及时进行课程结构的调整和优化。这可能涉及对某些模块或单元的深化、调整教学方法、更新教材或引入新的学习资源等。持续改进是保持课程活力和适应学生需求的关键。

3.教师专业发展

教师的专业发展对于课程结构和组织的质量至关重要。教师可以通过参加培训、学习先进的教学方法、与同行交流等方式不断提升自己的教学水平，从而更好地设计和实施课程。

4.借鉴最佳实践

关注教育领域的最佳实践和研究成果，借鉴成功的课程设计经验。可以通过阅读教育期刊、参与学术研讨会等途径，了解并引入前沿的教育理念和方法。

5.利用技术支持

现代技术可以为课程的结构和组织提供强大的支持。利用在线教学平台、多媒体资源、虚拟实验等技术手段，可以增强课程的互动性、灵活性和趣味性，提高学生参与度。

6.多元评估

除了传统的考试评估外，引入多元的评估方式，如项目作业、小组讨论、实际案例分析等。这有助于全面了解学生的学习情况，同时也能够更好地促进他们的综合能力的发展。

（五）案例分析

案例：中学物理课程设计

一位物理老师设计了一门中学物理课程，其结构和组织如下：

学习目标：明确课程的学科标准和目标，设定具体的知识和技能目标，例如深入理解牛顿运动定律、能够应用能量守恒定律解决实际问题等。

课程单元：将整个课程划分为力学、热学、电磁学等单元，每个单元都有明确的主题和学习内容。

教学方法：采用多元的教学方法，包括讲授、实验、小组讨论和课外拓展等。在每个单元中，都有相关的实验和案例分析，以增加学生的实际操作和应用能力。

学习任务：安排每个单元的学习任务，包括课堂作业、实验报告、小组项目等。这些任务既有助于巩固学生的基础知识，又培养了他们的解决问题和合作能力。

评估与反馈：设计多元的评估方式，包括期中考试、实验报告评估、小组项目评估等。定期提供反馈，帮助学生了解自己的学习水平，同时也用于调整教学策略。

课堂互动：强调课堂互动，鼓励学生提问、讨论，并进行实验操作。通过这些互动，促使学生更深刻地理解物理概念。

效果：通过不断地调整和优化，这门物理课程取得了良好的效果。学生的学科知识水平得到了提高，参与度和学习兴趣明显增强，学生的评价也较为积极。

课程结构与组织是塑造学生学习体验和提高教学质量的关键因素。通过明确学习目标、划分课程单元、设计多元的教学方法和活动，以及关注学生的反馈，教师可以优化课程结构，使之更好地适应学生的需求。通过案例分析，我们可以看到，一个科学合理、有趣且具有挑战性的课程结构有助于提高学生的学科素养和学习体验。在不断改进和创新中，教师能够更好地引导学生深度学习，培养他们的综合能力和创新思维。

三、参与性学习设计原则

参与性学习设计旨在通过激发学生的主动参与和合作，促进深层次的学习。在这种设计中，学生不再是被动接受信息的对象，而是成为学习过程的主体。下面将讨论参与性学习设计的概念、原则以及如何在教学实践中应用这些原则，以提高学生的学习效果和参与度。

（一）参与性学习设计的概念

参与性学习设计是一种注重学生参与、合作和自主学习的教学设计方法。在这种设计中，教学者不仅是知识的传授者，更是学生学习过程的引导者和促进者。参与性学习设计追求激发学生的主动学习兴趣，培养他们的批判性思维、问题解决能力和团队协作技能。

1. 主动学习

参与性学习设计强调主动学习，即学生通过自己的思考、探究和行动来构建知识。相比传统的被动接受式学习，主动学习更加注重学生在学习中的积极参与，通过解决问题、开展实践活动等方式深度掌握知识。

2. 合作学习

合作学习是参与性学习设计的重要组成部分。通过学生之间的合作，可以促进彼此之间的交流、互助和共同构建知识。合作学习有助于培养学生的团队协作和沟通能力，同时也拓宽了学生的视野。

3. 社会建构主义

社会建构主义理论认为知识是在社会互动中建构的，而不是被动接受的。在参与性学习设计中，强调学生与他人的互动和社会环境的影响，通过与他人交流、讨论，促使知识的共同建构。

（二）参与性学习设计的原则

1. 学习目标的明确性

明确的学习目标是参与性学习设计的基础。学生需要清楚地知道他们要学什么、学到什么程度。明确的学习目标有助于指导学生的学习方向，使他们在学习过程中有明确的目标可达。

2. 学习任务的贴近实际

设计贴近实际的学习任务可以激发学生的学习兴趣和动机。这些任务可以是真实的问题、案例分析、项目实践等，使学生在解决问题的过程中更好地理解和应用知识。

3. 学生背景的考虑

了解学生的背景和先前知识水平对于有效的参与性学习设计至关重要。教师需要根据学生的差异性制定合适的学习任务和活动，确保每个学生都能够参与到学习过程中来。

4. 多样化的学习资源

提供多样化的学习资源，包括文字、图像、音频、视频等形式，以满足不同学生的学习风格。多样的学习资源可以激发学生的多元感知和思考，丰富学习体验。

5. 互动性教学方法

采用互动性的教学方法，例如讨论、小组活动、角色扮演等，促进学生之间和学生与教师之间的互动。互动性教学方法有助于学生更深入地理解知识，激发他们的思考和探究欲望。

6. 实时反馈机制

建立实时的反馈机制，使学生能够及时了解他们的学习进展。这可以通过课堂回答问题、在线测验、小组讨论等方式实现。实时反馈有助于学生及时调整学习策略，更好地实现学习目标。

7. 学生自主学习

鼓励学生进行自主学习，培养他们的自主学习能力。通过提供独立研究的机会、项目选择的自由度等方式，使学生在学习过程中能够更自觉地参与和掌控学习。

8. 评价与反思

设计多元化的评价方式，不仅关注学生的知识水平，还注重他们的思维方式、解决问题的能力和团队协作能力。同时，鼓励学生进行反思，促使他们从学习过程中获取更多的启示和经验。

（三）应用参与性学习设计的策略

1. 项目驱动式学习

采用项目驱动式学习是参与性学习设计的一种常见策略。通过项目，学生可以在实际问题中应用所学知识，从而更深刻地理解和掌握。项目可以是小组项目，也可以是个人项目，旨在培养学生解决问题和合作能力。

2. 小组协作学习

小组协作学习是参与性学习设计的核心形式之一。通过小组协作，学生能够共同探讨问题、分享观点、解决难题。教师可以设定小组任务，引导学生共同完成，这有助于培养学生的团队协作和沟通能力。

3. 案例教学

引入案例教学是促使学生思考和参与的有效策略。通过真实案例的讨论，学生可以分析问题、提出解决方案，并与他人交流观点。案例教学有助于抽象的理论知识与实际情境相结合，增强学生的实际应用能力。

4. 翻转课堂

翻转课堂是一种颠覆传统教学模式的方法。在翻转课堂中，学生在课前通过阅读、观看视频等方式获取基本知识，而课堂时间则用于讨论、解答问题、展开实践活动。这种设计强调学生在课堂中的积极参与，使课堂更具互动性。

5. 制订个性化学习计划

考虑到学生的不同学习风格和水平，制订个性化学习计划是促使学生参与的有效手段。通过了解每个学生的特点，教师可以根据其需求制订个性化的学习计划，使学生更主动地参与学习过程。

（四）挑战与应对

1. 学生抵触心理

一些学生可能对主动参与的学习模式产生抵触心理，因为这需要他们更多地付出和努力。在面对这一挑战时，教师可以通过激发学生兴趣、提供正面激励以及逐步引导的方式来帮助学生逐渐适应参与性学习。

2. 课程时间压力

传统的教学模式通常注重内容的传授，而参与性学习设计强调学生的深度思考和合作。这可能使得在有限的课程时间内完成一定的学习任务成为一种挑战。解决这个问题的途径包括合理安排学习任务、充分利用课堂时间等。

3. 教师培训需求

要实施参与性学习设计，教师需要具备相关的教学方法和组织管理能力。因此，提供教师培训是应对挑战的一项关键措施。培训可以涵盖课程设计、互动教学技巧、团队协作指导等方面，帮助教师更好地应对参与性学习的复杂性。

参与性学习设计是一种有力的教学策略，可以激发学生的学习兴趣，提高他们的学习效果。通过关注学习目标的明确性、学生背景的考虑、互动性教学方法的采用等原则，教师可以设计出更加引人入胜的教学活动，引导学生更深度地学习。在实践中，挑战可能来自学生抵触心理、时间压力以及教师培训需求等方面，通过适当的策略和方法应对这些挑战，可以更好地推动参与性学习设计的实施。

在教育实践中，教师可以采用项目驱动式学习、小组协作学习、案例教学、翻转课堂等策略，使学生更好地参与到学习过程中。此外，制订个性化学习计划也是一种有效的方法，能够更好地满足学生个体差异。

需要强调的是，参与性学习设计并不是一成不变的模式，而是需要灵活调整和根据具体情境变化的。教师在实施时应根据学科特点、学生群体和具体课程情况灵活运用这些原则和策略。

在面对学生抵触心理、课程时间压力和教师培训需求等挑战时，建议采取以下措施：

（1）激发学生兴趣。创造引人入胜的学习场景，通过生动的案例、有趣的活动等方式激发学生的学习兴趣，减轻其抵触情绪。

（2）合理安排学习任务。在有限的课程时间内，合理安排学习任务，注重任务的质量而非数量，确保学生在参与性学习中有足够的时间深度思考和合作。

（3）持续教师培训。为教师提供持续的培训和支持，使其能够不断提升教学设计和组织管理的能力。培训可以包括参与性学习设计理念的深化、教学方法的更新等方面。

（4）建立支持体系。建立学校或机构层面的支持体系，包括分享经验的机会、互助合作的平台等，促使教师之间的交流和学习。

（5）量化评估和反馈。引入量化的评估方法，通过数据分析评估学生的参与度和学习效果，及时调整教学策略。同时，建立学生和教师的反馈机制，以便更好地了解问题并进行改进。

综合来看，参与性学习设计是一种以学生为中心的教学理念，强调学生的主动参与和合作。通过明确学习目标、提供多样化的学习资源、采用互动性教学方法等原则，教师可以设计出更具吸引力和有效果的教学活动。面对挑战，关键在于灵活运用策略，不断调整和优化设计，以更好地满足学生的学习需求。通过不断实践和反思，教师能够逐渐熟练掌握参与性学习设计的艺术，提高教学的质量和效果。

第二节　教育心理学与课程优化

一、学习理论在课程中的应用

学习理论是指对学习过程的解释和理解，探讨了学生如何获取、处理和应用信息的方式。教育者可以通过理解和应用学习理论，更好地设计和实施课程，以促进学生的深层次学习。下面将探讨几种常见的学习理论，并探讨它们在课程设计中的应用。

（一）行为主义学习理论

1.简介

行为主义学习理论强调学习是对外部刺激的反应，学生通过对外部刺激做出反应，形成相应的行为。著名的行为主义学派代表包括巴甫洛夫、斯金纳等。在行为主义学习理论中，强调通过正反馈和负反馈来加强或减弱学习行为。

2.在课程中的应用

（1）目标明确。行为主义理论强调学习的目标应该明确清晰。在课程设计中，教育者可以通过制定清晰的学习目标，帮助学生明确预期的学习成果，引导他们朝着明确的方向努力。

（2）强化机制。引入强化机制，奖励学生正确的学习行为，可以加强他们的学习动机。这其中包括表扬、奖励，甚至是一些形式的认可，以促进学生更积极地参与学习。

（3）反馈及时。及时反馈对于行为主义学习至关重要。在课程设计中，可以通过实时的评估、作业反馈等方式，及时告知学生他们的学习成果，帮助他们调整学习策略。

（二）认知学习理论

1.简介

认知学习理论强调学习过程中的思维、记忆和问题解决等认知过程。代表性的认知学习理论者包括皮亚杰、维果茨基等。认知学习理论强调个体在学习中的主动参与，注重学生的思维活动。

2.在课程中的应用

（1）建构知识。认知学习理论认为学生是知识的建构者。在课程设计中，可以采用启发性问题、案例分析等方式，鼓励学生主动思考、建构知识，而不是仅被动接收信息。

（2）创设有挑战性的任务。提供有一定挑战性的学习任务，可以促使学生进行深层次的思考和认知努力。这可以通过设计开放性问题、项目式学习等方式实现。

（3）强调理解和解决问题。认知学习理论强调学生的理解和问题解决能力。在课程中，可以通过引入问题解决任务、讨论等方式，激发学生主动运用所学知识解决实际问题的能力。

（三）建构主义学习理论

1. 简介

建构主义学习理论认为学生通过与他人交流、合作，以及通过实践活动等方式建构知识。代表性的建构主义学派包括维果茨基、彼特尔等人。建构主义认为学习是一种社会性的活动，知识是在社会互动中建构的。

2. 在课程中的应用

（1）合作学习。建构主义强调合作学习，即学生通过与他人合作，共同建构知识。在课程设计中，可以引入小组项目、合作探究任务，鼓励学生通过协作交流来深化理解。

（2）社交互动。建构主义强调社会互动的重要性。在课程中，可以通过讨论、小组活动、学术合作等方式，创造有利于学生交流和合作的环境，促进知识的建构。

（3）实践体验。通过实践体验，学生能够更好地理解和应用所学知识。在课程设计中，可以引入实地考察、实验、实习等实践活动，使学生通过实际操作来建构知识。

（四）连接主义学习理论

1. 简介

连接主义学习理论认为学习是通过构建神经网络中的连接来实现的。学习者通过不断建立、调整和加强神经连接来形成记忆和知识。连接主义的代表性理论包括联结主义和神经网络理论。

2. 在课程中的应用

（1）创造多样的学习资源。连接主义强调从多样的学习资源中获取信息。在课程设计中，可以通过引入多媒体、网络资源、虚拟实验等，提供多样的学习渠道，促使学生在神经网络中建立更为丰富的连接。

（2）强调实际应用。连接主义认为知识的应用是学习的重要部分。在课程设计中，可以通过案例分析、项目任务等方式，强调学生将所学知识应用到实际问题中，促进神经连接的建立。

（3）个性化学习路径。连接主义强调个体差异，认为每个学习者在构建神经连接方面有独特的路径。在课程设计中，可以采用个性化学习路径，根据学生的兴趣、能力和学习风格，为其提供定制的学习体验。

（五）社会文化学习理论

1. 简介

社会文化学习理论由维果茨基提出，强调社会文化环境对学习的影响。该理论认为学习是在社会文化背景中进行的，个体通过参与社会文化活动，逐渐获得知识和技能。

2. 在课程中的应用

（1）强调社会交往。社会文化学习理论强调学习是通过社会交往实现的。在课程设计中，可以通过合作项目、讨论、学术交流等方式，创造丰富的社会交往环境，促进学生的学习。

（2）文化背景融入。考虑学生的文化背景，将文化元素融入课程设计。这可以通过引入相关文学作品、历史事件、多元文化的案例等方式实现，使学生更好地理解和融入所学的知识。

（3）学习社群建设。社会文化学习理论认为学习是在社群中进行的。在课程设计中，可以通过建设学习社群，包括在线社区、小组学习等，帮助学生参与到社会文化活动中，共同建构知识。

（六）整合不同学习理论的课程设计

1. 综合运用

在实际课程设计中，很少有一种学习理论能够完全解释和涵盖所有学习情境。因此，教育者通常会综合运用多种学习理论，以更好地满足不同学生的需求。

2. 个性化学习路径

综合不同学习理论的优点，可以为学生提供个性化的学习路径。这意味着在同一个课程中，教育者可以通过不同的教学方法和活动，考虑到学生的差异性，使其更好地适应和参与。

3. 多元评价方式

根据不同学习理论的特点，设计多元化的评价方式。行为主义更注重测验和标准化测试，而认知学习理论更关注理解和解决问题的能力，建构主义和连接主义更关注项目作业和实际应用。

4. 持续反馈和调整

在课程实施过程中，持续收集学生的反馈信息，根据不同学习理论的原则进行调整。这有助于及时了解学生的学习情况，对课程进行优化，提高学习效果。

（七）面向未来的趋势

1. 科技融合

随着科技的不断发展，教育领域也在积极探索如何融合科技和学习理论，提供更丰富、个性化的学习体验。虚拟现实、人工智能、在线协作工具等技术的应用，可以支持学生在不同学习理论框架下的学习需求。

2. 强调跨学科学习

未来的课程设计可能更加强调跨学科学习，将不同领域的知识融合在一起。这涉及认知学习理论中对知识的建构，以及建构主义理论中对学习社群的建设。

3. 个性化和自主学习

越来越多的教育机构和平台致力于提供个性化学习路径和自主学习的空间。这符合连接主义学习理论中强调学习者个体差异的观点，同时也体现了建构主义学习理论中强调学习者主动构建知识的思想。

4. 全球化视野

随着全球化的发展，课程设计可能更加注重培养学生的全球化视野。这涉及社会文化学习理论中强调文化背景融入的概念，以及建构主义学习理论中强调学习社群的建设。

（八）挑战与应对

1. 教师专业发展

采用不同学习理论的课程设计需要教师具备相应的专业知识和教学技能。因此，教师专业发展成为一个重要的挑战。学校和教育机构应提供相关培训和支持，帮助教师更好地理解和应用学习理论。

2. 技术基础设施

在融合科技的课程设计中，需要有良好的技术基础设施支持，包括网络、设备、软件等。一些地区或学校可能面临技术资源不足的问题，这需要有系统性的规划和投资。

3.评价体系的建设

传统的评价体系可能更加偏向行为主义学习理论的观念，而新的学习理论强调了更多的思维活动和实际应用。因此，评价体系的建设需要更加注重多元化，涵盖不同学习理论所强调的方面。

4.学生接受度和适应性

学生对于不同学习理论的接受度和适应性也是一个挑战。一些学生可能更适应传统的教学模式，而对于新型的、更注重学生主动参与的学习理论感到陌生或抵触。因此，在引入新的学习理论时，需要考虑学生的接受程度，逐步引导他们适应新的学习方式。

学习理论对于课程设计具有重要的指导作用。不同的学习理论强调不同的学习方式和方法，教育者可以根据学科特点、学生群体、教学目标等因素，选择合适的学习理论进行综合应用。面向未来，科技的融合、跨学科学习、个性化和全球化视野将成为课程设计的发展趋势。在克服挑战的过程中，教师的专业发展、技术基础设施、评价体系的建设以及学生的适应性都需要得到充分的考虑和支持。通过不断实践和创新，课程设计能够更好地满足学生的学习需求，促进教育的质量和效果的提升。

二、学生发展心理学与课程设计

学生发展心理学是研究个体在不同阶段的生命周期内，心理和行为方面的变化与发展的学科。理解学生的心理发展是教育工作者设计有效课程的基础。下面将探讨学生发展心理学的一些重要理论和观点，并探讨如何将这些理论融入课程设计，以促进学生全面的成长和学习。

（一）学生发展心理学的重要理论

1.爱因斯坦的认知发展理论

爱因斯坦提出的认知发展理论是学生发展心理学中的重要理论之一。他将个体的认知发展划分为不同的阶段，其中包括感知期、前运算期、具体运算期和形式运算期。这些阶段反映了个体信息处理能力的逐渐提高以及思维方式的演变。

在课程设计中，了解学生所处的认知发展阶段是至关重要的。课程内容和教学方法应该根据学生的认知水平进行调整，以便更好地促进他们的学习。

2. 维果茨基的社会文化理论

维果茨基的社会文化理论强调了社会环境对个体发展的重要性。他提出了"近期发展区域"和"远期发展区域"的概念，认为通过社会互动和合作，学生能够在他们的"近期发展区域"中实现学习。教育者在课程设计中应该创造有益于社会交往和合作的环境，促进学生在社会文化中的发展。

3. 爱德华·托尔曼的自我理论

托尔曼的自我理论强调了个体对于自我概念的建构过程。他认为，学生的行为和学习受到他们对自我形象的认知和评价的影响。在课程设计中，教育者可以通过注重学生的自我认知和自尊心的培养，提高他们对学习的积极性和投入度。

4. 马斯洛的需求层次理论

马斯洛的需求层次理论将个体的需求分为生理需求、安全需求、社交需求、尊重需求和自我实现需求五个层次。他认为，满足这些需求是个体心理发展的关键。在课程设计中，应该考虑到学生不同层次的需求，创造有利于学生全面发展的学习环境。

（二）学生发展心理学在课程设计中的应用

1. 个体差异的考虑

学生发展心理学强调个体在发展上存在差异，包括认知水平、社会文化背景、自我概念等方面的差异。在课程设计中，应该考虑到这些差异，采用灵活的教学方法和资源，以满足不同学生的需求。

2. 情感和社交发展的关注

学生的情感和社交发展对于他们的学习和生活都至关重要。在课程设计中，可以通过组织团队项目、鼓励学生参与社会活动等方式，促进他们的情感和社交发展，营造积极向上的学习氛围。

3. 发展适应性学习策略

了解学生的认知发展水平，帮助他们发展适应性的学习策略。对处于感知期的学生，可以采用直观的教学方法，例如图示、实物演示，以满足他们对具体经验的需求。对处于具体运算期的学生，可以引入实际问题和案例，培养他们实际解决问题的能力。而对于形式运算期的学生，则可以促使他们进行更深层次的思考，引入抽象概念和理论，激发他们的批判性思维能力。

4. 促进自我概念和自我效能感

在课程设计中，要注重培养学生的自我概念和自我效能感，这可以通过提供具体而有挑战性的任务、鼓励学生表达自己的看法和观点、为他们提供及时的反馈等方式来实现。教育者的言传身教也对学生的自我概念产生深远的影响，因此应以正面的、支持性的方式与学生互动。

5. 激发学生的好奇心和探索欲望

学生发展心理学认为，好奇心和探索欲望是学生认知发展的重要驱动力。在课程设计中，可以通过设计具有启发性的问题、提供多样化的学习资源、引导学生进行实地考察和独立研究等方式，激发学生的好奇心，培养他们对知识的探索欲望。

6. 创设支持性学习环境

学生的学习环境对于他们的发展至关重要。在课程设计中，应该创设支持性学习环境，包括鼓励积极的互动和合作、提供良好的师生关系、设计具有挑战性但又可行的任务等。良好的学习环境有助于培养学生的学习兴趣和学习动力。

7. 需求层次的满足

马斯洛的需求层次理论指出，满足学生的不同需求对于他们的全面发展至关重要。在课程设计中，应该综合考虑学生的生理需求、安全需求、社交需求、尊重需求和自我实现需求，设计既能满足他们基本需求又能激发内在动力的课程。

（三）应对学生发展心理学的挑战

1. 个体差异的管理

学生发展心理学强调个体存在差异，这在实际教学中可能带来管理上的挑战。教育者需要采用差异化教学的方法，充分考虑学生的个体差异，为他们提供有针对性的支持和指导。

2. 应对社会文化差异

维果茨基的社会文化理论强调了社会环境对学生发展的影响。在处理不同文化背景的学生时，教育者需要增强跨文化教学的意识，采取包容性的教学策略，鼓励学生分享自己的文化经验，并创造融洽的社会文化环境。

3. 情感和社交问题的关注

学生发展心理学认为情感和社交发展对于学生的全面成长至关重要。在处理学生的情感和社交问题时，教育者需要具备一定的心理辅导能力，引导学生树立积极的情感态度，建立良好的人际关系。

4. 适应性学习策略的培养

了解学生的认知发展水平后，教育者需要不断创新教学方法，培养学生适应性的学习策略。这包括引导他们发展解决问题的能力、提高学习的自主性和主动性，以及培养批判性思维等。

5. 学生需求的全面满足

马斯洛的需求层次理论提醒教育者，学生的需求是多层次的，需要全面考虑。在课程设计中，应该确保学生在生理、安全、社交、尊重和自我实现等方面的需求都得到充分满足。

学生发展心理学为教育工作者提供了深刻的洞察，帮助我们更好地理解学生的心理和行为发展。通过将学生发展心理学的理论和观点融入课程设计中，教育者能够更有针对性地制定教学策略，创造更适应学生需求的学习环境，促进学生的全面成长和学习。在应对挑战的过程中，教育者需要不断提升自己的教育素养，增强对学生的关爱和理解，以更好地应对不同学生的需求和挑战。以下是一些总结性的建议：

1. 持续专业发展

教育者应该保持对学生发展心理学领域的关注，并持续进行专业发展。了解最新的研究成果、理论观点以及教育实践，使自己能够更好地理解学生的心理特点和发展需求。

2. 多元教学方法

在课程设计中采用多元的教学方法，考虑到学生的个体差异和认知发展阶段。灵活运用讲授、讨论、小组合作、实践活动等教学策略，以满足不同学生的学习风格和需求。

3. 促进社会文化交流

创造一个鼓励社会文化交流的学习环境。通过组织文化活动、国际交流项目、多元文化教育等方式，促使学生在跨文化环境中获得丰富的社会文化经验，拓展他们的视野。

4.情感支持与辅导

重视学生的情感和社交发展，建立积极、支持性的师生关系。为学生提供情感支持，鼓励他们表达情感，同时具备一定的心理辅导能力，引导学生解决情感问题，使其更好地适应学校和生活。

5.强调自主学习和实践

培养学生的自主学习能力，鼓励他们参与实践活动。通过设计项目任务、实地考察、实习经历等方式，让学生在实践中应用所学知识，促进他们的认知和技能发展。

6.创设积极学习氛围

在课堂上创设积极的学习氛围，激发学生的学习兴趣和好奇心。引入有趣的案例、互动性强的教学活动，使学生更积极参与，增强他们对学习的投入感。

通过综合考虑这些因素，教育者能够更好地满足学生发展心理学的要求，促进学生在认知、情感、社交等多个层面全面发展。在这个过程中，教育者需要以学生为中心，关注他们的需求和个体差异，努力为每个学生提供有意义的学习经验。只有在理论与实践相结合的基础上，学生发展心理学的原则才能真正为教育事业带来积极的影响。

三、教学与评估的心理学原理

教学与评估是教育过程中不可分割的两个环节，二者紧密相连，共同影响学生的学习和发展。心理学为我们提供了深刻的理解，探讨了学生的认知、情感、社会发展等方面的心理过程。下面将围绕教学与评估这两个主题，探讨心理学在这两个领域的原理和应用。

（一）教学的心理学原理

1.学习理论

学习理论是研究学习过程和影响学习效果的理论体系。其中，行为主义、认知主义、建构主义等是影响教学实践的三大主要学习理论。

（1）行为主义。行为主义认为学习是一种可观测的行为变化，强调外部刺激和反应之间的关系。在教学中，通过奖励和惩罚等手段来强化或削弱学生的行为，注重建立明确的学习目标和规范的反馈机制。

（2）认知主义。认知主义关注学生的思维过程，认为学习是一种知识的建构和理解过程。在教学中，强调启发学生的思维，提供具体的问题和案例，培养学生的问题解决能力，鼓励他们主动参与学习。

（3）建构主义。建构主义认为学习是个体主动建构知识的过程，强调学生通过社会交往和实践活动来建构自己的理解。在教学中，注重创设具有启发性和互动性的学习环境，鼓励学生合作、探究和表达。

2. 认知发展理论

认知发展理论关注个体在认知结构上的变化和发展。由皮亚杰提出的认知发展阶段理论认为，儿童经历了感知运动期、前运算期、具体运算期和形式运算期等阶段。在教学中，应该根据学生的认知水平设计合适的教学内容和方法，引导他们逐步发展认知能力。

3. 动机理论

动机理论研究个体行为背后的动机和目标。马斯洛的需求层次理论认为，人类有一系列层次的需求，包括生理需求、安全需求、社交需求、尊重需求和自我实现需求。在教学中，了解学生的需求层次，通过激发他们的兴趣、提供有挑战性的任务等方式，增强学生的学习动机。

4. 社会文化理论

社会文化理论认为学习是在社会互动中进行的，个体通过参与社会文化活动逐渐获得知识和技能。在教学中，应创设丰富的社会文化环境，鼓励学生合作、交流，使他们在社会文化中更好地发展。

（二）评估的心理学原理

1. 测量理论

测量理论研究如何准确地度量学生的能力、知识水平或其他特质。在评估中，应该使用可靠性和效度等指标来确保评估工具的信度和效度。可靠性指评估工具的稳定性和一致性，而效度指评估工具是否真正测量到我们想要了解的特质。心理学在评估中强调采用科学的测量方法，确保评估结果的可信度和有效性。

2. 评估与反馈

评估不仅是对学生学习成果的衡量，也是为学生提供有效反馈的机会。心理学原理认为，及时、明确的反馈对学生的学习至关重要。反馈应当具有建设性，强调学生的优点，并提供改进的建议，促进学生进一步发展。

3. 评价标准的制定

评价标准的制定要基于清晰的学习目标，并考虑学生的差异性。心理学原理中的差异性评估理论强调，学生在学习方面存在个体差异，评估应该能够充分考虑这些差异，不仅关注学科知识的掌握，还要包括学科能力、思维方式等多个维度。

4. 评估对学习的影响

心理学认为评估不仅是对学生学习结果的衡量，还是学习过程的重要组成部分。在教学中，评估活动应当能够激发学生的学习兴趣，引导他们深入思考，促进自主学习能力的培养。

5. 多元化评估方法

心理学原理支持采用多元化的评估方法。传统的笔试和口试只是评估的方式之一，而多元化评估方法包括项目作业、小组讨论、实践性任务等，能全面反映学生的能力和潜力。

6. 自我评估与同伴评估

自我评估和同伴评估是评估中的两个重要方面。心理学认为，通过自我评估，学生能够更好地理解自己的学习过程和成果，培养自主学习的能力。而同伴评估可以促进学生之间的互助合作，提高他们的团队协作和交流能力。

7. 评估的公平性原则

公平性是评估的重要原则之一。心理学强调，在评估中应当避免歧视，公正对待每位学生。这包括制定公平的评价标准、采用多元化的评估方法、关注学生的个体差异，以确保评估结果的公正性。

（三）教学与评估的融合

1. 课堂教学中的实时反馈

心理学原理支持在课堂教学中实施实时反馈。教师可以通过观察学生的表现、提问、小组讨论等方式实时了解学生的学习状态，及时调整教学策略，满足学生的学习需求。

2. 任务驱动型评估

任务驱动型评估强调在学生解决实际问题和完成任务的过程中进行评估。心理学认为，这种评估方式更能反映学生在实际应用中的能力，激发他们的学习动机，培养解决问题的能力。

3.学习日志与反思

学习日志和反思是将心理学原理融入教学与评估的有效手段。学生通过撰写学习日志，记录学习过程、心得体会，进行自我评估和反思。教师可以根据学生的学习日志提供针对性的建议，促进他们的学习和发展。

4.个性化学习与个性化评估

心理学认为，学生在学习过程中存在差异性，因此教学和评估应当更加注重个性化。个性化学习可以根据学生的兴趣、能力和学习风格，为其量身定制学习计划。个性化评估则更加注重对学生个体差异的理解，采用多样化的评估方法，更全面地了解学生的学习状况。

（四）心理学原理的应用挑战与应对

1.挑战：大班教学下的个性化难题

在大班教学中，教师面临个性化教学和评估的困难。学生差异性大、教学资源有限是挑战之一。在应对这一挑战时，可以采用差异化教学的方法，根据学生的水平、兴趣和学习方式设计不同难度和形式的任务，提供个性化的学习支持。

2.挑战：科技应用的不平衡

在一些地方，科技水平和教育资源的不平衡成为教学与评估中的挑战。有的学校可能无法提供足够的技术支持，影响了信息技术在教学与评估中的应用。在应对这一挑战时，可以通过寻找简便易行的科技工具，提供相关培训以提高教师的技术素养，同时制定科技使用的政策和规范，以确保科技在教学中的均衡应用。

3.挑战：评估的标准化压力

一些地区存在对学生进行标准化考试的压力，这可能导致教学和评估趋向应试。这与心理学主张的关注个体差异、培养创造力等理念不符。在应对这一挑战时，教育者可以提倡综合评估，包括标准化测试、项目作业、小组讨论等多元评估方法，以更全面地了解学生的能力和潜力。

4.挑战：社会文化差异的影响

在不同文化背景下，学生的学习方式和对评估的反应可能存在差异，这对教学与评估提出了挑战。在处理这一挑战时，教育者需要更深入地了解学生的文化差异，采取包容性的教学和评估策略，鼓励学生分享自己的经验，创造相应的学习环境。

教学与评估是相互联系、相辅相成的过程，其背后蕴含了丰富的心理学原理。通过理解学习理论、认知发展理论、动机理论等心理学原理，教育者可以更好地设计有效的教学策略，满足学生的学习需求。同时，在评估中应用测量理论、反馈原理、评价标准等心理学原理，以确保评估的科学性和公正性。

在实际教学与评估中，教育者需要灵活运用这些心理学原理，因地制宜地应对各种挑战。个性化学习、任务驱动型评估、学习日志与反思等策略的运用可以使教学与评估更贴近学生的需求，更有利于他们全面发展。

尽管存在一些挑战，但心理学为教学与评估提供了理论基础和实践指导。通过不断深化对心理学原理的理解，教育工作者能够更好地应对复杂多变的教育环境，促进学生的学习与发展。因此，将心理学原理融入教学与评估实践，是推动教育领域不断进步的重要一环。

第三节　学科整合与课程创新

一、跨学科融合的理论与实践

随着社会的发展和知识的不断扩展，传统学科间的划分逐渐变得模糊，对于复杂问题的解决往往需要跨越学科的边界。跨学科融合应运而生，成为一种整合不同学科知识、方法和理论的方式，以应对日益复杂和跨领域的挑战。下面将深入探讨跨学科融合的理论基础和实践应用。

（一）跨学科融合的理论基础

1. 系统论

系统论是跨学科融合的理论基础之一。它强调整体性思维，关注系统内各组成部分之间的相互关系和相互作用。在跨学科研究中，系统论为整合不同学科提供了方法论基础，使研究者能够更全面地理解和解决问题。

2. 复杂性理论

复杂性理论认为许多现实世界的问题都是非线性、相互关联且难以预测的。跨学科融合正是回应了这种复杂性。通过将多个学科的视角整合在一起，可以更好地理解系统的复杂性，找到解决问题的新途径。

3. 协同学习理论

协同学习理论强调通过合作和协同的方式，将不同领域的知识、技能和经验整合起来，促进全体成员的学习和发展。跨学科融合往往需要团队合作，协同学习理论提供了合作学习的理论框架，推动团队成员之间的信息共享和相互支持。

4. 创新理论

创新理论强调跨学科合作是创新的关键。在面对新问题和挑战时，传统学科的知识和方法可能显得单薄，而跨学科融合则有助于创造性地整合多元思维，推动新理念和新方法的涌现。

（二）跨学科融合的实践领域

1. 科学研究

在科学研究领域，越来越多的问题需要多个学科的知识和技能共同解决。例如，生物信息学就是生物学、计算机科学和统计学等多个领域的融合，用于处理和解释生物大数据。

2. 环境科学

环境科学往往需要地球科学、生物学、化学等多个学科的知识。对于复杂的环境问题，跨学科融合使得研究者能够更全面地了解环境系统，并提供更有效的解决方案。

3. 医学与健康科学

医学和健康科学是跨学科融合的典型领域。临床医学、生物医学工程、心理学等学科的融合推动了医疗科技的创新，提高了医学研究和实践的水平。

4. 工程与技术

在工程领域，跨学科融合尤为常见。例如，生物医学工程结合了医学和工程学，致力于开发新的医疗设备和治疗方法。智能城市的建设也涉及信息技术、城市规划、社会学等多个学科的融合。

5. 艺术与科学

跨学科融合不限于自然科学领域，艺术与科学的结合也取得了一系列创新性的成果。数字艺术、科技艺术等跨学科艺术形式催生了一系列新颖的艺术作品，同时也促进了科技的创新。

（三）跨学科融合的优势

1. 更全面的问题理解

跨学科融合能够提供更全面、多维度的问题理解。通过整合不同学科的观点，可以更深入地探讨问题的多个方面，避免陷入学科局限性。

2. 创新的推动

跨学科融合有助于创新的发生。不同学科的交叉汇聚会激发创新思维，为解决问题带来新的视角和方法。这种创新精神在科学研究、技术开发、艺术创作等领域都得到了广泛的应用。

3. 解决复杂问题的能力

跨学科融合为解决复杂问题提供了更为强大的能力。复杂的现实问题通常不限于某一个学科的范畴，而是涉及多个学科的交互影响。通过跨学科合作，可以综合利用多个学科的专业知识，更好地应对问题的复杂性。

4. 提高团队合作能力

跨学科研究常常需要跨学科的团队合作。这种合作不仅是知识层面的整合，更是不同学科背景的团队成员之间的协同工作。这有助于培养团队合作的技能，提高沟通和协作水平。

5. 教育效果的提升

跨学科教育有助于培养学生的综合素养。传统的学科教育往往偏重专业知识的传授，而跨学科教育更注重培养学生的跨学科思维、问题解决能力和团队协作精神。

（四）跨学科融合的挑战

1. 学科壁垒

学科壁垒是跨学科融合常面临的挑战之一。由于传统学科体系的存在，学科之间往往存在较高的壁垒，涉及跨学科合作时，可能会面临学科差异、术语不一致等问题。

2.学科认同

学科认同是指个体对于自身所属学科的认同感。在跨学科团队中，个体可能会面临学科认同的模糊，这会影响团队的凝聚力和协作效果。

3.评价体系的不适应

传统的学术评价体系通常更偏向单一学科的表现。对于从事跨学科研究的学者，他们在传统体系下的评价可能存在一定的不适应，这可能会影响跨学科融合的积极性。

4.信息整合的困难

由于不同学科间的术语、方法、理论体系存在差异，跨学科融合常常需要在信息整合上付出更大的努力。信息整合的困难可能导致沟通不畅，影响团队协作效果。

（五）跨学科融合的未来发展趋势

1.多学科研究中心的建设

为促进跨学科融合，越来越多的机构和大学设立了多学科研究中心。这些中心集结了不同学科领域的专业人才，为跨学科研究提供了资源和支持。

2.跨学科教育的推广

跨学科教育有望在未来得到更广泛的推广。学校和教育机构可以设计更多跨学科课程，培养学生的跨学科思维和能力。

3.跨学科评价体系的建立

为解决学科认同和评价体系的问题，未来可能会逐渐建立更加适应跨学科融合的评价体系。这样的体系应当更加注重综合素养和团队协作的评估。

4.新兴学科的涌现

随着知识的不断扩展，新兴学科的涌现将推动跨学科研究的发展。这些新兴学科往往整合了传统学科的知识，致力于解决当下和未来的复杂问题。

跨学科融合作为应对复杂问题、推动创新的一种手段，具有广泛的理论基础和实际应用。在克服一系列挑战的同时，跨学科融合的优势愈加凸显。未来，随着社会需求的不断变化，跨学科研究和教育将持续发展，为解决人类面临的各种问题提供更为全面和有效的方案。跨学科融合的理论和实践将成为推动学术、科技和社会发展的关键力量。

二、跨学科项目的设计与管理

跨学科项目是将来自不同学科领域的知识、方法和技能整合起来，以解决复杂问题或推动创新的项目。这种项目涉及多个学科的协同合作，需要设计和管理的复杂性较高。下面将深入探讨跨学科项目的设计与管理，包括理论基础、关键要素、挑战与应对策略等方面。

（一）跨学科项目的理论基础

1.跨学科融合理论

跨学科项目的理论基础之一是跨学科融合理论。这一理论强调通过整合不同学科的知识和方法，可以创造性地解决问题，促进新的发现和创新。跨学科融合理论为跨学科项目提供了方法论的指导，推动了不同学科领域的交叉合作。

2.系统论

系统论强调整体性思维和相互关系，对于理解跨学科项目中多个学科领域之间的相互作用至关重要。系统论提供了一种观察问题的框架，有助于理解复杂系统中各个组成部分的相互关系，从而指导项目的设计与管理。

3.创新理论

跨学科项目通常涉及解决复杂问题或推动创新，而创新理论强调创新是知识和经验的整合过程。通过将不同学科的思维和方法结合，跨学科项目有望产生创新性的成果。创新理论为项目的目标设定和成果评估提供了理论依据。

（二）跨学科项目的设计

1.项目目标与范围的明确

在设计阶段，首先需要明确项目的目标和范围。明确定义项目的目标有助于激发团队成员的合作热情，使每个成员都能理解项目的价值和意义。同时，明确项目的范围有助于避免项目过于庞大，确保项目的可控性。

2.跨学科团队的构建

跨学科项目需要一个具有多学科背景的团队。团队成员的选择应该根据项目的需求，涵盖所有必要的学科领域。跨学科团队的构建涉及团队成员之间的协同和沟通，这对于项目的成功至关重要。

3. 项目计划与时间安排

制订清晰的项目计划是项目设计的重要一步。项目计划应包括各项任务的详细安排、关键里程碑的设定以及团队成员的责任分工。同时，要充分考虑跨学科合作可能涉及不同学科领域的工作周期和进展速度，合理安排项目的时间表。

4. 沟通与协作机制

由于跨学科项目涉及不同学科领域的专业知识，项目团队成员之间的沟通和协作显得尤为重要。在项目设计阶段，应该明确沟通和协作的机制，包括定期会议、信息共享平台的建立等，以确保团队的信息流畅和工作的协同。

5. 风险评估与管理计划

在项目设计阶段，应该对可能出现的风险进行评估，并制订相应的管理计划。跨学科项目可能面临学科差异、沟通困难等挑战，因此需要在设计阶段就对这些潜在问题有清晰的认识，并制定相应的风险缓解策略。

（三）跨学科项目的管理

1. 团队领导与协调

跨学科项目需要有强有力的领导者，负责协调团队成员、解决困难和推动项目的顺利进行。领导者应该具备跨学科领域的知识，能够理解和尊重不同学科的观点，协调团队成员之间的关系。

2. 资源管理

跨学科项目往往涉及多个学科领域的专业知识，因此资源管理变得尤为重要。资源管理包括项目经费、实验设备、人力资源等。项目管理者需要确保各个方面的资源得到充分利用，以支持项目的顺利进行。

3. 冲突解决与团队建设

由于跨学科项目涉及不同学科领域的专业知识，团队成员之间可能存在理念差异、沟通障碍等问题，因此冲突解决和团队建设变得至关重要。项目管理者需要具备冲突解决的能力，通过团队建设活动提高团队的凝聚力。

4. 评估与反馈机制

建立有效的评估与反馈机制是项目管理的一项关键工作。通过定期的评估，可以及时发现项目中的问题并进行调整。同时，为团队成员提供积极的反馈，激励团队成员的工作动力，提高项目整体的效率和质量。

5.持续学习与知识管理

由于跨学科项目涉及多个学科领域的知识，项目团队需要保持对新知识的持续学习。建立有效的知识管理机制，包括知识分享会、文件归档等，有助于团队成员共享和利用各自领域的专业知识。

（四）跨学科项目的挑战与应对策略

1.学科差异与沟通障碍

挑战：跨学科项目中不同学科领域的专业术语和思维方式差异较大，容易导致沟通障碍。

应对策略：在项目初期，组织团队成员进行培训，了解各学科的基本知识，建立共同的术语表。定期组织沟通会议，促进成员之间的交流，鼓励团队成员提出问题，确保团队的沟通畅通。

2.学科认同与合作动力

挑战：团队成员可能更强烈地认同自己的学科，导致合作动力不足。

应对策略：强调团队目标的共同性，明确每个学科领域在项目中的价值和贡献。通过团队建设活动，加强成员之间的互信和协作，提高整个团队的合作动力。

3.项目目标的模糊性

挑战：由于跨学科项目的复杂性，项目目标可能变得模糊不清。

应对策略：在项目设计阶段明确项目的长期和短期目标，将项目目标分解为具体可操作的任务。定期进行目标评估，确保项目的方向与整体目标一致。

4.评估体系的建立

挑战：传统的学术评估体系可能不适用于跨学科项目。

应对策略：制定适合跨学科项目的评估指标，考虑到各学科领域的贡献，建立多层次、全面性的评估体系。同时，与学术机构合作，争取对跨学科研究更为公正的评价。

跨学科项目的设计与管理是一项复杂而富有挑战性的任务。通过明确项目目标、构建跨学科团队、有效的沟通协作、灵活的项目管理等手段，可以有效应对跨学科项目中的各种挑战。随着跨学科研究的日益重要，跨学科项目的设计与管理将成为推动科学创新和解决现实问题的关键手段。通过不断总结经验，提炼出适用于不同领域的最佳实践，可以进一步提高跨学科项目的成功率和影响力。

三、融合性学科课程的开发

传统的学科课程往往是按照学科领域划分的，强调各个学科的专业性和深度。然而，随着社会的发展和知识的不断更新，越来越多的问题需要跨越学科的边界进行综合性的思考和解决。融合性学科课程的开发正是针对这一需求而兴起的，旨在培养学生跨学科思维、解决问题的能力以及综合运用不同学科知识的能力。下面将深入探讨融合性学科课程开发的理论基础、设计要素、实施策略以及面临的挑战和未来发展趋势。

（一）融合性学科课程的理论基础

1.跨学科融合理论

融合性学科课程的理论基础之一是跨学科融合理论。这一理论认为，通过整合不同学科领域的知识和方法，可以更全面、深入地理解和解决问题。跨学科融合理论强调学科之间的交叉和合作，为融合性学科课程提供了理论指导。

2.教育整合理论

教育整合理论关注不同学科内容之间的联系，强调通过整合各学科知识来提高学生的学习效果。在融合性学科课程中，教育整合理论为设计和组织多学科内容提供了方法论基础，促进学科之间的有机结合。

3.系统思维

系统思维是一种综合性的思考方式，强调整体性和相互关联。融合性学科课程的设计需要运用系统思维，将不同学科领域的知识和概念有机地结合起来，使学生能够更好地理解问题的复杂性和多样性。

（二）融合性学科课程的设计要素

1.明确的课程目标

在设计融合性学科课程时，首先需要明确清晰的课程目标。这些目标应该涵盖跨越不同学科领域的知识、技能和态度，同时明确学生应该具备的综合性能力。

2.跨学科内容整合

融合性学科课程的核心在于跨学科内容整合。设计者需要仔细策划不同学科领域的知识内容，确保它们能够有机地结合在一起，形成一个统一的学科体系，而不是简单地堆砌各学科知识。

3.问题驱动的学习

采用问题驱动的学习模式是融合性学科课程设计的有效手段。通过引入实际问题或情境，激发学生的学习兴趣，同时促使他们从不同学科的角度思考和解决问题。

4.跨学科教学方法

融合性学科课程需要采用多样化的教学方法，以满足不同学科领域的学习需求。例如，项目学习、合作学习、实践性活动等方法都可以帮助学生更好地理解和应用跨学科知识。

5.跨学科评价体系

设计融合性学科课程时，评价体系同样至关重要。传统的学科评价方式可能无法更全面评价学生在多学科整合方面的能力。因此，需要建立一套能够全面评估跨学科综合能力的评价体系。

（三）融合性学科课程的实施策略

1.跨学科团队合作

融合性学科课程的设计和实施需要跨学科团队的合作。这个团队应该包括来自不同学科领域的教育专家，以确保课程能够充分整合多学科的知识。

2.学生导向的学习

在融合性学科课程中，学生应该扮演更为积极的角色。通过引导学生自主学习、合作学习和问题解决，培养其自主学习和综合运用知识的能力。

3.创设融合性学习环境

为了促进跨学科学习，需要创设有利于融合性学科课程实施的学习环境。这包括灵活的教室布局、先进的技术支持、实践性的学习资源等。

4.融入社会实践

将社会实践融入融合性学科课程，可以使学生更好地将理论知识应用到实际问题中。实践性的学习经历有助于加深学生对多学科知识的理解。

（四）融合性学科课程的挑战与未来发展趋势

1. 挑战

（1）学科差异和教育体制障碍。不同学科之间的差异性以及传统的教育体制可能成为融合性学科课程面临的挑战。教育机构的分科管理、学科专业化的传统观念等可能影响融合性学科课程的推动。

（2）教师跨学科教学能力不足。教师需要具备足够的跨学科教学能力，包括对多学科知识的了解、跨学科教学方法的熟练运用等。然而，目前教师的专业培训和跨学科教学能力的培养相对不足，这可能成为融合性学科课程实施的障碍。

（3）评价体系的不完善。传统的学科评价体系可能无法全面评估学生在融合性学科课程中所获得的能力和知识。因此，评价体系的不完善限制了融合性学科课程的发展。

2. 未来发展趋势

（1）教育改革。随着对综合素养和跨学科能力的重视，未来可能会出现更多的教育方面的改革。这包括对学科设置的重新思考，推动学科之间的整合，以及为融合性学科课程提供更多的支持和空间。

（2）跨学科教育研究的深入。随着跨学科教育的发展，对跨学科教育的研究也将变得更加深入。这包括教育心理学、学科交叉研究等方面，以更好地理解学生跨学科学习的过程和机制，从而优化融合性学科课程的设计和实施。

（3）技术与在线教育的融入。技术的发展将为融合性学科课程提供更多可能性。在线教育平台、虚拟实验室等技术手段的融入，可以拓展学生跨学科学习的空间，促进实践性的学习体验。

（4）跨界合作的加强。未来融合性学科课程的开发会更加注重跨界合作。学校、企业、社会组织等各方的资源整合，将为融合性学科课程提供更广泛的支持，促进课程的实施和发展。

融合性学科课程的开发旨在培养学生更全面、综合的能力，以应对复杂多样的社会问题。在设计和实施这类课程时，需要充分考虑学科整合、跨学科教学方法、学生导向学习等方面的要素。同时，面对挑战，需要促进教育体制改革、提升教师跨学科教学能力、完善评价体系等方面的努力。未来，融合性学科课

程的发展可能会伴随着教育理念的深化和技术的进步，为培养更具综合素养的
人才提供更为有效的途径。

第六章　课程设计的方式创新

第一节　创新教学模式

一、设计思维在教学中的应用

设计思维是一种以解决问题和创造新想法为中心的方法和思维方式。最初起源于设计领域，随着时间的推移，设计思维已经逐渐渗透到不同领域，包括教育。在教学中应用设计思维，有助于培养学生的创新能力、问题解决能力和团队协作精神。下面将深入探讨设计思维在教学中的应用，包括定义设计思维、设计思维的核心原则、在教学中的具体应用方法以及实施设计思维的挑战和应对策略。

（一）设计思维的定义

设计思维是一种注重解决问题、提出创新想法和持续改进的思考方式。它强调从用户的角度出发，关注实际问题的核心，通过不断尝试和反馈来不断优化解决方案。设计思维的核心是以人为中心，关注实际需求，注重团队协作和迭代创新。

设计思维通常包括以下几个阶段：

共鸣：理解用户需求，站在用户的角度感受问题。

定义：确定问题的本质，定义明确的目标。

思考：集思广益，提出各种可能的解决方案。

原型：制作初步的模型或原型，进行实验和测试。

测试：将原型交给用户，获取反馈，不断优化。

（二）设计思维的核心原则

1. 用户为中心

设计思维的核心是关注用户需求，从用户的角度出发解决问题。这要求教学中将学生置于学习的中心，了解他们的需求、兴趣和学习方式，更好地设计教学活动和内容。

2. 跨学科协作

设计思维鼓励跨学科的合作，认为不同领域的知识和技能相互融合可以产生创新的解决方案。在教学中，可以通过跨学科的项目设计和小组合作来促进学科之间的整合。

3. 迭代和反馈

设计思维是一个不断迭代的过程，强调通过实践和反馈来不断改进。在教学中，可以采用小周期的教学设计和反馈机制，鼓励教师和学生在实践中进行调整和优化。

4. 创新和实验

设计思维鼓励尝试新的想法和方法，勇于面对失败，并从中吸取经验教训。在教学中，可以通过提供创新的教学方法、项目和任务，鼓励学生主动实验和探索。

（三）设计思维在教学中的具体应用方法

1. 项目驱动的学习

设计思维强调实际问题的解决，项目驱动的学习是一种非常有效的应用方式。教师可以设计具体的项目任务，要求学生通过共鸣、定义、思考、原型和测试等来解决实际问题，培养学生解决问题的能力。

2. 设计挑战

引入设计挑战是激发学生创造力和解决问题能力的一种方式。教师可以提出具体的设计挑战，要求学生在团队中合作解决，通过这个过程培养学生的团队合作、沟通协作以及创新能力。

3. 制定教育游戏

设计思维可以通过制定教育游戏来激发学生的学习兴趣和主动性。教师可以设计具有挑战性和趣味性的游戏，让学生在解决问题和达成目标的过程中获得知识和技能。

4. 原型制作

设计思维的原型阶段强调通过实际制作来验证和完善想法。在教学中，可以引入原型制作的元素，让学生通过制作模型、展示、演示等方式将他们的想法具体化，促使其更深入地理解和改进。

5. 跨学科合作

设计思维注重跨学科的合作，教学中也可以通过跨学科的方式来组织课程。例如，将不同学科的知识和技能有机融合，设计跨学科的项目，让学生从不同学科的角度来解决问题。

6. 学生中心的教学

设计思维的用户为中心原则可以引导教学朝向学生中心。教师可以更多地倾听学生的声音，根据他们的兴趣和需求来调整教学内容和方法，提供更符合学生个体差异的学习体验。

（四）实施设计思维的挑战与应对策略

1. 教师培训与专业发展

挑战：许多教师可能未接受过设计思维的培训，不熟悉如何在教学中应用。

应对策略：提供专业的培训课程，帮助教师了解设计思维的基本原理和应用方法。鼓励教师参与实际项目，通过实践提升应用设计思维的能力。

2. 评估与考核机制

挑战：传统的评估和考核机制可能无法充分体现学生在此过程中的表现。

应对策略：重新设计评估和考核方式，采用更加综合、项目导向的评估方式，包括学生的项目作品、解决问题的过程、团队合作能力等。

3. 课程时间与资源限制

挑战：教师可能面临课程时间有限和资源不足的情况，难以全面应用设计思维。

应对策略：合理规划课程时间，精选关键项目和任务进行设计思维的应用。同时，争取更多的教学资源，支持跨学科合作和实践性教学。

4. 学生接受度

挑战：部分学生可能对设计思维的学习方式感到陌生，对于开放性的问题和项目可能存在抵触情绪。

应对策略：引导学生逐步接受设计思维的学习方式，通过课堂讨论、案例分析等方式培养学生的学习兴趣，同时为学生提供足够的支持和指导。

设计思维在教学中的应用为培养学生的创新能力、解决问题的能力和团队协作精神提供了一种创新的思考方式。通过项目驱动的学习、设计挑战、制定教育游戏等方法，教师可以激发学生的兴趣，促使他们在学习中更加积极主动。然而，实施设计思维也面临一系列挑战，包括教师培训、评估机制、资源限制以及学生接受度等问题。通过有效的应对策略，可以克服这些挑战，实现设计思维在教学中的有效应用。

在教育领域，设计思维不仅是一种方法论，更是一种促使学生积极参与学习、发展创新精神的理念。设计思维的应用将教学过程从传统的知识灌输转变为学生自主探究和解决问题的过程。这种变革符合现代社会对创新能力和综合素养的需求，培养学生更好地适应未来社会的能力。

在设计思维的应用中，教师起到了关键的引导和组织作用。他们需要不断提升自己的设计思维能力，深入理解学科知识和教育理论，灵活运用设计思维方法指导学生。此外，教育机构需要提供更多的支持，包括教师培训、教材资源和技术支持，以促进设计思维在教学中的全面推广。

设计思维的应用也要关注学生的个体差异和学科特点。不同年级、不同学科的学生可能对设计思维的接受程度有所不同，因此需要灵活调整教学策略。此外，跨学科合作的设计思维项目需要教师具备跨学科知识和合作技能，教育机构应该鼓励不同学科教师之间的合作与交流。

总体而言，设计思维的应用是一项具有挑战性但又极富创造性的工作。它为传统教学模式带来了新的思考方式，为学生提供了更加丰富和实用的学习体验。随着对创新能力需求的不断提高，设计思维将在未来教育中发挥越来越重要的作用，成为培养具有全面素养的学生的有效途径。

二、制造学习与实践导向的教学

制造学习和实践导向的教学是一种基于实际动手制作和实践性学习的教育理念。这种教学方法强调学生通过亲身参与实践、制作和解决问题来获得知识和技能，促使他们成为具有创造力和解决问题能力的学习者。下面将深入探讨制造学习和实践导向的教学，包括它们的定义、核心原则、在教学中的应用以及实施过程中可能面临的挑战和应对策略。

（一）制造学习的定义与核心原则

1. 制造学习的定义

制造学习是一种基于实际动手制作、创造和解决问题的学习方式。它强调学生通过亲身体验，通过制作实物、搭建项目，培养创新思维和实际技能。制造学习的核心理念是通过实践来促进学生的深度学习和创造性思维。

2. 制造学习的核心原则

（1）学生为中心。制造学习强调学生的主动参与和自主学习。学生通过选择项目、设定目标、解决问题，实现对学习过程的掌控，教师在其中充当引导者和支持者的角色。

（2）实践与动手。学生在制造学习中将理论知识付诸实践，通过动手制作、操纵工具和材料，真实地体验所学的概念。这种实践导向的教学方法有助于知识的深入理解和技能的掌握。

（3）团队合作。制造学习常常涉及团队项目，鼓励学生共同合作、分享资源和知识，培养团队协作和沟通能力。通过与他人协作，学生能够学到更多的技能和思维方式。

（4）制造文化。制造学习倡导一种"制造文化"，即鼓励人们习惯于制作、修复、创造。这种文化强调人们对技术和工具的熟练应用，鼓励创新和实验。

（二）实践导向的教学方法

1. 项目驱动的学习

实践导向的教学注重将学生置于真实的问题和项目中，通过项目驱动的学习激发学生的学习兴趣。学生通过解决实际问题，独立或协作完成项目，提高问题解决能力。

2. 情境教学

情境教学强调将学习置于真实的情境中，使学生能够在具体的环境中应用所学的知识和技能。通过模拟真实场景，提高学生的实际操作和解决问题的能力。

3. 学以致用

学以致用是一种强调知识要能够应用于实际生活的教学理念。教师通过设计能够让学生将知识运用于解决实际问题的学习活动，培养学生的实际操作能力。

4. 合作学习

实践导向的教学倡导学生之间的合作学习，通过小组项目和任务，培养学生的团队协作、沟通和领导能力。学生在合作中共同解决问题，分享经验，提高综合素养。

（三）制造学习与实践导向的教学在教育中的应用

1. 课程设计与实施

教师可以通过重新设计课程，引入制造学习和实践导向的教学方法。将传统的课堂讲授与实际项目结合，让学生通过实践获得知识和技能。

2. 实验课程与工作坊

在制造学习和实践导向的教学中，实验课程和工作坊是非常有用的形式。通过这种方式，学生有机会亲身体验和实践所学的概念，参与到具体项目中。这不仅能够深化他们对知识的理解，还能培养创新思维和解决问题的技能。

3. 制造空间

制造空间是一个充满各种工具、设备和资源的场所，是提供给学生进行实践制作的空间。学生可以在这里动手实践各种项目，融入制造文化。建立学校或机构的制造空间是促进制造学习的重要步骤。

4. 制造学习平台

互联网和技术的发展使得制造学习可以更广泛地传播。在线制造学习平台为学生提供了更多的学习资源和项目案例，可以通过虚拟平台进行实践。这种方式不仅可以扩大学生的学习范围，还能够促进更大范围内的学术交流。

5. 教育科技工具的应用

教育科技工具如虚拟现实（VR）、增强现实（AR）等技术也可以嵌入制造学习和实践导向的教学。通过这些工具，学生可以更直观地理解抽象概念，增强他们实践中的参与感。

（四）实施过程中的挑战与应对策略

1. 资源不足

挑战：建立制造空间和购置相应的工具、设备需要大量的投资。一些学校或机构可能面临资金有限的问题。

应对策略：寻求外部支持，争取相关的赞助和捐赠。可以与企业、社区建立合作关系，共享制造空间和资源。此外，也可以逐步扩大建设，从小规模开始。

2.教师培训与准备

挑战：许多教师可能缺乏相关的制造学习和实践导向教学的经验，需要接受培训。

应对策略：提供相关的培训课程和工作坊，帮助教师了解新的教学方法和工具。鼓励教师参与实践项目，分享经验，形成学习共同体。

3.评估与考核问题

挑战：传统的考核方式可能无法全面评价学生在制造学习和实践导向教学中的能力。

应对策略：设计多元化的评估方式，包括项目展示、实际操作、小组合作评价等。注重过程性评价，关注学生在实践中的表现。

4.学科知识整合

挑战：制造学习常涉及多学科的知识和技能，教师需要在教学中整合这些知识。

应对策略：跨学科合作，建立跨学科的项目和课程，促使学科知识的有机整合。鼓励学科教师之间的合作，共同设计项目。

制造学习和实践导向的教学是一种能够培养学生实际动手能力、创新思维和团队协作的重要教学方法。通过引入制造学习和实践导向的元素，学生能够在实际项目中获得更深入的学习体验，培养解决问题的能力。然而，实施这种教学方法也面临一系列的挑战，如资源不足、教师培训和学科知识整合等问题。通过采取相应的策略，可以有效应对这些挑战，推动制造学习和实践导向的教学在教育中的发展。随着社会对创新能力的需求不断增加，这种注重实践和动手的教学方法将在未来发挥越来越重要的作用。

三、可视化教学设计策略

随着教育技术的不断发展和教学理念的演进，可视化教学设计策略逐渐成为教育领域中备受关注的话题。可视化教学设计是一种通过图像、图表、图形等视觉元素来呈现和传达教学信息的方法，以增强学生对知识的理解和记忆。

下面将深入探讨可视化教学设计的定义、核心原则、实际应用以及实施中的挑战和应对策略。

（一）可视化教学设计的定义与核心原则

1. 可视化教学设计的定义

可视化教学设计是指通过图形、图像、图表等可视元素来呈现和传达教学内容的设计过程。这种设计方法旨在以视觉化的方式展示信息，使学生更容易理解抽象概念，激发学习兴趣，提高学习效果。

2. 可视化教学设计的核心原则

（1）简洁明了。可视化教学设计要求信息呈现简洁明了，避免信息过载。图形和图表应该简单清晰，突出重点，使学生能够迅速理解关键概念。

（2）与学习目标对齐。可视化教学设计应该与学习目标紧密对齐。图像和图表的内容应直接服务于教学目标，帮助学生更好地达成学习目标。

（3）互动性。互动性是可视化教学设计的重要原则。通过交互式元素，如单击、拖拽等，学生可以更主动地参与学习过程，提高学习的深度和广度。

（4）多样性。考虑到学生的多样性，可视化教学设计应该采用多样的图像形式，以满足不同学生的学习风格和需求。多样的可视化形式可以提供更全面的学习体验。

（二）可视化教学设计的实际应用

1. 概念地图

概念地图是一种以图形化方式展示知识结构和概念之间关系的工具。它可以帮助学生整理和理解知识，并形成清晰的学科框架。

2. 时间轴

时间轴可视化工具可以将事件或过程按照时间顺序展示，帮助学生更好地理解历史事件、文学情节或科学过程。

3. 流程图

流程图以图形的方式展示步骤和流程，对于解释复杂的过程或算法非常有效。学生通过流程图可以更好地理解和记忆复杂的流程。

4. 词云

词云是一种通过将关键词按照重要性呈现在图中的方式来展示信息的工

具。它可以帮助学生快速了解文章或主题的关键词，把握核心概念。

5. 交互式模拟

交互式模拟是一种通过虚拟场景或模型呈现知识，让学生可以亲身参与并进行实时调整的可视化方法。这种方法可以激发学生的学习兴趣，提高参与度。

（三）可视化教学设计的挑战与应对策略

1. 技术设施不足

挑战：一些学校或教育机构可能缺乏足够的技术设施，无法支持高质量的可视化教学设计。

应对策略：利用简单易得的工具和软件，如在线制图工具、概念地图软件等，降低技术门槛。同时，争取获得更多的技术支持和设备投入。

2. 教师培训需求

挑战：许多教师可能对可视化教学设计方法不够熟悉，需要接受相关的培训。

应对策略：开展专门的教师培训，介绍可视化教学设计的基本原理和实际应用。可以通过短期培训课程、工作坊等形式，让教师逐步掌握相关技能。

3. 学科适应性

挑战：不同学科的知识结构和学科特点不同，可视化教学设计在不同学科中的适应性存在差异。

应对策略：根据具体学科的需求，设计相应领域的可视化工具。

4. 学生接受度

挑战：部分学生可能对可视化教学设计方法产生抵触情绪，或者在使用过程中感到不适应。

应对策略：在教学过程中逐步引入可视化元素，让学生逐渐适应。同时，采用多样化的可视化形式，以满足不同学生的学习喜好。鼓励学生分享使用可视化工具的体验，促进彼此之间的学习共享。

5. 数据隐私和安全问题

挑战：在使用在线可视化工具时，涉及学生个人数据和隐私时，需要关注数据安全问题。

应对策略：选择经过安全认证的在线工具，确保学生的个人信息得到妥善保护。同时，在教学过程中强调网络安全意识，教育学生正确使用在线工具。

6. 评估有效性

挑战：如何准确评估可视化教学设计对学生学习的影响，以及它是否达到了预期的效果，是一个需要解决的问题。

应对策略：采用多元化的评估手段，包括学生学习成绩、参与度、学习反馈等。同时，进行实证研究，收集和分析教学过程中的数据，以评估可视化教学设计的有效性。

（四）实践案例：可视化教学在不同学科中的应用

1. 数学教育

在数学教育中，可视化工具如图表、图形可以用来解释数学概念、展示数学关系，帮助学生更好地理解抽象的数学知识。例如，使用数学绘图软件制作函数图像，让学生直观地感受函数的变化规律。

2. 历史教育

在历史教育中，时间轴、地图等可视化工具可以帮助学生理清历史事件的发展脉络，了解地理空间的变化。通过交互式地图，学生可以在虚拟的历史场景中进行互动学习，增强对历史事件的体验感。

3. 科学教育

在科学教育中，实验模拟、科学图表等可视化工具有助于学生观察和理解科学现象。例如，使用虚拟实验室进行化学实验模拟，让学生在安全的环境中进行实验操作，提高实验的效率和安全性。

4. 文学教育

在文学教育中，词云、概念地图等可视化工具可以帮助学生分析文学作品中的关键词汇、情节结构等元素。学生可以通过可视化工具更深入地理解文学作品的内涵，培养对文学的审美感知。

可视化教学设计作为一种强调视觉元素的教学方法，在提高学生学习效果、促进学科知识理解方面具有显著优势。通过概念地图、时间轴、流程图等多样的可视化形式，教师可以更好地呈现抽象概念，激发学生的学习兴趣。然而，实施可视化教学设计也面临一系列挑战，包括技术设施不足、教师培训需求等。通过采用适当的应对策略，可以有效克服这些挑战，推动可视化教学设计在不同学科和教学场景中的应用。在实践中，教师可以根据学科特点和学生需求，选择适当的可视化工具和策略，灵活应用于教学中。同时，需要注重教师和学生的培训，提高他们对可视化教学设计的理解和应用能力。

随着数字化时代的发展，教育技术的不断创新，可视化教学设计将在教育中扮演越来越重要的角色。未来，我们可以期待更多基于虚拟现实、增强现实等技术的可视化教学设计工具的出现，为学生提供更丰富、更生动的学习体验。

第二节　问题导向学习

一、问题导向学习的理论基础

问题导向学习（problem-based learning，PBL）是一种强调学生通过解决实际问题来获取知识和技能的教学方法。其核心理念是将学生置于真实、具有挑战性的问题情境中，通过主动探究、合作解决问题，培养批判性思维和自主学习能力。下面将深入探讨问题导向学习的理论基础，包括起源、理论支持和关键原则。

（一）PBL 的起源

PBL 起源于 20 世纪 60 年代的麦克马斯特大学医学院的医学教育实践。当时，传统的医学教育主要以传授大量的医学知识为主，但学生在医疗实践中却面临着巨大的适应压力。为了更好地培养医学生的实际应用能力，麦克马斯特大学医学院引入了 PBL，成为 PBL 的奠基人。

（二）PBL 的理论基础

1. 认知理论基础

（1）个体建构主义理论。PBL 的认知理论基础之一是个体建构主义理论。该理论认为学习是一个个体建构知识的过程，学习者通过主动参与、建构经验、对问题进行思考来构建自己的知识。PBL 强调学生通过解决实际问题，从经验中构建新知识，这与个体建构主义理论的核心思想相吻合。

（2）社会文化理论。社会文化理论认为学习是社会互动的结果，知识是社会共享的产品。PBL 强调学生在小组中协作解决问题，通过交流和合作促进知识的建构。通过小组合作，学生不仅学到知识，还学到了团队协作、沟通等社会交往的能力，符合社会文化理论的核心观点。

2. 学习心理学基础

（1）前知识理论。前知识理论强调学习者的先前知识对学习的影响。PBL设计问题时通常会考虑学生的前知识，从而激发他们的学习兴趣。通过解决问题，学生能够将新知识与已有知识相连接，形成更为有机的知识结构。

（2）情境学习理论。情境学习理论认为学习最好在与应用情境相似的环境中进行。PBL将学生置于真实世界的问题情境中，使学习更具实际意义。学生通过解决实际问题，不仅学到了知识，还能将知识应用于实际情境中，提高学习的迁移性。

3. 教育学基础

（1）批判性思维理论。批判性思维理论认为学习不仅是接受知识，更是培养学生对知识的批判性思考能力。PBL通过设计开放性、复杂性的问题，激发学生的批判性思维，培养他们对问题的分析和解决能力。

（2）自主学习理论。自主学习理论主张学生在学习过程中应该具有一定的自主性和主动性。PBL强调学生在解决问题的过程中自主学习，自主选择学习资源，自主掌握学习进度，从而培养学生的自主学习能力。

（三）PBL的关键原则

1. 学生中心

PBL的核心是将学生置于学习的中心地位。教师的角色更像引导者和促进者，而非传统意义上的知识传授者。学生在PBL中是学习的主体，通过解决问题，构建知识，培养批判性思维和解决问题的能力。

2. 小组合作

小组合作是PBL的重要原则之一。学生通常会组成小组，共同面对问题，讨论、分享思考，协作完成任务。这有助于培养学生的团队协作、沟通和领导能力，促使他们在协作中共同构建知识。

3. 问题驱动

问题驱动是PBL的核心。问题通常设计成真实世界中的情境，能够引发学生的兴趣和好奇心。这样的问题通常具有开放性、复杂性，要求学生跨学科地思考，从而促使他们在解决问题的过程中学到更多的知识。

4. 批判性思维

PBL 强调培养学生的批判性思维。学生在解决问题的过程中需要分析问题、收集信息、提出假设，并不断反思和调整自己的思维过程，这有助于培养学生独立思考和批判性分析的能力。

5. 自主学习

自主学习是 PBL 的目标之一。学生在 PBL 中有较大的自主权，可以自主选择学习资源、制订学习计划、掌握学习进度。这有助于培养学生的学习动机和自主学习能力。

6. 反馈和评估

及时的反馈是 PBL 中的重要环节。学生在解决问题的过程中，教师和同学都可以提供及时的反馈，帮助学生发现和纠正错误，促进他们的学习进步。评估也是 PBL 中的关键步骤，通常会通过项目展示、小组讨论、个人总结等方式进行。

（四）PBL 在不同领域的应用

1. 医学教育

麦克马斯特大学医学院最早应用 PBL 于医学教育，并取得了显著的成功。医学生在 PBL 中通过解决临床案例问题，培养了问题解决、团队协作和沟通能力，提高了在实际医疗环境中的适应能力。

2. 工程教育

工程领域强调解决实际问题的能力，因此 PBL 在工程教育中得到广泛应用。学生通过小组合作，解决实际工程问题，培养工程实践能力、创新能力和团队协作精神。

3. 商学院教育

商学院培养学生的领导力、团队协作和创新精神是重要任务。PBL 通过真实商业场景的问题，让学生在模拟的商业环境中思考，培养学生的商业敏感性和决策能力。

4. 艺术与设计教育

在艺术与设计领域，PBL 可以帮助学生更好地理解实际设计问题，培养创造力和设计思维。学生通过解决实际设计问题，提高实际操作的技能和创意表达能力。

（五）PBL 的挑战和应对策略

1. 教师角色的变化

PBL 要求教师更多地充当指导者和促进者的角色，而非传统的知识传授者。这对一些教师来说可能是一种挑战。

应对策略：提供相关的教师培训，帮助教师更好地理解 PBL 的理念和实施方法。鼓励教师与同行分享经验，建立学习共同体。

2. 学生抵触心态

一些学生可能对 PBL 的学习方式产生抵触，因为他们在传统教学中习惯了被动接受知识的模式。

应对策略：在引入 PBL 前进行充分的学生培训，解释 PBL 的理念、优势以及如何有效参与。同时，逐步引导学生适应问题导向学习的方式，提供积极的学习体验。

3. 问题设计的复杂性

设计具有挑战性且能够激发学生兴趣的问题是 PBL 的关键，但有时候问题设计的复杂性可能导致学生无法有效解决。

应对策略：教师在设计问题时要考虑学生的学科水平和前知识，确保问题既具有挑战性又具备适应性，使学生能够逐步深入解决问题。

4. 评估难度

传统的考试和评估方式难以适应 PBL 的特点，因为 PBL 注重学生的综合能力和实际应用能力。

应对策略：采用多样化的评估方式，包括项目展示、小组讨论、个人总结等，以全面评价学生的学习成果。同时，强调过程性评估，关注学生在问题解决过程中的表现。

5. 学科间整合的难度

在跨学科的 PBL 中，学科知识的整合可能会面临难度，因为学科之间的知识体系和概念有时难以很好地融合在一起。

应对策略：加强跨学科团队的合作，通过共同讨论和学科知识交流，促进学科间的整合。教师可以起到引导作用，帮助学生将不同学科的知识整合运用。

问题导向学习作为一种注重学生主体性、合作性和实践性的教学方法，其理论基础涵盖了认知理论、学习心理学和教育学等多个领域。通过将学生置于实际问题情境中，PBL 培养了学生的批判性思维、团队协作、解决问题的能力，使其更好地适应复杂多变的社会环境。

然而，PBL 在实践中也面临一系列挑战，如教师角色的变化、学生抵触心态、问题设计的复杂性等。通过提供充分的培训、合理引导学生适应新的学习方式、灵活设计问题等策略，这些挑战是可以克服的。

总体而言，问题导向学习在不同领域的应用展示了其广泛的适用性，为学生提供了更为深入和实际的学习体验。在未来，问题导向学习将继续在教育领域发挥重要作用，促进学生全面发展。

二、教学中的问题设计与引导

问题设计与引导是教学过程中至关重要的一环，它直接影响到学生的思考深度、解决问题的能力以及对知识的理解程度。好的问题设计和引导能够激发学生的兴趣，促使其主动探究，培养批判性思维和创造力。下面将深入探讨教学中问题设计与引导的理论基础、关键原则，以及实际应用中的策略。

（一）问题设计的理论基础

1. 认知理论基础

（1）个体建构主义理论

个体建构主义理论认为学习是一个个体建构知识的过程。在问题设计中，应该引导学生通过自主思考解决问题，从而促使其建构个体化的知识结构。问题应该设计得具有开放性，让学生有足够的空间去思考和建构。

（2）情境学习理论

情境学习理论强调学习最好在与应用情境相似的环境中进行。问题设计时可以将学生置于真实情境中，让问题具有实际应用性，帮助学生更好地将知识应用到实际问题的解决中。

2. 学习心理学基础

（1）前知识理论。前知识理论认为学生的学习是建立在已有知识的基础上的。在问题设计中，应该充分考虑学生的前知识，避免设计过于超出学生水平的问题，确保问题与学生已有的知识结构相连接。

（2）认知负荷理论。认知负荷理论指出学生在学习过程中的认知负荷应该适中，不宜过大。问题设计时应避免设计过于复杂或过于抽象的问题，保证学生在解决问题时能够集中注意力，避免认知过载。

（二）问题设计的关键原则

1. 学生中心

问题设计应该以学生为中心，考虑学生的兴趣、背景和学科水平。问题要贴近学生的实际生活，激发他们的好奇心和求知欲望，从而增强学习的动机。

2. 开放性与引导性

好的问题应该是开放性的，能够引导学生进行深度思考。问题本身不应提供直接的答案，而是通过引导学生自主探究和解决，培养其批判性思维和问题解决能力。

3. 实际应用性

问题设计要具有实际应用性，能够让学生将知识应用到实际情境中。这有助于提高学生对知识的理解深度，并培养他们解决实际问题的能力。

4. 渐进性

问题设计应该具有一定的渐进性，适应学生的发展水平。问题可以分为不同的难度层次，让学生逐步深入思考和解决问题，防止学生感到过于困惑或无法应对。

5. 跨学科性

跨学科性的问题设计有助于打破学科之间的界限，促进学科知识的整合。问题可以涉及多个学科，让学生在解决问题的过程中跨学科地思考，培养综合素养。

（三）问题引导的理论基础

1. 指导性学习理论

指导性学习理论强调教师在学习过程中的引导作用。问题引导不仅是提出问题，还包括对学生的思维过程进行引导，帮助他们建构知识。

2. 认知学徒模型

认知学徒模型认为学习是在社会参与中进行的，教师是学生学习的导师。问题引导要以学徒关系为基础，通过对学生的启发式问题、反馈等引导学生主动参与学习。

（四）问题引导的关键原则

1. 提问技巧

教师在问题引导中需要掌握一定的提问技巧。问题应该具有启发性，能够引导学生深入思考，避免单纯的"对错"问题。开放性问题、引导性问题、激发性问题都是提问的常见技巧。

2. 引导思考的桥梁

问题引导要成为学生思考的桥梁，帮助学生建立知识之间的联系，促使他们形成更为完整和深刻的理解。教师要善于引导学生从已有的知识结构出发，逐步扩展和深化。

3. 鼓励自主探究

问题引导的目的是激发学生的自主探究欲望，因此要鼓励学生主动寻找解决问题的途径。教师可以通过提供一些启示性的问题，激发学生的好奇心和求知欲，引导他们主动去寻找答案，并在过程中不断积累经验。

4. 引导合作与交流

问题引导不仅是对个体学生的引导，还包括引导学生之间的合作与交流。教师可以设计一些需要团队协作解决的问题，鼓励学生共同探讨、分享观点，通过互动促进更深层次的理解。

5. 注重反馈

引导过程中的及时反馈对学生的学习非常关键。教师可以通过对学生提出的问题进行回应，指导他们的思考方向，同时对学生的解答给予鼓励、肯定或指导性的建议，促使他们不断改进。

（五）问题设计与引导的实际策略

1. 培养问题意识

在问题设计与引导中，培养学生的问题意识是关键的一步。教师可以通过分享实际问题案例、引导学生讨论现实中的问题，激发学生对问题的关注与思考。

2. 设计情境化问题

问题设计可以考虑将问题嵌入具体的情境，使学生更容易理解问题的背景和意义。这有助于激发学生的兴趣，提高问题的吸引力。

3. 提供资源引导

在问题引导的过程中，为学生提供一些参考资源，引导他们更深入地了解问题。这既可以包括书籍、文章等文字资料，也可以是多媒体、实地考察等形式的资源。

4. 创设开放性的学习环境

为学生创设一个鼓励提问、讨论的学习环境是至关重要的。教师可以通过组织小组讨论、开展学科交叉的项目等方式，让学生更自由地表达观点，激发更广泛的思考。

5. 引导批判性思维

问题引导的目的之一是培养学生的批判性思维。在问题设计中，可以设置一些需要学生进行深度分析、评价的问题，引导他们形成独立、理性的观点。

问题设计与引导作为教学的关键环节，直接影响到学生的学习效果和学科素养的提升。我们从理论基础、关键原则和实际策略的角度深入探讨了问题设计与引导的要点。

在实际教学中，教师需要不断提升自身的问题设计与引导能力，灵活运用各种理论基础和关键原则，结合学科特点和学生需求设计问题。同时，注重创设积极的学习环境，激发学生的学习兴趣，培养其自主学习和批判性思维能力。

通过精心设计和引导，教师可以引领学生主动参与学习，促进他们深入思考、合作探究，从而更好地掌握知识，培养创新意识和解决实际问题的能力。问题设计与引导不仅是教学的手段，更是培养学生终身学习能力的重要途径。

三、问题解决与批判性思维

问题解决和批判性思维是教育中重要的学习目标，不仅关系到学生的学科素养，更是培养学生综合能力的关键。下面将深入探讨问题解决和批判性思维的概念、重要性，以及在教学实践中如何有效培养学生这两方面的能力。

（一）问题解决的概念

问题解决是指个体或团队在面临困难、挑战或目标时，通过认知和思考找到有效的解决方案的过程。它涉及对问题的分析、判断、决策和实施等多个环节。问题解决不仅是解决具体问题的过程，更是培养学生思考、分析、合作和创新的过程。

（二）批判性思维的概念

批判性思维是指对信息进行深入、全面分析的思考过程，包括对信息的评估、推理、判断和问题解决。批判性思维能力不仅帮助个体更好地理解信息，还能够使其更有判断力、更善于质疑和思考。

（三）问题解决与批判性思维的重要性

1. 发展创新能力

问题解决过程中，学生需要思考新颖、有效的解决方案，这有助于培养创新思维。批判性思维能够帮助学生对问题进行深入分析，挖掘问题的本质，为创新提供理论支持。

2. 提升学科素养

问题解决和批判性思维是学科素养的重要组成部分。在解决问题的过程中，学生需要运用相关的学科知识，通过批判性思考加深对知识的理解，提高学科素养水平。

3. 培养团队协作能力

问题解决通常需要团队协作，成员之间需要有效的沟通、协同和决策。这不仅促进了学生的团队协作技能，同时也培养了解决问题的集体智慧。

4. 适应未来挑战

在日益复杂和变化的社会中，培养学生问题解决和批判性思维能力是为了使他们更好地适应未来的挑战。这两种能力能够帮助个体更好地应对复杂问题，作出明智的决策。

（四）问题解决与批判性思维的培养策略

1. 实际问题导向的学习

将学习与实际问题结合起来，让学生在解决实际问题的过程中培养问题解决和批判性思维。这种情境化学习能够使学生更容易理解问题的复杂性，激发他们主动思考。

2. 促进合作学习

合作学习是培养团队协作和问题解决能力的有效途径。通过小组合作，学生可以共同分析问题、讨论解决方案，培养团队协作的技能。

3.提供挑战性任务

给予学生具有挑战性的任务，要求他们不仅要解决问题，还要经过深思熟虑、论证，培养其批判性思维。任务的挑战性能够激发学生的学习兴趣，推动其深入思考。

4.鼓励质疑和探究

教师应该鼓励学生对所学知识进行质疑和探究。通过提出问题、引导学生思考，培养他们主动追求知识、独立思考的能力。

5.引导反思和总结

问题解决和批判性思维并非一成不变，需要通过反思和总结不断完善。教师可以引导学生在解决问题后进行反思，思考解决方案的优缺点，从而提高其思维水平。

（五）问题解决与批判性思维的教学实践案例

1.项目式学习

设计一个项目，要求学生团队合作解决一个实际问题，从问题定义、信息搜集、方案设计到实施，全程参与。这样的项目既能培养学生的问题解决能力，又能锻炼其批判性思维。

2.辩论课

组织辩论课，学生需要就一个具体的议题展开辩论。这不仅要求学生深入思考问题的各个方面，还要求他们能够在辩论中理智、有条理地表达自己的观点，培养批判性思维和辩证性思维。辩论课可以提供一个平台，让学生在理性讨论中锻炼辩证性思考和问题解决的能力。

3.案例分析

使用实际案例进行分析是培养问题解决和批判性思维的有效手段。学生通过分析案例，不仅能够学到理论知识，还能够培养对问题深刻洞察和全面思考的能力。

4.跨学科课程设计

设计一门跨学科的课程，学生在解决问题的过程中需要运用多个学科的知识。这样的设计能够培养学生综合运用知识的能力，同时促使其进行批判性思考。

（六）面临的挑战与应对策略

1.学科分割

在传统学科体系下，学科分割可能使学生对于问题解决和批判性思维的培养片面。

应对策略：引入跨学科的教学设计，促使学生能够在多学科知识体系中进行整合思考，打破学科壁垒。

2.评价体系

传统的评价体系更偏向于记忆和应试，难以全面评价学生的问题解决和批判性思维能力。

应对策略：建立多元化的评价体系，包括项目报告、辩论表现、实际问题解决方案等形式，更全面地考察学生的综合能力。

3.学生心理素质

培养问题解决和批判性思维需要学生具备较强的好奇心、毅力和逆境应对能力，但一些学生可能缺乏这些素质。

应对策略：在课程中引入启发式问题、激发学生学科兴趣，同时通过心理健康教育培养学生积极应对挑战的态度。

问题解决和批判性思维是学生在面对未知、复杂情境时的重要能力，不仅对学科学习有积极的影响，更是学生终身发展所需的核心素养。在教学实践中，通过实际问题导向的学习、合作学习、挑战性任务设计等策略，可以有效培养学生的问题解决和批判性思维能力。

面临学科分割、评价体系和学生心理素质等挑战时，引入跨学科教学设计、建立多元评价体系、开展心理健康教育等对策可以更好地推动问题解决和批判性思维的培养。通过教育实践的不断探索和创新，可以更好地培养学生面对未知挑战的能力，使其在知识社会中更加自信、独立、创新。

第三节　项目式学习

一、项目式学习的设计与实施

项目式学习是一种注重学生实践和合作的教学方法，通过让学生参与真实的项目，促使其运用学科知识解决实际问题，培养综合素养和实际应用能力。下面将深入探讨项目式学习的设计原则、实施步骤以及优势与挑战，以期为教育实践提供有效的指导。

（一）项目式学习的设计原则

1. 学生参与度

项目式学习的设计应以学生为主体，注重激发学生的兴趣和主动性。项目的选题应该具有一定的开放性，能够引起学生的好奇心和求知欲望，让他们能够真实地参与到项目中。

2. 跨学科整合

项目设计要鼓励跨学科的整合，使学生能够运用不同学科的知识解决问题。这有助于打破传统学科的界限，培养学生的综合素养，提高他们解决实际问题的能力。

3. 真实性和应用性

项目选择要有真实性和应用性，与学生的日常生活或社交实际有关。这样的项目更容易引起学生的兴趣，也更能激发他们解决问题的动力，促使学生在实际应用中学到知识。

4. 合作与交流

项目式学习强调合作与交流，设计中应设法促使学生形成团队合作，共同解决问题。合作过程中，学生可以相互交流观点、分享经验，培养团队协作和沟通能力。

（二）项目式学习的实施步骤

1. 项目选择

选择具有一定挑战性和实际应用性的项目。项目的选题要能够引发学生的兴趣，与他们的学科知识相结合，同时符合课程要求。

2. 项目计划

制订详细的项目计划，包括项目的目标、任务分配、时间安排等。明确项目的阶段性目标，为学生提供清晰的方向，确保整个项目有序进行。

3. 学生团队组建

根据项目的性质和要求，将学生分组。鼓励多元化的团队组建，使得每个团队都能充分发挥成员的优势，提高团队整体的创造力和解决问题的能力。

4. 学生培训

在项目开始之前，进行一定的学生培训。培训内容可以包括项目所需的专业知识、团队合作技能、实际操作等。确保学生具备完成项目所需的基本能力。

5. 指导和辅导

在整个项目过程中，提供必要的指导和辅导。教师可以定期与学生团队进行讨论，解答问题，引导学生思考，确保项目朝着正确的方向发展。

6. 项目展示与评价

项目完成后，安排学生进行项目成果展示，可以是口头报告、展示板、演示等形式。同时，设置综合评价标准，评估学生在项目中的表现，包括团队合作、问题解决能力、创新性等方面。

（三）项目式学习的优势

1. 提高学习动机

项目式学习将学习与实际问题解决结合起来，能够提高学生的学习动机。通过解决真实的问题，学生能够看到学科知识在实际中的应用，增强学习的意义感。

2. 培养实际应用能力

项目式学习强调实际应用，能够培养学生的实际操作能力。学生在解决问题的过程中需要运用所学知识，提高将理论知识应用于实际的能力。

3. 促进团队协作

项目式学习通常是以小组形式进行的，可以促进学生的团队协作能力。在合作中，学生需要共同分工、相互配合，培养沟通、协商和领导等团队协作技能。

4. 培养批判性思维

通过解决实际问题，学生需要分析问题、提出解决方案，培养了批判性思维。他们需要评估各种选择，做出合理判断，这有助于提高他们的思辨和分析能力。

（四）项目式学习的挑战

1. 时间管理问题

项目式学习可能需要更多的时间，包括项目的策划、实施、总结等阶段。对于已经紧张的学科课程，时间管理可能成为一个挑战。

应对策略：

合理规划项目的时间，确保每个阶段都有足够的时间完成。教师可以提前评估项目所需时间，为学生提供明确的计划和指导。

2. 学科知识不足

学生在解决问题时可能会发现自己对某些学科知识了解不足，难以应对实际问题。

应对策略：在项目开始前进行学科知识的培训，提供必要的背景知识。鼓励学生在团队内互相分享、学习，也可以引导他们查阅相关资料。

3. 团队合作问题

学生在团队中可能出现合作问题，如沟通不畅、分工不均等。

应对策略：引导学生建立有效的团队沟通机制，确保信息传递畅通。在团队合作初期进行团队建设，明确每个成员的责任和角色。

4. 评价的主观性

项目式学习的评价可能受到教师主观因素的影响，评价标准可能较为主观。

应对策略：设定明确的评价标准，可以包括学科知识的应用、解决问题的创新性、团队合作等方面。在评价过程中，教师可以采用多元化的评价方法，如同行评价、自评等。

（五）项目式学习的实例

1. 社区环保项目

项目目标：设计一个社区环保方案，包括垃圾分类、废物回收等。

步骤：

团队组建：学生分成小组，每个小组负责一个社区的环保方案设计。

知识培训：学生在小组内分享相关环保知识，了解垃圾分类的原则、回收的方法等。

策划与设计：小组制定社区环保方案，包括具体的垃圾分类标准、废物回收站点设置等。

实施：学生在社区实施他们的环保方案，监测和调整方案的执行情况。

展示与总结：每个小组向全班展示他们的环保方案，总结经验教训。

2. 科技创新项目

项目目标：利用科技手段解决现实问题，如智能家居系统、App 等。

步骤：

团队组建：学生按照兴趣组成团队，每个团队负责一个科技创新项目。

知识培训：团队成员在小组内分享相关科技知识，了解现有的科技解决方案和应用。

创意设计：团队制定项目的创意设计，包括功能设想、用户体验等。

编码与测试：团队成员分工合作，编写代码、制作原型，进行测试和优化。

展示与评价：每个团队向同学展示他们的科技创新项目，接受同学和教师的评价。

项目式学习是一种强调实践、合作和解决问题能力的教学方法，通过项目的设计和实施，学生能够应用所学知识，培养创新能力和团队协作精神。在实施项目式学习时，需要根据学科特点和学生需求合理设计项目，关注学生的参与度、真实性、跨学科整合等方面。同时，项目式学习也面临着时间管理、学科知识不足、团队合作问题等挑战，需要通过科学合理的规划和指导来克服。在教学实践中，项目式学习为学生提供了更加贴近实际、有挑战性的学习体验，有助于激发学生学习的兴趣，提高他们的综合素养。

二、团队合作与项目管理

团队合作与项目管理是当今社会和工作环境中不可或缺的重要能力。在各行各业，团队合作和项目管理能力都被认为是成功的关键因素。下面将深入探讨团队合作和项目管理的概念、重要性，以及如何在教育和工作中有效培养和运用这两项能力。

（一）团队合作的概念

团队合作是指一群人齐心协力、共同追求共同目标的过程。在团队合作中，成员相互协作、共享责任，通过有效的沟通和协调来实现共同的目标。团队合作强调集体智慧和协同努力，使得整个团队的综合效能大于各个成员的个体贡献之和。

1. 团队合作的特点

共同目标：团队合作的核心是共同的目标，所有团队成员都应该明确并致力于实现这个目标。

相互依赖：团队成员之间存在相互依赖关系，一个人的工作影响到其他人，需要协同努力来完成任务。

有效沟通：成功的团队合作离不开有效的沟通，包括信息的传递、理解、反馈等方面。

2. 团队合作的重要性

提高工作效率：团队合作能够分担任务，避免资源的浪费，提高整体工作效率。

促进创新：团队成员的不同思维和经验可以促进创新，带来更富有创意的解决方案。

增强团队凝聚力：成功的团队合作能够增强团队成员之间的信任和凝聚力，提高整体团队的稳定性。

（二）项目管理的概念

项目管理是一种通过规划、执行和监控等一系列过程，以达成特定目标的方法。项目管理涉及资源的有效利用、时间的合理安排、团队的协同合作等多个方面。无论是在企业中推动新产品开发，还是在学术研究中进行实验，项目管理都是确保任务按时完成的关键。

1.项目管理的关键要素

项目目标：每个项目都有特定的目标，明确这些目标有助于指导项目的整个过程。

项目计划：制订详细的项目计划，包括任务分解、时间安排、资源分配等。

团队协作：项目管理依赖于团队协作，需要确保团队成员有效合作，充分发挥各自的优势。

监控与反馈：定期监控项目进展，及时发现问题并采取措施进行调整。

风险管理：识别潜在的风险，制订相应的风险管理计划，确保项目能够在面临不确定性时保持稳定。

2.项目管理的重要性

提高效率：通过精确的计划和合理的资源分配，项目管理可以有效提高工作效率。

降低风险：项目管理有助于识别和处理项目中的风险，降低项目失败的可能性。

满足客户需求：通过明确项目目标，并在项目执行过程中进行监控，可以更好地满足客户的需求。

（三）团队合作与项目管理的关联

团队合作和项目管理不是相互独立的概念，相反，它们常常交织在一起，互为支撑。

1.团队合作在项目管理中的作用

团队凝聚力：团队合作有助于提高团队成员之间的凝聚力，形成更加和谐的工作氛围。

信息流通：有效的团队合作促进信息的畅通流动，有助于及时发现和解决问题。

创新思维：不同背景和经验的团队成员通过合作，能够带来更多的创新思维，为项目提供更多可能性。

2.项目管理对团队合作的要求

明确目标：项目管理要求明确项目目标，这要求团队成员明确共同的方向，以便更好地协同工作。

任务分工：项目管理中，需要对任务进行合理的分工，确保每个团队成员能够充分发挥自己的专业优势，形成高效的协同效果。

有效沟通：项目管理中强调有效的沟通，这要求团队成员能够清晰地表达自己的想法，倾听他人的意见，从而更好地协同工作。

灵活应变：在项目管理中，难免会遇到各种变化和不确定性，这要求团队具备灵活应变的能力，能够迅速适应新的情况。

（四）团队合作与项目管理的培养与发展

1. 在教育中培养团队合作与项目管理能力

在教育环境中，培养学生的团队合作与项目管理能力是非常重要的任务。以下是一些培养方法：

项目式学习：设计具有一定难度的小组项目，要求学生共同合作完成。这不仅锻炼了学生的团队协作能力，也让他们在实践中体验到项目管理的过程。

团队项目评价：对学生的团队项目进行评价时，不仅关注项目的完成情况，还可以评价团队的协作程度、沟通效果等方面，从而促使学生关注团队合作和项目管理的重要性。

角色扮演：安排学生在团队中扮演不同的角色，如项目经理、团队成员等，使他们更好地理解项目管理的工作机制，培养相关能力。

2. 在工作中发展团队合作与项目管理能力

在职场中，团队合作和项目管理的能力也是职业发展中不可或缺的一部分。以下是一些发展方法：

参与多样性的项目：积极参与各种项目，特别是跨部门或跨团队的项目，有助于拓展个人的工作经验，提升团队协作能力。

学习项目管理工具：学习并熟练使用一些常见的项目管理工具，如甘特图等，这些工具可以帮助个人更好地组织和管理项目。

定期团队培训：参加团队合作和项目管理的培训课程，了解新的理论和方法，不断提升自己在团队协作和项目管理方面的能力。

团队合作与项目管理是现代社会和职场中不可或缺的重要能力。在教育中，通过项目式学习等方式培养学生的团队协作和项目管理能力是必要的。在工作中，个体员工通过参与各类项目,学习和应用项目管理工具,定期进行团队培训,不断提升自身的能力。通过团队合作和项目管理的有机结合，个体和团队能够更好地应对各种挑战，取得更为卓越的成绩。

三、项目评估与成果展示

在项目管理的全过程中，项目评估与成果展示是至关重要的环节。评估过程旨在检查项目的进度、质量和达成的目标，而成果展示则是向利益相关者、团队成员以及其他相关方传达项目成果和价值的关键途径。下面将深入探讨项目评估的方法，以及成果展示的重要性和实施策略。

（一）项目评估

1.项目评估的定义

项目评估是在项目实施过程中对项目的各个方面进行定期检查和评价的过程。评估不仅关注项目目标的达成情况，还涵盖了项目的进度、资源利用、团队协作以及风险管理等方面。通过项目评估，可以及时发现问题，采取措施调整，确保项目朝着预期目标稳健前进。

2.项目评估的重要性

实时监控项目进度：项目评估能够帮助团队实时监控项目的进度，及时发现偏差，采取纠正措施，确保项目按计划进行。

优化资源利用：通过对资源的评估，可以更好地了解资源的利用情况，避免浪费，优化资源分配。

提高团队协作效能：评估可以揭示团队协作中存在的问题，通过及时的反馈和调整，提高团队的协作效能。

降低项目风险：项目评估有助于及时发现潜在的风险，采取措施进行规避，降低项目失败的风险。

3.项目评估的方法

（1）里程碑评估。通过制定项目的关键里程碑，定期评估项目是否按计划前进。里程碑评估关注项目的重要节点，确保项目在关键时刻取得实质性的进展。

（2）成本效益分析。通过对项目成本和效益的分析，评估项目的投入和产出。成本效益分析有助于确定项目是否值得继续投入，对于资源有限的项目管理至关重要。

（3）质量评估。质量评估关注项目交付的质量，包括产品或服务的质量。通过对质量标准的制定和实施，评估项目交付是否符合预期标准。

（4）风险评估。在项目实施的过程中，不可避免地会遇到各种风险。通过风险评估，可以识别潜在的风险，评估其可能性和影响，并采取相应的风险管理策略。

（5）关键绩效指标（KPI）评估。制定关键绩效指标，对项目的关键方面进行定期评估。KPI 评估可以客观地衡量项目的绩效，确保项目在各个方面都能够达到期望水平。

4. 项目评估的挑战

数据收集困难：有时候获取项目数据可能会面临困难，尤其是在项目初期或在复杂的环境中。

主观因素：评估过程容易受到主观因素的影响，特别是在涉及团队协作和项目管理的方面。

动态环境：项目在实施过程中可能会面临动态变化，评估的时点和方法需要灵活应对。

（二）成果展示

1. 成果展示的定义

成果展示是项目结束阶段的一个重要环节，通过各种方式向利益相关者和团队成员展示项目取得的成果和价值。成果展示不仅包括项目的最终交付物，还包括项目的收获、经验教训以及对未来项目的建议。

2. 成果展示的重要性

确认项目价值：成果展示有助于确认项目的实际价值，向相关方展示项目达成的目标和取得的成果。

沟通项目成果：成果展示是项目团队与利益相关者之间进行有效沟通的重要渠道，帮助他们了解项目的整体情况。

学习和改进：通过对项目成果的展示，团队可以总结经验教训，为未来的项目提供宝贵的经验教训。

建立信任关系：成果展示有助于建立和巩固与利益相关者之间的信任关系，展示团队的专业能力和责任心。

3.成果展示的实施策略

（1）制定清晰的展示目标：在进行成果展示之前，项目团队应该明确展示的目标。这可能包括向利益相关者演示项目的关键功能、解释项目的商业价值、强调项目达成的重要里程碑等。清晰的目标有助于确保展示的焦点和一致性。

（2）选择合适的展示方式：根据项目的性质和受众的需求，选择合适的展示方式。这可能包括演示会议、报告、演示文稿、视频展示等。确保选用的方式能够生动地传达项目的核心信息，同时考虑到受众的习惯和偏好。

（3）强调关键成果和亮点：在成果展示中，重点突出项目的关键成果和亮点。这可以通过展示项目交付物、演示核心功能、分享用户反馈等方式来实现。确保受众能够清晰地理解项目的价值和成功之处。

（4）向受众提供机会互动：成果展示不应该是一场单向的演示，而是应该给予受众互动和提问的机会。这有助于更深入地理解受众的关切和期望，同时也增强了双方的沟通效果。

（5）针对不同受众定制展示内容：不同的利益相关者可能对项目关注的方面有所不同。因此，在成果展示中，要根据不同受众的需求和关切定制内容。对高层管理者可能需要更强调项目的战略意义和商业价值，而对技术团队可能需要更深入的技术细节。

4.成果展示的挑战

充分准备时间不足：成果展示需要精心准备，但项目团队可能在时间上面临挑战，尤其是在项目末期。

与利益相关者期望不符：如果成果展示与利益相关者的期望不符，可能导致沟通不畅，甚至影响对项目的信任。

技术与业务沟通困难：项目团队可能面临将技术成果以业务语言向非技术利益相关者解释的挑战。

（三）项目评估与成果展示的整合

项目评估和成果展示并非孤立的过程，它们在项目管理中相互关联，相互促进。以下是两者整合的关键点：

1.评估结果作为成果展示的一部分

项目评估的结果可以成为成果展示的一部分，尤其是那些评估中取得的积极成果。例如，如果在项目评估中发现了一些团队协作的优秀实践，这可以成为成果展示中的亮点，强调团队的协作效能。

2. 成果展示反馈用于项目改进

通过成果展示，项目团队能够获得来自利益相关者和团队成员的反馈。这些反馈可以成为项目评估的一部分，用于识别项目的改进点。例如，如果利益相关者提出了一些建议，团队可以将这些建议纳入项目评估，以指导未来项目的实施。

3. 共同的度量和指标

在项目评估和成果展示中使用共同的度量和指标有助于确保评估的一致性和连贯性。例如，项目评估可能关注项目的进度、风险管理情况等，而这些信息也可以在成果展示中得到体现。

4. 成果展示的透明度

通过使成果展示更具透明度，项目团队可以向利益相关者传达项目的实际状况。这有助于建立信任关系，同时也为项目评估提供了更真实的数据和情报。

项目评估和成果展示是项目管理中不可或缺的环节。项目评估通过对项目的全过程进行检查和评价，有助于及时发现问题，优化资源利用，提高团队协作效能。成果展示则通过向利益相关者和团队成员展示项目的成果和价值，巩固信任关系，总结经验教训。在实际操作中，项目团队应当灵活运用不同的评估方法和展示策略，同时将两者整合起来，形成一个完整的、循环迭代的项目管理过程。这有助于项目的成功交付和对未来项目的不断优化。

第四节　游戏化教学

一、游戏化设计原则

游戏化设计是将游戏元素和机制引入非游戏环境中，以激发参与者的兴趣、提高参与度、激发动机和增强学习效果的设计方法。无论是在教育、企业培训，还是产品设计领域，游戏化设计都展现出了巨大的潜力。下面将深入探讨游戏化设计的基本原则，以帮助设计师更好地运用游戏化方法创造出富有创意和吸引力的体验。

（一）清晰的目标和规则

1.明确的设计目标

游戏化设计首先需要明确设计的目标。这包括希望用户达到的学习目标、培训目标或产品使用目标。明确的设计目标有助于确定游戏化元素的选择和实施策略。

2.清晰的规则和玩法

游戏中的规则是整个体验的基础，因此需要确保规则清晰、简单易懂。用户应该能够迅速理解游戏的玩法，而不会感到困扰。清晰的规则能够帮助用户更好地投入游戏，提高游戏体验的流畅性。

（二）激发参与者的兴趣与动机

1.创造引人入胜的故事情节

一个引人入胜的故事情节是吸引用户的关键。通过设计有趣、富有情感的故事情节，能够激发用户的好奇心，使其更愿意参与到游戏化体验中。

2.提供有趣的挑战和任务

挑战和任务是激发参与者动机的有效手段。设计有趣且具有一定难度的挑战，可以激发参与者的成就感和自我提升欲望。任务的完成成为参与者参与游戏的驱动力之一。

3.引入即时奖励和认可

即时奖励和认可是增强参与者动机的重要元素。通过及时给予奖励，如徽章、积分或虚拟货币，可以激发参与者的积极性，并增加他们对游戏的投入感。

（三）个性化体验与自主性

1.提供个性化选择

个性化体验是游戏化设计中的重要原则之一。用户应该能够根据自己的兴趣和喜好进行选择，从而获得更符合个性化需求的体验。这可以通过提供多样化的任务、角色或关卡来实现。

2.自主性和掌控感

给予用户自主性和掌控感是设计中不可忽视的方面。用户应该感到他们有能力影响游戏中的情节和结果，而不是被操控。这种自主性能够增加用户投入感和参与度。

3. 根据用户反馈调整体验

不同的用户有不同的反馈和需求，因此及时根据用户的反馈调整游戏体验是个性化设计的关键。这可以通过用户调查、数据分析以及用户测试等方式来实现，以确保设计的个性化体验符合用户期望。

（四）引入社交元素

1. 团队合作和竞争性元素

社交互动是游戏化设计中的一项重要策略。通过引入团队合作和竞争性元素，可以激发用户与他人互动的欲望，提高游戏体验的社交性。

2. 创造社群和共享机制

创造社群和共享机制可以让用户在游戏中建立联系，分享经验和成就。这可以通过在线社区、论坛、社交媒体分享功能等方式来实现。

3. 多人游戏和协作任务

设计多人游戏和协作任务能够促进用户之间的合作与交流。通过使用户共同面对挑战，促进协同努力，可以增强用户之间的互动和团队合作。

（五）技术支持和创新

1. 利用先进技术

游戏化设计可以充分利用先进的技术，如虚拟现实、增强现实、人工智能等。这些技术能够提升用户体验，创造更为真实、沉浸式的游戏体验。

2. 持续创新和更新

游戏化设计需要不断创新和更新，以保持用户的新鲜感。持续的改进和更新可以通过定期发布新的任务、挑战或故事情节来实现，确保用户始终有新的内容和体验。

3. 数据分析与个性化推荐

通过数据分析，可以深入了解用户的行为模式、偏好和需求。借助这些数据，可以实现个性化推荐，为用户提供更符合其兴趣和水平的游戏体验。

（六）教学评估与反馈机制

1. 多样化的评估方式

游戏化设计中的评估方式应当多样化，以更全面地了解用户的表现。除了传统的分数评估，还可以考虑使用成就徽章、等级评定、任务完成度等多元化的评估手段，以便更全面地了解用户的参与度和学习成果。

2. 即时反馈机制

即时反馈是游戏化设计的核心之一。用户在完成任务或挑战后，应当立即获得反馈，以便了解自己的表现。这可以通过弹出式提示、动画效果等方式来实现，确保用户能够即时了解结果。

3. 鼓励自我评估

设计中应当鼓励用户进行自我评估。通过设计问卷调查、学习日志等方式，可以让用户反思自己的学习过程，提高自主学习的意识和能力。

（七）简单而美观的界面设计

1. 直观的用户界面

游戏化设计的用户界面应当是直观而简单的。用户能够迅速理解游戏的操作方式，而不需要花费过多时间在学习如何使用界面上。

2. 美观的图形设计

美观的图形设计可以提升用户的视觉体验。通过使用符合主题的颜色、图标、动画等元素，可以创造出吸引人眼球的界面，提高用户的参与度。

3. 游戏化元素融入自然

游戏化元素应当融入自然，与应用场景和目标相契合。不应当为了增加游戏性而过度强调花哨的设计，而是要保持元素的协调一致，以保证用户体验的一致性和流畅性。

（八）可持续发展和扩展性

1. 持续更新和改进

游戏化设计需要具有可持续的发展性。设计师应当持续关注用户反馈、数据分析等信息，及时进行更新和改进。这可以包括新增任务、更新故事情节、改良系统等方面。

2. 扩展性的设计

设计时应当考虑到未来的扩展性。系统应当具有足够的灵活性，以便能够轻松地添加新的任务、角色、关卡等元素。这样设计的系统能够更好地适应用户的需求和变化。

3.支持多平台

为了更好地覆盖用户，游戏化设计应当具有多平台支持。无论是在电脑上、手机上还是平板电脑上，用户都能够无缝切换和体验。这要求设计师充分考虑不同平台的适配性和用户体验。

游戏化设计的原则是多方面的，涵盖了用户动机、体验、社交互动、技术支持等多个层面。在实际设计过程中，设计师需要根据具体应用场景和用户群体的特点来灵活运用这些原则。通过创造富有吸引力、有趣并符合用户期望的体验，游戏化设计有望在不同领域取得更好的效果。随着技术的不断发展和用户需求的不断变化，游戏化设计将持续演进，为用户提供更加丰富、有趣和有意义的体验。

二、游戏元素在教学中的整合

在当今数字化时代，教育领域正面临着新的挑战和机遇。为了更好地吸引学生的兴趣、提高学习效果，越来越多的教育者开始尝试将游戏元素整合到教学中。游戏元素的引入不仅能够激发学生的学习动力，还能够提供更具趣味性和交互性的学习体验。下面将深入探讨游戏元素在教学中的整合，包括其原理、方法和实际效果。

（一）游戏元素的基本原理

1.激发学习兴趣

游戏通常具有吸引人的故事情节、有趣的角色和引人入胜的任务，这些元素能够激发学生的学习兴趣。通过将这些吸引人的元素融入教学，可以使学生更加专注于学习内容，提高学习的积极性。

2.提供实时反馈

游戏中通常会提供实时反馈，包括任务完成情况、得分、成就奖励等。这种实时反馈能够帮助学生更好地了解自己的学习进展，增强学习的目标感和成就感。

3.引入竞争与合作

游戏常常包含竞争性和合作性的元素，通过比赛和协作，学生能够更好地培养竞争意识和团队合作精神。在教学中引入这些元素，不仅可以激发学生的竞争动力，还能够促进同学之间的合作。

4. 个性化学习体验

游戏往往提供个性化的体验，根据玩家的表现调整难度、提供定制化的任务等。在教学中，通过采用个性化的学习路径和任务设计，能够更好地满足学生个体差异，提高学习效果。

（二）游戏元素的整合方法

1. 制定有趣的学习任务

设计有趣且具有挑战性的学习任务是整合游戏元素的关键。任务的内容应当能够引发学生的兴趣，同时具有一定的难度，让学生感到挑战，激发他们的学习动力。

2. 引入故事情节和角色扮演

在教学中引入故事情节和角色扮演，可以增加学习内容的趣味性。通过设计生动的故事情节和引人入胜的角色，能够让学生更容易投入学习，提高学习的吸引力。

3. 创设竞赛和比赛活动

设计竞赛和比赛活动，可以激发学生的竞争意识。这可以是个体比赛，也可以是团队比赛，通过设立奖励机制，提高学生参与的积极性，同时培养他们的合作精神。

4. 制定成就系统和奖励机制

建立成就系统和奖励机制是整合游戏元素的有效手段。通过设立成就徽章、等级制度、积分奖励等，能够激发学生的学习积极性，让他们渴望获得更多的成就和奖励。

5. 利用技术工具支持

借助现代技术工具，如在线学习平台、教育应用程序等，可以更好地整合游戏元素。这些工具能够提供实时反馈、个性化学习路径、多媒体元素等，增强学习的趣味性和交互性。

（三）实际效果与挑战

1. 实际效果

（1）提高学习动力。整合游戏元素能够显著提高学生的学习动力。通过有趣的任务、实时反馈和奖励机制，学生更愿意参与学习活动，主动探究知识。

（2）促进合作与交流。引入竞争性和合作性元素，能够促进学生之间的合作与交流。通过共同完成任务、比赛等活动，学生能够更好地理解团队协作的重要性。

（3）个性化学习体验。整合游戏元素使得个性化学习体验更为可行。根据学生的表现调整任务难度、提供定制化的学习路径，能够更好地满足学生的个体差异。

2. 挑战与应对

（1）需要合适的平衡。在整合游戏元素时，需要注意平衡游戏性和教育性。过度追求游戏性可能会导致学习内容的丧失，而过于注重教育性可能会使学习变得沉闷。因此，设计者需要在两者之间找到平衡，确保游戏元素能够有益于学习目标的实现。

（2）适应不同年龄和学科。游戏元素的适用性可能因年龄和学科的不同而有所差异。某些元素可能更适合小学生，而对于高中生或大学生则需要不同的设计。同样，不同学科的特点也需要考虑，以确保游戏元素能够有效辅助学科知识的学习。

（3）技术和资源要求。整合游戏元素通常需要一定的技术和资源支持，包括开发和维护教育游戏的技术人员、适用的硬件设备和软件工具等。教育机构和教育者需要考虑到这些要求，以确保游戏化教学的顺利实施。

（四）未来展望

随着科技的不断发展和教育理念的更新，游戏元素在教学中的整合将会有更广泛的应用和更深入的研究。未来可能出现更多基于人工智能的个性化学习系统、更具交互性和沉浸感的虚拟现实学习环境，以及更加创新的游戏元素设计。

同时，教育者需要更加注重游戏元素的融合，关注如何更好地平衡游戏性和教育性，确保游戏化教学真正达到提高学习效果的目标。此外，跨学科的研究也将更为重要，以探讨不同学科中游戏元素的最佳整合方式。

游戏元素在教学中的整合是教育领域创新的一部分，它为学生提供了更具吸引力和互动性的学习体验。通过激发学生的兴趣、提供实时反馈、引入竞争与合作等元素，游戏化教学有望促进学生更积极地参与学习。然而，在实际应用中，需要教育者和设计者共同努力，克服挑战，确保游戏元素的整合能够真正服务于教育的目标，提升学生的学习效果。

三、游戏化教学的效果评估

在当今数字化时代，游戏化教学作为一种创新的教学方法逐渐受到关注。通过引入游戏元素，教育者试图提高学生的参与度、激发学习兴趣，并改善教育效果。然而，对于这一教学模式的效果评估至关重要。下面将深入探讨游戏化教学的效果评估，包括评估的原则、方法和面临的挑战。

（一）游戏化教学效果评估的原则

1. 教育目标导向

游戏化教学效果评估首先需要关注教育目标。评估的指标应该与课程设计的教学目标一致，即游戏化教学是否达到了预期的知识传递、技能培养和学科素养提升等目标。

2. 学生参与和投入度

有效的游戏化教学应该能够提高学生的参与度和投入度。因此，评估中需要关注学生在学习过程中的参与程度，包括答题、完成任务、参与讨论等方面。

3. 学习动机和兴趣

游戏化教学的一个重要目标是激发学生的学习动机和兴趣。评估时应该考查学生学习的积极性、主动性以及是否对学科产生浓厚的兴趣。

4. 学习成效与知识传递

评估游戏化教学的效果需要关注学生的学习成效。这包括知识的掌握程度、技能的提升以及对学科相关概念的理解等方面。

5. 团队合作与社交互动

游戏化教学通常包含团队合作和社交互动的元素。评估时需要关注学生在团队合作中的表现以及同学之间的社交互动情况。

（二）游戏化教学效果评估的方法

1. 学业成绩和知识测试

学业成绩和知识测试是最直接的评估方法。通过比较学生在游戏化教学和传统教学中的成绩，可以初步评估游戏化教学对学术表现的影响。

2. 参与度和互动分析

借助技术工具，可以对学生在游戏化教学中的参与度和互动进行详细分析。例如，通过学生的单击记录、回答问题的速度等数据，可以量化学生的参与程度。

3. 学生反馈和问卷调查

学生的主观感受是评估的重要依据之一。设计问卷调查或进行访谈，了解学生对游戏化教学的态度、喜好以及认为有益的方面，从而获得更全面的评估数据。

4. 学习动机和兴趣调查

通过调查学生的学习动机和兴趣变化，可以评估游戏化教学对学生学习动机的激发效果。这可以通过定期的调查问卷或深度访谈来实施。

5. 跨学科能力和实际应用

游戏化教学通常注重培养学生的跨学科能力和实际应用能力。通过评估学生在解决问题、实际应用中的表现，可以更全面地了解游戏化教学对学生的综合素养的影响。

（三）游戏化教学效果评估的挑战

1. 评估指标的客观性

由于游戏化教学涉及学生的主观感受和动机等因素，评估指标相对较为主观，难以量化。如何建立客观、可量化的评估指标是一个挑战。

2. 技术和数据难题

要进行有效的参与度分析和互动分析，需要借助先进的技术工具。然而，许多教育机构可能缺乏相应的技术支持和数据分析能力，这成为评估的障碍。

3. 长期效果的评估

游戏化教学的长期效果是评估的重要方面，但由于时间和资源的限制，长期跟踪和评估学生的学业表现以及兴趣变化是一个较大的挑战。

4. 个体差异的考虑

不同学生个体差异较大，对游戏化教学的反应也可能存在差异。评估时需要考虑到学生的个体特点，而这增加了评估的复杂性。

（四）未来展望

在游戏化教学效果评估领域，未来的研究和实践将面临一系列挑战和机遇。

1. 制定更科学的评估指标

为了解决评估指标主观性的问题，需要深入研究制定更科学、客观的评估指标，包括基于学科知识的考核、学生参与行为的定量分析等。

2. 利用先进技术解决技术和数据难题

随着技术的不断发展，可以利用先进的技术手段解决游戏化教学效果评估中的技术和数据难题。例如，借助人工智能技术对学生的行为进行分析，提高评估的客观性和精准度。

3. 加强长期效果的研究

对于游戏化教学的长期效果研究相对较少，未来需要加强长期效果的研究，深入了解学生在游戏化教学环境中的学业表现和兴趣持久性的变化。

4. 个性化评估方法的探索

考虑到学生个体差异的影响，未来的评估方法可以更多地考虑到个性化的特点，为不同类型的学生设计更合适的评估手段。

游戏化教学的效果评估是一个复杂而重要的课题。通过制定明确的评估原则、采用多样化的评估方法，可以更全面地了解游戏化教学对学生的影响。随着技术的发展和研究的深入，我们有望更好地理解游戏化教学的效果，为教育改革提供有益的经验和启示。

第七章 跨学科整合

第一节 跨学科教学的理论基础

一、跨学科教学模型

随着社会的不断发展和知识的不断拓展，传统学科之间的界限逐渐变得模糊。跨学科教学作为一种教育创新的方式，强调不同学科之间的融合和整合，力图使学生更全面地理解和运用知识。下面将探讨跨学科教学模型的概念、优势、实施方法以及在教育中的应用。

（一）跨学科教学模型概述

1. 定义

跨学科教学模型是一种将不同学科的知识、概念和技能整合在一起，通过综合性的学习活动，使学生能够更全面、深入地理解问题、解决问题的教学方法。在跨学科教学中，学科之间的边界变得模糊，强调知识的连接与交叉。

2. 目标

跨学科教学的主要目标是培养学生的综合能力，使其具备更全面的知识结构、更灵活的思维方式和更强大的问题解决能力。通过整合不同学科的知识，帮助学生更好地应对复杂多变的现实问题。

（二）跨学科教学模型的优势

1. 促进综合性思维

跨学科教学模型鼓励学生将来自不同学科的知识整合起来，培养学生进行综合性思考的能力。这有助于学生跳出传统学科的思维定式，更好地应对现实世界中的问题。

2. 提升学科之间的连接性

传统学科教学容易造成学科之间的割裂，学生可能难以将知识进行有机连接。跨学科教学通过整合学科，使学生更容易看到不同学科之间的联系，促进跨学科的学科理解。

3. 增强问题解决能力

现实问题往往不是单一学科的，而是需要综合运用多学科知识进行解决的。跨学科教学培养了学生跨越学科界限解决问题的能力，提升学生的问题解决能力。

4. 培养团队合作意识

在跨学科项目中，学生可能需要与来自不同学科背景的同学合作，这促使学生培养团队合作的能力，学会倾听、协商、共同进步，更好地适应未来工作和社交环境。

（三）跨学科教学模型的实施方法

1. 项目驱动

项目驱动是一种常见的跨学科教学实施方法。通过设立综合性的项目，涉及多个学科的知识，学生需要在项目中运用不同学科的理念和技能，完成项目目标。这种方法使学生在解决问题的过程中实现跨学科整合。

2. 主题式教学

主题式教学是将多个学科的相关知识组织在一个主题之下进行授课。例如，通过一个环保主题，学生可以学到生态学、化学、社会学等多个学科的知识，形成一个全面的认知。

3. 教师团队协作

跨学科教学需要教师具备跨学科的知识背景和能力。教师团队协作是一种有效的实施方法，多个学科的专业教师组成团队，共同制订、实施跨学科教学计划。

4. 学科整合课程设计

在学科整合课程设计中，课程不再被划分为独立的学科，而是通过整合相关学科的内容，使学生在同一课程中接触到多学科的知识，提高学科之间的联系性。

（四）跨学科教学模型在教育中的应用

1. 提升学科学习的兴趣

通过跨学科教学模型，学生能够更全面、立体地了解知识，这有助于提升学科学习的兴趣。通过将抽象的概念和理论与实际问题相结合，学生更容易看到学科知识的实际应用，从而激发学习的热情。

2. 培养综合素养

跨学科教学强调整合知识，培养学生的综合素养。学生在项目中或主题式教学中，需要同时考虑来自不同学科的要素，这锻炼了他们整合信息、运用多学科知识解决问题的能力，培养了更全面的素养。

3. 促进创新思维

跨学科教学强调解决实际问题，培养学生的创新思维。学生在项目中需要运用不同学科的知识进行创造性的整合，这培养了他们跳出学科界限、开展创新性思考的能力。

4. 适应未来职业需求

未来的职业往往需要员工具备多学科的知识和能力。跨学科教学有助于培养学生具备更广泛、更灵活的技能，更好地适应未来社会的多元化、复杂化的职业需求。

5. 促进全人教育

跨学科教学不仅关注学科知识的整合，也注重学生的全面发展。通过参与综合性项目、主题式教学等，学生在实际操作中培养了沟通、协作、解决问题的能力，促进了全人教育的实现。

（五）跨学科教学模型的挑战与应对策略

1. 学科整合难度

不同学科之间的知识体系和教学目标可能存在较大差异，导致学科整合的难度较大。应对策略包括在课程设计中合理选择相关学科、建立跨学科知识框架，以降低学科整合的难度。

2.教师专业素养

跨学科教学要求教师具备跨学科的知识和能力，而传统培训体系未必能够满足这一需求。为了提高教师的专业素养，学校可以采取跨学科培训计划、教师团队协作等方式。

3.评价体系建设

跨学科教学的评价往往面临评价标准不明确、评价工具不足的问题。应对策略包括建立跨学科教学的评价体系，制定清晰的评价标准和灵活多样的评价工具。

4.课程时间压力

传统学科教学的课程体系通常比较紧凑，为了腾出时间进行跨学科教学，可能需要重新调整课程计划。学校可以通过调整学科课时比例、设计综合性的学科课程等方式解决这一问题。

跨学科教学模型作为一种教育创新的方式，对于培养学生的综合素养、创新思维和全人发展具有显著的优势。在实施跨学科教学时，需要学校、教师和教育管理者共同努力，解决学科整合难度、提高教师专业素养、建设评价体系以及应对课程时间压力等挑战。通过不断总结实践经验、改进教学设计，跨学科教学模型将更好地服务于学生的学习和未来职业发展。

二、学科整合的理论框架

学科整合是一种通过打破传统学科之间的界限，将不同学科的知识、概念和技能融合在一起的教学方法。这种教学方法强调跨学科学习，旨在培养学生综合运用多学科知识解决问题的能力。学科整合的理论框架涉及多个领域的理论和方法，下面将探讨学科整合的理论框架、核心概念、实施策略以及在教育中的应用。

（一）学科整合的理论框架概述

1.定义

学科整合是一种超越传统学科界限的教学方法，旨在促使学生在解决问题、应对挑战时能够跨多学科，综合运用不同领域的知识和技能。这一方法追求知识的连接性，强调学科之间的互动与整合。

2. 目标

学科整合的主要目标是培养学生的综合能力，使其能够在现实生活和职业中更好地应对复杂多变的问题。通过整合学科，学生可以拓展思维，培养创新和解决问题的能力，为未来的学习和工作做好准备。

（二）学科整合的核心概念

1. 跨学科性

跨学科性是学科整合的核心概念之一。它强调了学科之间的互动和交叉，追求在解决问题时，能够综合运用来自不同学科的知识和方法。跨学科性超越了传统学科划分，使学生能够看到知识的整体性和关联性。

2. 问题驱动

学科整合的教学往往以问题为驱动。通过引入真实的问题，学生被激发去探索、分析和解决这些问题。问题驱动的学科整合不仅使学生关注实际应用，还能够促使他们自发地寻求各个学科的知识来解决问题。

3. 融合性思维

学科整合强调融合性思维，即将不同学科的思考方式、概念融为一体。这种思维方式有助于学生建立更全面、综合的认知结构，培养他们辨别问题、提出解决方案的能力。

4. 综合性评价

在学科整合中，综合性评价是一个重要的概念。传统的考试和评价方法难以全面反映学生的综合能力，因此，学科整合强调采用综合性的评价方式，包括项目作业、展示、实践活动等，以更全面、准确地评估学生的学习成果。

（三）学科整合的实施策略

1. 项目驱动学习

项目驱动学习是学科整合的一种有效实施策略。通过设计综合性的项目，引导学生运用不同学科的知识和技能解决问题。项目驱动学习能够激发学生的学习兴趣，提高他们的主动参与度。

2. 主题式教学

主题式教学将学科整合在一个主题之下进行，通过一个主题，学生能够接触到多个学科的知识。这种方法有助于学生理解学科之间的联系，形成对知识的整体性认识。

3. 跨学科团队教学

建立跨学科的教学团队，让不同学科领域的教师共同参与教学设计和实施。跨学科团队教学可以整合各种学科的专业知识，提供更丰富多样的学科体验。

4. 学科整合课程设计

在课程设计中，通过整合相关学科的内容，打破传统学科的独立性。学科整合课程设计可以让学生在一个课程中接触到多学科的知识，促进学科之间的交叉学习。

（四）学科整合在教育中的应用

1. 提升学生学科学习兴趣

通过问题驱动的学科整合，学生能够在实际问题中应用知识，这种实践性的学习方式有助于提升学生对学科学习的兴趣。学科整合使学习更具有实际意义，学生能够看到学科知识在解决实际问题中的应用，从而激发他们的好奇心和学科学习的兴趣。

2. 培养跨学科思维能力

学科整合强调跨学科性，培养了学生的跨学科思维能力。学生在解决综合性问题时，需要融合不同学科的思维方式，形成综合性的解决方案。这有助于培养学生的综合性思考能力，提高他们的问题解决能力。

3. 促进实际应用

学科整合强调问题驱动，通过解决实际问题，学生能够更好地理解学科知识的实际应用。这有助于建立知识与实际生活之间的联系，使学生更具实践能力，更容易将学到的知识应用到实际中。

4. 培养综合素养

学科整合的目标之一是培养学生的综合素养，包括综合运用多学科知识的能力、团队协作能力以及创新思维能力。通过项目驱动、主题式教学等实施策略，学科整合有助于全面提升学生的素养水平。

5. 适应未来职业需求

未来社会对人才的需求越来越多元化，需要具备跨学科知识和综合能力的人才。学科整合培养了学生的多学科知识和综合能力，使他们更适应未来职业的需求，更具竞争力。

（五）学科整合的挑战与未来发展

1. 教育体制的挑战

传统的教育体制往往是基于学科划分的，学科整合需要对传统体制进行调整和改革。这包括教育政策、课程设置以及教育评价等方面的变革。

2. 教师专业素养的提升

学科整合要求教师具备跨学科的知识和能力，而传统的教育培训体系未充分满足这一需求。因此，提升教师的跨学科专业素养是一个亟待解决的问题。

3. 评价体系的建设

学科整合的评价需要从传统的单一学科评价转变为更综合性的评价方式。建立合适的评价体系，确保对学生综合能力的全面评估，是学科整合面临的挑战之一。

4. 教育资源的整合

学科整合可能涉及多个学科领域，需要整合教育资源，包括人才、教材、设施等。教育机构需要投入更多的资源来支持学科整合的实施。

5. 跨学科研究的推动

学科整合需要更多的跨学科研究来支持，以促进不同学科之间的融合。建立跨学科研究平台，促进学科整合理论和方法的不断发展。

学科整合作为一种创新的教学方法，强调跨学科性、问题驱动、融合性思维和综合性评价等核心概念。通过项目驱动、主题式教学、跨学科团队教学等实施策略，学科整合在教育中取得了积极的成果。然而，学科整合在实施过程中仍然面临教育体制的挑战、教师专业素养的提升、评价体系的建设、教育资源的整合以及跨学科研究的推动等问题。未来，需要各方共同努力，加强理论研究，推动教育改革，为学科整合的发展提供更好的支持。

三、具体学科领域中的跨学科整合

跨学科整合是一种教育创新的方法，旨在打破传统学科的界限，将不同学科的知识、理念和技能融合在一起，以提供更综合、全面的学习体验。在具体学科领域中实施跨学科整合，可以促进学生更深层次地理解和应用学科知识，培养跨学科思维和解决问题的能力。下面将探讨数学、科学、文学等具体学科领域中的跨学科整合实践，分析其意义、方法以及面临的挑战。

（一）数学领域中的跨学科整合

1. 数学与计算机科学

数学与计算机科学之间存在密切的联系。在跨学科整合中，可以通过引入计算机科学的概念和编程技能，使学生更好地理解数学的抽象概念。例如，利用编程语言进行数学建模，通过实际编码实现对数学问题的求解，既加深了对数学原理的理解，又培养了计算机编程的能力。

2. 数学与经济学

数学在经济学中有广泛的应用，尤其是在统计学、微观经济学和宏观经济学等领域。通过将数学与经济学整合，可以设计相关的课程项目，让学生通过数学方法分析经济数据，预测市场趋势，理解经济模型。这种整合不仅拓展了数学的应用领域，同时也提高了学生对经济学原理的理解。

3. 数学与艺术

数学和艺术之间的关系在美学和几何学等领域得到了深刻的体现。通过跨学科整合，可以设计数学与艺术的联合课程，让学生通过几何学的原理来理解和创作艺术作品。这种整合促使学生发展几何直观和美学感觉，为他们提供了更具创造性和综合性的学习体验。

（二）科学领域中的跨学科整合

1. 生物学与化学

生物学和化学在科学领域中有着密切的联系。在跨学科整合中，可以通过探讨生物学和化学的交叉点，如生物分子的化学结构、生物化学反应等，培养学生对细胞生物学和生物化学的整体理解。实验设计中也可以将化学实验与生物实验相结合，使学生更好地理解生命科学中的化学基础。

2. 物理学与地球科学

物理学和地球科学有许多共通之处，如运动学、热力学等概念可以被应用于地球的运动和气候系统的理解。在跨学科整合中，可以通过实地考察、模型建立等方式，使学生更深入地理解物理学和地球科学之间的联系，培养他们在解决自然界问题时的综合能力。

3. 科学与工程

科学与工程是相辅相成的领域。跨学科整合可以通过将科学原理应用于工程设计中，培养学生的实际问题解决能力。例如，学生可以通过物理原理设计简单机械装置，通过化学原理进行新材料的研发。这种整合促使学生将科学理论与实际工程应用相结合，提高他们的实际动手能力。

（三）文学领域中的跨学科整合

1. 文学与历史

文学作为记录历史、反映社会的载体，在跨学科整合中与历史有着天然的联系。通过文学作品的阅读，学生可以更深入地理解历史时期的文化、社会背景。同时，通过历史事件的学习，学生能更好地理解文学作品的背景和内涵，提高文学鉴赏水平。

2. 文学与心理学

文学作为一种表达情感、反映人性的艺术形式，与心理学有着密切的关系。跨学科整合可以通过文学作品来探讨人物的心理状态、情感变化等，结合心理学的理论分析文学中的人物形象。这样的整合不仅拓展了学生对文学作品的理解，也加深了对心理学的认识。

3. 文学与社会学

文学作品通常反映社会、人际关系、文化等方面的问题。通过跨学科整合，可以引导学生从文学作品中发现社会学的内容，分析作品中的社会现象、人际关系等。这种整合有助于学生更全面地理解文学作品，并将文学与社会学的知识相结合。

（四）挑战与应对

1. 教育体制的挑战

当前教育体制主要基于学科划分，这导致了学科之间教学内容、评估方式等方面的割裂。跨学科整合需要对教育体制进行改革，构建更加灵活的课程体系，使得学科之间能够更自然地融合。

2. 教师跨学科素养的提升

教师在跨学科整合中扮演着关键的角色。他们需要具备足够的跨学科知识，能够设计和实施，整合不同学科的教学内容。因此，提升教师的跨学科素养是一个亟待解决的问题。专业发展培训和资源支持可以帮助教师更好地适应跨学科整合的需求。

3. 评价体系的建设

传统的学科评价体系难以全面反映学生在跨学科整合中的学习成果。因此，需要建设更灵活、综合的评价体系，包括项目评估、实践能力评估、综合考核等，以更准确地评价学生的综合素养。

4. 教育资源的整合

跨学科整合需要涉及不同学科领域的教育资源，包括教材、实验室设施、师资等。教育机构需要投入更多的资源，进行资源整合，以支持跨学科整合的实施。

5. 跨学科研究的推动

跨学科整合需要更多的跨学科研究支持。建立跨学科研究平台，鼓励教师和研究人员在不同学科之间开展合作研究，推动整合理论和方法的发展。

（五）未来发展趋势

1. 强化跨学科教育理念

未来，教育机构和决策者将更加重视跨学科教育理念的推广，这将促使学校制订更加灵活的教育计划，为学生提供更多跨学科的学习机会。

2. 推动教育技术与跨学科整合的结合

教育技术将成为促进跨学科整合的有力工具。在线教育、虚拟实验室等技术手段能够为学生提供更广泛的学科接触，打破地域限制，促进跨学科整合的实施。

3. 深化教育改革

教育改革将更加深入地关注学科之间的整合。政府和学校将加大投入，改革课程设置，完善评估机制，推动跨学科整合在教育中的广泛应用。

4. 加强跨学科教育研究

未来，跨学科教育研究将成为教育研究的热点之一。学者们将深入研究跨学科整合的理论和实践，为跨学科教育提供更为科学的指导。

跨学科整合作为一种教育创新的方法，在具体学科领域中的实践有着广泛的应用前景。通过整合不同学科的知识，学生能够获得更全面、深入的学习体验，培养更为综合的能力。然而，实施跨学科整合仍然面临着教育体制、教师素养、评价体系、资源整合等方面的挑战。未来，需要各方共同努力，加强合作，推动教育体制改革，提升教师素养，构建更为灵活的评价体系，整合教育资源，促进跨学科整合在教育中的深入发展。

第二节 课程整合的方法与策略

一、教学设计中的跨学科整合

跨学科整合在教学设计中是一种有力的教育策略，旨在打破传统学科的壁垒，通过将不同学科的知识和技能融合在一起，提供更为综合、全面的学习体验。在教学设计中，跨学科整合可以促使学生跳出单一学科的框架，将知识应用于实际情境，培养学生的创造性思维和问题解决能力。下面将探讨教学设计中的跨学科整合，包括其定义、意义、方法以及实施中可能面临的挑战。

（一）跨学科整合的定义与意义

1.跨学科整合的定义

跨学科整合是指将两个或多个学科的知识、概念、技能和方法有机地结合在一起，形成一体化的教学过程。这种整合不仅强调学科之间的联系，还注重培养学生的综合素养，使其能够更好地应对现实生活中的复杂问题。

2.跨学科整合的意义

提高学科知识的综合性理解：学生通过跨学科整合能够更全面地理解学科知识，看到知识之间的相互关系，不再将学科划分为孤立的领域。

培养学生的综合能力：跨学科整合强调解决实际问题的能力，培养学生的综合素养，使其具备跨学科思维和团队协作的能力。

增加学习的实际意义：整合不同学科的知识使学生更容易理解知识的实际应用，从而提高学习的兴趣和动机。

培养创造性思维：跨学科整合鼓励学生从多个学科角度思考问题，促使其形成创造性的观点和解决问题的方法。

（二）跨学科整合的方法

1. 项目驱动的跨学科整合

通过设计跨学科项目，将不同学科的知识融入项目，要求学生运用多学科的知识解决实际问题。例如，设计一个社区改进项目，学生需要考虑社会学、环境科学、经济学等多个学科的知识。

2. 主题式教学的跨学科整合

以一个主题为中心，融合相关的多个学科知识，构建一个有机的学习框架。例如，以"可持续发展"为主题，涉及环境科学、社会学、经济学等多个学科。

3. 问题导向的跨学科整合

以问题为切入点，引导学生跨多个学科寻找解决问题的方法。通过解决实际问题，学生能够整合不同学科的知识，培养实际问题解决的能力。

4. 研究性学习的跨学科整合

通过开展研究性学习项目，学生在实践中深入了解问题，涉及多个学科的知识。这有助于培养学生的独立研究和综合应用学科知识的能力。

（三）教学设计中的跨学科整合实例

1. 数学与生态学整合

教学目标：学生能够理解数学模型在生态学中的应用，通过数学方法分析生态系统的变化。

教学设计：学生通过研究一个特定生态系统的数据，运用数学模型分析其变化趋势。通过建立方程、绘制图表等数学手段，学生能够深入理解生态系统的动态变化。

2. 文学与历史整合

教学目标：学生能够通过文学作品了解某一历史时期的社会文化背景。

教学设计：选择一部描写特定历史时期的文学作品，通过文本分析、历史研究等方法，引导学生深入理解文学作品所反映的历史时期的社会文化特征。

3. 物理学与工程学整合

教学目标：学生能够通过物理原理设计一个简单的工程装置。

教学设计：学生通过学习物理学的基本原理，例如力学、热学等，然后运用这些知识设计一个小型工程项目，如简单机械装置。这有助于学生将物理学原理应用于实际工程问题。

（四）跨学科整合中的挑战与解决方案

1. 学科之间知识差异

挑战：学科之间的知识体系和概念差异可能导致整合时学生对某一学科的理解不深入。

解决方案：在教学设计中，可以通过提前进行知识铺垫，强调共通的概念和原理，以减轻学生对学科差异的困扰。此外，可以采用小组合作学习，让不同学科背景的学生相互学习，促进知识的交流和整合。

2. 评估方法的多样性

挑战：传统的学科评估方法可能无法全面评价跨学科整合中学生的综合能力，而需要采用更灵活的评估方式。

解决方案：设计项目评估、实践性考核、小组展示等多元化的评估方式，以更全面地了解学生在跨学科整合中的学习成果。通过综合考核学科知识、解决问题的能力以及团队协作等方面，更好地反映学生的整体素养。

3. 教师跨学科素养不足

挑战：教师可能缺乏跨学科整合的经验和知识，难以设计和实施有效的整合教学。

解决方案：提供专业的跨学科教育培训，帮助教师了解跨学科整合的理念、方法和案例。学校可以建立跨学科教研小组，促进教师之间的经验分享和合作，共同提高跨学科教育水平。

4. 课程时间的限制

挑战：传统的课程时间可能无法容纳跨学科整合所需的更为深入细致的学习。

解决方案：通过整合课程、精简内容，使得有限的课程时间更有针对性地服务于跨学科整合的目标。此外，可以利用课外活动、研究性学习等方式延伸学生对跨学科整合的学习时间。

（五）未来发展趋势

1. 教育技术的广泛应用

未来，教育技术将更广泛地应用于跨学科整合中。在线学习平台、虚拟实验室等技术手段将为学生提供更多跨学科学习的机会，打破地域限制，促进知识的跨学科传递。

2.跨学科整合理念的深入人心

随着对综合素养的需求不断提升，跨学科整合理念将深入人心，成为未来教育改革的主流。学校、教育机构将更注重培养学生的综合能力，跨学科整合将贯穿于整个教育体系。

3.跨学科研究的加强

未来将加强跨学科研究的支持，推动学科之间的合作与融合。学者们将更深入地研究跨学科整合的理论和方法，为跨学科教育提供更为科学的支持。

4.教育体制的灵活调整

教育体制将更加灵活地调整，为跨学科整合提供更好的制度环境。政策层面将鼓励学校开展跨学科整合实践，提供相应的支持和激励机制。

跨学科整合在教学设计中是一种创新的教育策略，为学生提供了更为综合、全面的学习体验。通过项目驱动、主题式教学、问题导向等多种方法，可以在教学中成功实施跨学科整合。面对挑战，通过提升教师素养、采用多样化的评估方式以及加强学科之间的协作，可以更好地解决问题。未来，随着教育理念的不断更新和教育体制的灵活调整，跨学科整合将在教育中发挥越来越重要的作用，促进学生的全面发展。

二、教师合作与资源整合

教育领域的不断发展使得教育者们对提供更为综合、丰富学习的体验的要求日益增长。在这个背景下，教师合作与资源整合成为关键的教学策略。通过协同工作和整合资源，教师们能够创造更具创新性和多样性的教学环境，促进学生的全面发展。下面将探讨教师合作与资源整合的定义、意义、方法以及实施中可能面临的挑战。

（一）教师合作的定义与意义

1.教师合作的定义

教师合作是指教育工作者之间共同努力、分享资源和知识，以提高教学质量、促进学生学习的过程。这种合作可以发生在同一学校的不同教室之间，也可以跨越学校和地区的界限。

2.教师合作的意义

知识分享：教师合作可以促进知识的分享和交流，使得每位教师都能够从他人的经验和专业知识中受益。

创新教学方法：合作可以带来不同的教学观点和方法，从而促进创新和多样性，使教学更具活力。

提高教学效果：教师之间的合作可以在解决教学问题、改进教学方法方面发挥积极作用，从而提高教学效果。

构建学习社群：教师合作有助于构建学习社群，营造积极的学习氛围，促进学生与教师之间更好地互动。

（二）教师资源整合的定义与意义

1.教师资源整合的定义

教师资源整合是指教师整合和利用各种教育资源，包括教材、技术设备、网络资源等，以提升教学效果和学生学习体验。

2.教师资源整合的意义

多样性教学资源：教师资源整合能够为教学提供更多元、多样的教学资源，满足不同学生的学习需求。

提高教学效率：教师资源整合使得教师能够更高效地准备和展示课程内容，提高了教学的效率。

创造丰富的学习环境：教师资源整合可以帮助教师创造更为丰富的学习环境，激发学生的学习兴趣。

拓宽学科边界：教师资源整合有助于打破学科的边界，促进跨学科学习，提高学科整合的水平。

（三）教师合作与资源整合的方法

1.课程整合

教师可以通过整合不同学科的内容设计课程。例如，语文老师与艺术老师合作设计一门文学创作与艺术表达的课程，使学生在文学创作中融入艺术表达的元素。

2. 项目驱动

教师可以通过共同参与项目设计和实施来合作。项目驱动型教学使学生能够在实际项目中应用知识，而教师之间的合作可以为项目的多样性和深度提供支持。

3. 小组教学

通过小组教学，教师可以共同设计小组任务，共同指导学生完成任务。小组内的教师可以分享彼此的经验和观点，共同促进学生的学习。

4. 教学研讨会

定期的教学研讨会是促进教师之间合作的有效途径。教师可以在研讨会上分享教学心得、探讨教学问题，并共同寻求解决方案。

5. 跨学科项目

通过跨学科项目，教师可以整合不同学科的资源，共同指导学生进行项目研究。例如，语言老师与科学老师共同设计一个关于环境问题的跨学科项目。

（四）实施中可能面临的挑战与解决方案

1. 时间压力

挑战：教师通常面临时间紧迫的压力，难以在繁忙的教学日程中找到合作的时间。

解决方案：学校可以提供灵活的时间安排，专门安排教师合作和资源整合的时间。此外，高效的会议和沟通工具也能够帮助教师在有限的时间内进行合作。

2. 专业领域差异

挑战：不同学科的教师可能在专业领域上有较大的差异，导致在合作中可能存在理解障碍。

解决方案：促进教师间的跨学科培训和交流，帮助他们理解其他学科的专业术语和教学方法。学校也可以鼓励建立跨学科教研小组，促进更深入的合作。

3. 学科资源不均衡

挑战：不同学科可能在资源分配上存在不均衡，一些学科可能拥有更多的教学资源。

解决方案：学校可以通过资源整合和重新分配，确保各个学科都能够充分利用现有的教育资源。此外，鼓励学科间的资源共享，提高整体资源利用效率。

4.团队协作能力不足

挑战：教师合作需要团队协作的能力，但不是每位教师都具备这种能力。

解决方案：学校可以提供专门的团队协作培训，帮助教师提升协作和沟通的技能。建立鼓励积极团队协作的文化，激发团队创新的活力。

5.教育体制的限制

挑战：一些教育体制可能存在刚性规定和限制，阻碍了教师合作和资源整合的灵活实施。

解决方案：教育机构可以与管理层沟通，争取更多的支持和灵活性。提倡改革，鼓励创新和合作。

（五）未来发展趋势

1.教育科技的发展

未来，教育科技将进一步推动教师合作与资源整合。在线协作工具、虚拟教室等技术手段将为教师提供更多便捷的合作途径，促进跨地区、跨学科的资源整合。

2.跨学科专业发展

随着跨学科教育理念的深入人心，教师跨学科专业发展将得到更多关注。学校可以设立跨学科专业发展计划，为教师提供跨学科知识和技能的培训。

3.学科整合的深化

未来，学科整合将更深入地渗透到教育体系中。不仅是跨学科合作，还将强调学科整合，促进不同学科间的有机融合，为学生提供更为综合的学科体验。

4.教育政策的引导

政府和教育机构的政策引导将对教师合作与资源整合产生深远影响。未来，有望出台更加支持和鼓励教师合作的政策，为教育改革提供更多空间。

教师合作与资源整合是推动教育创新的关键策略之一。通过教师之间的协作以及对多样化教育资源的整合利用，可以为学生提供更为综合、深入的学习体验。然而，实施中仍然面临一些挑战，需要学校、教育机构以及政府的共同努力。未来，随着教育科技的发展、教育理念的更新以及政策的引导，教师合作与资源整合将在教育中扮演更为重要的角色，推动教育朝着更为综合和创新的方向不断发展。

三、学生参与和反馈

学生的参与和反馈是教育过程中至关重要的组成部分。学生参与不仅体现了教育的精神，更能激发学生的学习热情和创造力。而通过及时有效的反馈，教育者可以更好地了解学生的学习状态，有针对性地进行教学调整。下面将深入探讨学生参与和反馈的概念、意义、方法以及实践中的挑战与解决方案。

（一）学生参与的定义与意义

1.学生参与的定义

学生参与是指学生在学校和课堂活动中积极参与、表达自己的观点、分享想法、参与讨论和决策的过程。参与不仅是学习的手段，更是培养学生自主性、主动性和创造性的途径。

2.学生参与的意义

激发学习兴趣：参与让学生更深地融入学科，激发对知识的兴趣，使学习不再是被动接收，而是主动追求。

培养批判性思维：参与过程中，学生需要思考、讨论、提问，从而培养批判性思维，形成独立见解。

提高学习动力：参与让学生感受到学习的意义和价值，从而提高学习的动力和积极性。

培养团队合作精神：通过小组活动等形式的参与，学生能够培养团队合作、沟通协作的能力。

（二）学生参与的方法

1.课堂提问

教师通过提问引导学生思考，促使学生表达自己的观点。巧妙的提问可以引导学生深入思考，激发讨论。

2.小组合作

将学生组织成小组，让他们一同完成任务、解决问题。小组合作可以促进学生之间的互动，培养合作精神。

3.项目驱动学习

以项目为导向，让学生通过实际的项目解决问题。这样的学习方式使学生更加投入，能够跨学科地应用知识。

4. 课外活动和社团

通过课外活动和学校社团，学生有更多机会参与感兴趣的领域，培养他们的特长和兴趣。

5. 使用技术工具

利用现代技术工具，如在线讨论平台、投影仪等，可以拓展学生的学习空间，促进线上和线下的互动。

（三）学生反馈的定义与意义

1. 学生反馈的定义

学生反馈是指学生在教学过程、教学内容、教学方法等方面提供的意见、建议和评价。这是一种双向沟通的方式，通过收集学生的反馈，教育者可以了解教学效果，做出相应的调整和改进。

2. 学生反馈的意义

改进教学：通过学生的反馈，教育者可以了解到学生对教学的感受和认知，有针对性地改进自己的教学方法和内容。

增强师生关系：学生反馈是师生之间沟通的桥梁，积极回应学生的反馈有助于增强师生关系，建立更加融洽的学习氛围。

激发学生自主性：通过给予学生表达意见的机会，可以激发学生的自主性，培养他们对于学习的责任心。

个性化教学：学生反馈有助于了解学生的个性化需求，实施更贴近学生需求的个性化教学。

（四）学生参与和反馈的实践挑战与解决方案

1. 学生参与的实践挑战

挑战一：学生抵触参与。

解决方案：创设积极的学习氛围，教师可以通过设计富有趣味的课堂活动、关联实际问题等方式激发学生的兴趣，减轻抵触情绪。

挑战二：参与程度不均。

解决方案：差异化教学，根据学生的能力水平和学科特点，设置不同层次的参与任务，让每个学生都能找到适合自己的参与方式。

挑战三：时间限制。

解决方案：合理规划课堂时间，将学生参与融入教学计划，避免时间紧迫导致学生参与的机会受限。同时，可以通过提前安排好课堂活动的流程，确保在有限的时间内有效地完成学生参与的环节。

2. 学生反馈的实践挑战

挑战一：学生不愿表达真实看法。

解决方案：创造一个安全、开放的反馈环境，鼓励学生分享真实的看法。可以采用匿名反馈的方式，让学生更自由地表达观点，降低他们的顾虑。

挑战二：反馈信息过于模糊。

解决方案：引导学生提供具体、详细的反馈信息。可以通过提供问题引导，要求学生描述他们的学习体验、理解程度、对教学方法的喜好等，以获取更具体的反馈。

挑战三：反馈收集效率低。

解决方案：利用现代科技手段，采用在线调查、电子邮件等方式进行反馈收集，提高效率。同时，可以将反馈嵌入日常教学活动，避免专门安排时间进行反馈收集，使其更为自然和便捷。

3. 教师的角色与技能挑战

挑战一：教师在引导学生参与和处理反馈上缺乏经验。

解决方案：提供专业的培训和支持，帮助教师掌握引导学生参与和处理反馈的技能。学校可以组织教研活动，教师之间进行经验分享，共同成长。

挑战二：课堂管理难度增加。

解决方案：有效的课堂管理对于引导学生参与至关重要。教师可以通过建立明确的规则、设立良好的课堂氛围、采用差异化教学等方式，提高课堂管理的效果。

挑战三：技术应用难度。

解决方案：针对技术应用的难度，学校可以提供相关技术培训，使教师能够更好地利用技术工具进行学生参与和反馈的管理。此外，建立技术支持团队，提供教师技术问题的解决方案。

（五）未来发展趋势

1. 教育技术的发展

未来，教育技术的不断发展将为学生参与和反馈提供更多可能性。虚拟现实、人工智能等技术的应用将使学生参与更加生动、反馈更加智能化。

2. 学生个性化发展

随着对个性化教育理念的深入理解，未来的教育将更加注重学生的个性化发展。学生参与和反馈将更贴近学生的兴趣、需求，推动教育更加符合个体差异。

3. 跨学科教育

未来的教育将更加强调跨学科教育，学科之间的融合将为学生提供更广阔的学科视野。学生的参与和反馈将更多地涉及跨学科知识和技能的培养。

4. 社会参与和实践

教育将更加注重培养学生的社会责任感和实践能力。学生将更多地参与社会实践项目，并通过实践经验提供对教学的反馈，推动教育更贴近社会需求。

学生参与和反馈是现代教育不可或缺的两个重要环节。通过引导学生参与，可以激发他们的学习兴趣，培养他们的批判性思维和团队协作能力。而通过及时有效的反馈，教育者可以更好地了解学生的学习状态，优化教学设计。在实践中，教育者需要面对各种挑战，通过不断提升自己的引导和管理能力，借助现代科技手段，可以更好地促进学生的参与和反馈。未来，随着教育理念的不断演进和技术的创新，学生参与和反馈将更加多样化、个性化，为教育带来新的可能性。

第三节　全球化背景下的跨学科教学

一、全球化教育的概念与重要性

随着社会的全球化和信息技术的迅猛发展，全球化教育逐渐成为教育领域的热门话题。全球化教育不仅是一种教育方式，更是一种教育理念和战略，旨在使学生具备全球视野、跨文化沟通能力以及全球问题解决能力。下面将深入探讨全球化教育的概念、核心特征、实施策略以及对个体和社会的重要性。

（一）全球化教育的概述

1. 定义

全球化教育是一种以培养学生全球视野和全球能力为目标的教育理念。它不仅关注学科知识的传授，更注重培养学生的跨文化沟通、团队协作、创新思维和全球问题解决能力。

2. 核心特征

跨文化教学：强调跨文化的学习体验，使学生能够理解和尊重不同文化背景的人。

全球视野：注重培养学生对全球事务的认知，使其具备超越国界的视野。

全球问题解决：强调培养学生解决全球性问题的能力，如气候变化、贫困等。

多语言能力：重视多语言的学习，使学生具备在不同语境中交流的能力。

国际合作与交流：鼓励学生参与国际性的合作项目和交流活动，促使其与来自不同国家和地区的人合作。

（二）全球化教育的重要性

1. 个体层面的重要性

（1）培养全球视野。全球化教育有助于个体培养开阔的全球视野，使其能够更好地理解和适应多元文化的社会环境。在全球化的今天，这是一个对于个体生存和发展至关重要的素养。

（2）提高跨文化沟通能力。全球化教育注重跨文化的学习和体验，有助于提高个体的跨文化沟通能力。这对于个体在国际化的工作环境中融入团队、协作和合作具有重要价值。

（3）培养全球问题解决能力。全球化教育使个体能够更加深刻地理解和关注全球性问题，培养其解决这些问题的能力。这种全球问题解决能力将成为未来社会领袖的必备素养。

2. 社会层面的重要性

（1）促进国际合作与发展。全球化教育有助于建立国际间更加广泛而深入的合作关系。通过培养具有全球视野的人才，可以推动不同国家和地区在经济、科技、文化等领域的合作与发展。

（2）减少文化冲突。全球化教育有助于减少文化之间的误解和冲突。通过深入了解和尊重不同文化，人们更容易在多元文化的社会中和谐相处。

（3）提升国家竞争力。拥有经过全球化教育培养的人才，可以为国家提供更强大的竞争力。这些人才能够在国际事务中具有更大的话语权和影响力。

3. 教育体系层面的重要性

（1）创新教育模式。全球化教育要求创新教育模式，更注重培养学生的实际操作能力、团队协作能力和创新思维，推动教育向更为开放和灵活的方向发展。

（2）优化教育资源配置。通过全球化教育，可以更好地优化教育资源的配置。跨国合作、资源共享，使学校能够引进更多优质教育资源，提高整体教育水平。

（3）提升学校国际声誉。实施全球化教育有助于提升学校的国际声誉。吸引来自不同国家的学生和教育专业人士，推动学校在国际上的知名度。

（三）实施全球化教育的策略

1. 国际化课程设计

设计国际化的课程，包括引入跨文化内容、全球问题探讨、国际案例分析等。这有助于学生深入理解全球视野，培养解决全球问题的能力。

2. 跨国合作项目

推动学校与国际间的合作项目，包括学生交流、共同研究项目、双学位项目等。通过跨国合作，学生能够获得更广泛的学术资源，提升国际交流能力。

3. 多语言教育

加强多语言的教育，使学生能够流利运用多种语言进行交流。多语言能力是跨文化交往的基础，也是全球化背景下的一项重要技能。

4. 国际实习与交流

鼓励学生参与国际实习和交流项目，亲身经历不同国家的社会文化，提升他们的跨文化沟通能力和全球化素养。

5. 教育技术的应用

利用教育技术，实现全球范围内的在线学习和合作。通过在线平台，学生可以参与全球性的课程、与来自其他国家的学生互动，促进国际化学习体验。

6. 跨文化教学培训

为教育工作者提供跨文化教学培训，使其具备更好的跨文化教学能力。教师在全球化背景下需要更具包容性和灵活性，以更好地适应多元文化的学生群体。

（四）全球化教育的挑战与应对策略

1. 文化差异与适应问题

挑战：学生和教育工作者在跨文化环境中可能面临文化差异和适应问题，包括语言障碍、价值观差异等。

应对策略：提供跨文化培训，帮助学生和教育工作者更好地理解和适应不同的文化环境。同时，鼓励学校建立支持系统，为国际学生提供社会和学术支持。

2. 教育资源不均衡

挑战：不同国家和地区的教育资源差距较大，有些地区可能缺乏国际化的教育资源。

应对策略：建立国际合作网络，通过合作项目、在线资源共享等方式，实现教育资源的跨国共享，减少资源不均衡带来的影响。

3. 教育体系转型问题

挑战：全球化教育需要教育体系进行一定程度的转型，包括教育理念、课程设置等方面的调整。

应对策略：制订全面的教育改革计划，包括课程体系的调整、教师培训机制的建设等，使教育体系更好地适应全球化的需求。

4. 国际合作难度

挑战：不同国家和地区的法规、教育体系存在差异，国际合作可能面临一系列的法律和政策问题。

应对策略：加强国际间的政策对话，制定更加开放和灵活的合作政策。同时，建立专门的国际事务部门，协调和解决国际合作中的法律和政策问题。

（五）未来发展趋势

1. 教育数字化与智能化

未来，全球化教育将更加倚重教育数字化和智能化技术的应用。在线课程、虚拟实境教学等将成为实现全球化教育的重要手段。

2. 国际合作的深化

随着全球化的深入，国际间的教育合作将更加紧密。各国学校将加强资源共享，共同推进全球性的教育项目，培养具备全球视野的学生。

3.学生个性化发展

未来的全球化教育将更加注重学生的个性化发展。教育将更加关注学生的兴趣、特长，为其提供更为个性化的学习路径。

4.教育公平与包容

全球化教育的发展将更加注重教育的公平与包容。努力缩小不同地区、不同群体之间的教育差距，使更多的人能够受益于全球化教育。

全球化教育是应对全球化时代教育需求的重要战略。它不仅关乎个体的发展，更关乎整个社会和国家的未来。通过全球化教育，我们可以培养具备跨文化能力、全球视野和问题解决能力的新一代人才，推动教育向更为开放、包容和创新的方向迈进。

然而，实现全球化教育并不是一帆风顺的，面临诸多挑战。解决这些挑战需要国际社会的共同努力，包括政府、教育机构、教育工作者以及学生和家长的积极参与。唯有通过协同合作，共同推动全球化教育的发展，才能更好地应对全球化时代的教育需求。

在未来，全球化教育的趋势将更加数字化、智能化，利用先进技术提升全球教育的质量和效果。国际合作将深化，形成更加紧密的全球教育共同体。同时，注重学生个性化发展和教育公平，确保每个学生都能够充分发挥自己的潜力。

总体而言，全球化教育是一场涉及全球各方的共同努力，是构建人类命运共同体的一项关键工作。通过致力于全球化教育，我们能够为未来创造更具包容性、创新性和可持续性的社会作出积极贡献。

二、教学中的跨文化交流

在全球化时代，跨文化交流在教育领域中变得愈加重要。教学过程中的跨文化交流不仅涉及教师与学生之间的互动，还包括学生之间的交流以及教育机构与国际合作伙伴的互动。跨文化交流不仅是语言的交流，更涉及文化、价值观、教育背景等多个层面。下面将深入探讨在教学中进行跨文化交流的意义、挑战，以及有效促进跨文化交流的策略。

（一）跨文化交流的意义

1. 打破文化壁垒

跨文化交流有助于打破文化壁垒，促进不同文化之间的理解与尊重。通过跨文化交流，教育者和学生能够更好地认识和理解彼此的文化差异，建立起更加开放、包容的学习环境。

2. 促进多元思维

跨文化交流有助于引入不同文化的视角，促进多元思维的形成。在教学中融入不同文化的元素，可以激发学生的创新思维，培养他们在复杂多变的国际环境中做决策的能力。

3. 提升语言能力

跨文化交流是提升语言能力的有效途径。在与不同文化背景的人进行交流时，学生需要运用所学语言进行沟通，从而提高他们的语言表达能力和沟通技巧。

4. 为国际化教育打下基础

随着全球化的发展，国际化教育成为教育的重要趋势。跨文化交流为国际化教育提供了实践机会，帮助学生适应多元文化的学习环境，为未来的国际合作和交往打下坚实基础。

（二）跨文化交流中的挑战

1. 语言障碍

语言障碍是跨文化交流中常见的挑战之一。学生可能由于语言水平不足而难以表达自己的观点，也可能因为听力困难而难以理解他人的讲解。

应对策略：提供语言辅导服务，鼓励学生参与语言交流活动，创造宽松的语言学习环境。

2. 文化误解

由于文化差异，学生可能会产生文化误解，导致交流不畅或产生冲突。不同文化对于相同行为或言语可能有不同的理解和反应。

应对策略：加强跨文化教育，引导学生深入了解不同文化的习惯和观念，提高文化敏感度。

3. 教学方法差异

不同文化对于教学方法的偏好可能存在差异，这可能导致学生对教学方式的接受程度不同，影响教学效果。

应对策略：教师应灵活运用不同的教学方法，根据学生的文化背景和学科特点调整教学策略。

4. 教育体系差异

不同国家或地区的教育体系存在差异，包括教育目标、教学内容、评估方式等方面。学生可能因为不了解外国的教育体系而感到困惑。

应对策略：学校可以为国际学生提供专门的指导服务，解答他们在学业上的疑惑，帮助他们更好地适应新的教育环境。

（三）促进跨文化交流的策略

1. 跨文化培训

为教育工作者和学生提供跨文化培训，使其具备更好的跨文化交流能力。培训内容可以涵盖文化差异认知、跨文化沟通技巧等方面。

2. 多元文化教学

在课堂教学中融入多元文化元素，包括引入不同文化的案例分析、文学作品、历史事件等。通过这种方式，学生可以更深入地了解不同文化的价值观和思维方式。

3. 跨文化团队合作

组建跨文化团队，让学生在团队协作中学习跨文化交流的能力。通过共同完成项目、解决问题，学生能够更好地理解并适应不同文化的工作方式。

4. 语言支持服务

为非本地语言的学生提供语言支持服务，包括语言辅导、语言交流角、多语言学习社群等。这有助于学生提高语言水平，更自信地参与跨文化交流。

5. 文化交流活动

组织文化交流活动，如文化节、国际论坛、学术研讨会等。通过这些活动，学生可以在轻松的氛围中进行跨文化交流，增进彼此之间的了解。

6. 国际合作项目

推动学校与国际合作伙伴开展合作项目，包括联合研究、学生交流项目、双学位项目等。这不仅能促进学生之间的跨文化交流，还能推动教育机构之间的深度合作。

跨文化交流在教学中具有重要的意义，它不仅能够促进文化之间的理解与尊重，还有助于学生的综合素养和全球化背景下的职业发展。然而，跨文化交流也面临一系列的挑战，需要教育机构和教育工作者采取有效的策略进行应对。

通过跨文化培训、多元文化教学、跨文化团队合作等策略的运用，可以更好地促进跨文化交流。成功案例分析表明，一些国际化的教育项目和服务在提升学生的跨文化交流能力方面取得了显著的成果。在未来，教育机构应不断优化跨文化交流的支持体系，为学生和教育工作者提供更好的跨文化学习环境，推动全球教育的蓬勃发展。

三、跨学科国际项目的实践

随着全球化的不断深化，教育领域也迎来了更加多元化和国际化的发展趋势。在这个背景下，跨学科国际项目作为一种新型的教育实践方式逐渐崭露头角。跨学科国际项目不仅能够为学生提供更丰富的学科知识和技能，同时也有助于培养学生的团队协作、创新思维以及跨文化交流能力。下面将深入探讨跨学科国际项目的实践，包括实施背景、项目设计、学生参与和团队协作、教育效果等方面的内容。

（一）跨学科国际项目的实施背景

1.全球化趋势

全球化是当前社会的主要趋势之一，国际间的信息交流、人员流动和经济合作日益频繁。在这一趋势下，培养具备国际视野和全球竞争力的人才成为各国教育的共同目标。

2.跨学科教育理念

跨学科教育理念强调不同学科之间的融合与交叉，通过综合运用多学科知识解决问题。跨学科国际项目正是在这一理念的指导下，通过整合来自不同学科的内容，打破学科壁垒，培养学生的综合能力。

3.实际问题解决需求

社会问题日益复杂，需要跨学科的知识和方法来解决。跨学科国际项目通常以解决实际问题为导向，帮助学生将理论知识应用于实际情境，提高问题解决能力。

（二）跨学科国际项目的设计与组织

1. 项目目标与主题确定

跨学科国际项目的设计首先需要明确项目的目标和主题。项目的目标应当符合学校教育目标和全球化背景下人才培养的需求，主题应当能够激发学生的兴趣，具有一定的实际应用性。

2. 跨学科团队组建

项目中需要跨多个学科领域，因此跨学科团队的组建变得至关重要。团队成员来自不同专业背景，有不同的学科思维方式，能够为项目提供多维度的视角。

3. 教学资源整合

跨学科国际项目通常需要整合不同学科的教学资源，包括教材、实验设备、专业导师等。项目组织者需要与不同学科的教师紧密合作，确保资源的协调利用。

4. 跨国合作机构建立

为了实现国际化，项目通常需要与其他国家或地区的学校或机构建立合作关系。这包括联合研究、学生交流、共同课程设计等多方面的合作。

（三）学生参与和团队协作

1. 学生选拔与培训

由于跨学科国际项目的复杂性，学生的选拔尤为重要。选拔标准除了学科知识水平外，还需要考察学生的团队协作能力、创新能力以及对跨学科学习的兴趣。同时，为了确保学生能够适应项目的要求，可能需要提前进行一定的培训。

2. 团队协作与角色分工

跨学科团队的协作是整个项目成功的关键。学生在团队中扮演不同的角色，通过合理的分工协作，使每个成员能够充分发挥自己的优势。团队协作也有助于培养学生的沟通与合作能力。

3. 跨文化交流

由于跨学科国际项目通常涉及不同国家或地区的合作，因此跨文化交流成为必不可少的一部分。学生需要适应不同文化的工作方式，理解并尊重不同的学术观念和工作习惯。

4.项目管理与执行

跨学科国际项目通常涉及复杂的项目管理与执行。学生需要学习团队协作工具的使用，制订明确的计划和任务，保证项目按时高质量完成。

（四）教育效果评估

1.学术表现

学术表现是评估项目效果的一个重要指标。这包括学生在项目中所取得的成绩、学术论文的质量、实际解决问题的能力等。

2.跨学科能力发展

跨学科国际项目的目标之一是培养学生的跨学科能力。通过学生的项目报告、展示以及对团队合作过程的观察，可以初步评估学生在跨学科领域的能力发展情况。这可能包括学生对多学科知识的整合能力、解决跨学科问题的能力以及对不同学科方法的理解和运用等。

3.创新与问题解决能力

跨学科国际项目通常要求学生解决实际问题，因此评估学生的创新和问题解决能力也是至关重要的。这可以通过学生在项目中提出的创新点、解决方案的实际效果等来评价。

4.跨文化交流与合作能力

考查学生在项目中的跨文化交流与合作能力同样是评估的一个方面。这可以通过观察学生在国际团队中的沟通情况、解决文化差异带来的问题的能力等进行评估。

5.个人成长与反思

学生在项目中的个人成长和对整个过程的反思也是评估的重要方面。这可能包括学生在项目结束后的自我评价、对团队协作经验的总结、对自己在跨学科领域中的发展认知等。

（五）挑战与展望

1.挑战

团队管理难度大：不同学科的团队成员可能具有不同的学科背景、学术语言和思维方式，管理这样的团队会面临一定的困难。

资源整合难度：整合不同学科的教学资源、实验室设备等需要高效的协调与安排，这对于项目组织者来说是一项挑战。

文化差异：如果项目涉及国际合作，学生和教育者可能会面临文化差异，包括语言、价值观等，需要适应和解决。

2. 展望

数字技术的应用：利用先进的数字技术，如在线协作平台、虚拟实验室等，可以更好地支持跨学科国际项目的实施。

更广泛的国际合作：未来跨学科国际项目可以更广泛地涉及国际合作，促进不同国家和地区之间的学术和文化交流。

更灵活的团队组建：可以尝试更灵活的团队组建方式，例如跨校、跨年级、跨领域组队，以更好地发挥团队的创造力。

跨学科国际项目的实践为学生提供了更广阔的学术领域和实践经验，有助于培养学生的综合能力、团队协作能力和跨文化交流能力。然而，要使这样的项目取得成功，需要解决跨学科团队合作的难题，整合各类教育资源，同时也需要不断探索和创新。在未来，随着教育理念的不断发展和科技的不断进步，跨学科国际项目将有更广阔的发展空间，为培养全球化时代的人才作出更大的贡献。

第八章　信息技术在课程中的运用

第一节　数字化教学工具概述

一、数字化教学平台的特点与功能

数字化教学平台是在信息技术的支持下，为学校、教育机构以及教育者提供教学管理、内容传递和学习支持的综合性工具。随着数字技术的飞速发展，数字化教学平台逐渐成为教育领域不可或缺的一部分。下面将深入探讨数字化教学平台的特点与功能，包括其基本特征、教学设计工具、学生管理功能、数据分析能力等方面的内容。

（一）数字化教学平台的基本特征

1. 灵活性与可定制性

数字化教学平台通常具有灵活性和可定制性的特点，能够满足不同学校、教育机构甚至个体教育者的需求。用户可以根据自己的教学理念、目标和风格进行个性化设置，使教学内容更贴近实际需求。

2. 多媒体支持

数字化教学平台支持多媒体教学，包括文字、图片、音频、视频等多种形式的内容呈现。这种多媒体支持能够使教学内容更生动、更直观，提高学生的学习兴趣和理解深度。

3. 协作与互动

数字化教学平台强调学生之间的协作与互动，以及学生与教育者之间的互动。这可以通过在线讨论、团队项目、即时通信等功能来实现，促进学生之间的交流和合作，提高学习效果。

4. 实时性与即时反馈

数字化教学平台具有实时性，学生和教育者可以随时随地访问教学资源。同时，平台通常提供即时反馈的功能，教育者可以迅速了解学生的学习情况，及时调整教学策略。

（二）数字化教学平台的功能

1. 教学设计工具

（1）课程设计与制定。数字化教学平台提供课程设计和制定的工具，教育者可以根据教学目标和教学计划创建课程内容。这包括上传教材、设计课程结构、制订教学计划等。

（2）多媒体教学工具。平台通常集成了多媒体教学工具，支持上传和分享教学资源，如文档、图片、音频、视频等。这使得教育者能够更丰富地呈现教学内容，提高学生的学习体验。

（3）互动式教学工具。数字化教学平台提供了各种互动式教学工具，例如在线投票、问答环节、讨论板块等，以促进学生之间的互动和参与。这有助于激发学生的学习兴趣和积极性。

2. 学生管理功能

（1）学生信息管理。平台允许教育者管理学生信息，包括学生档案、联系信息、学习历史等。这有助于个性化教学和学生进展的跟踪。

（2）评估与测试工具。数字化教学平台提供了灵活的评估与测试工具，包括在线测验、作业提交、考试管理等功能。这使得教育者能够方便地对学生进行评估，及时了解他们的学习成绩和水平。

（3）学习分析与报告。平台通常具备学习分析和报告功能，可以生成学生学习数据的报告。这有助于教育者了解学生的学习习惯、弱势环节，从而更好地调整教学策略。

3. 协作与社交功能

（1）在线协作工具。数字化教学平台提供在线协作工具，包括实时编辑文档、共享文件、团队项目管理等功能。这有助于学生之间的协作和团队工作。

（2）社交媒体集成。一些平台集成了社交媒体元素，例如论坛、博客、讨论群组等，促进学生和教育者之间的社交与交流。

4. 数据分析与个性化学习

（1）学习数据分析。平台通过对学生学习数据的分析，可以生成关于学生学习习惯、学科兴趣等方面的数据。这有助于教育者更好地了解学生，提供个性化的教学服务。

（2）智能学习推荐。一些平台具备智能学习推荐系统，能够根据学生的学习历史和偏好，推荐相关的学习资源和课程内容，实现个性化学习路径。

（三）数字化教学平台的未来发展趋势

1. 智能化与人工智能应用

未来，数字化教学平台将更加注重智能化与人工智能的应用。通过引入智能辅助教学、自适应学习系统等技术，数字化教学平台可以更好地满足学生个性化学习需求，提供智能化的学习建议和反馈。

2. 虚拟和增强现实技术

虚拟和增强现实技术有望在数字化教学平台中得到更广泛的应用。这将为学生提供更为真实和沉浸式的学习体验，例如虚拟实验室、虚拟实地考察等，从而提高学生的学习兴趣和参与度。

3. 区块链技术的应用

区块链技术有望在学生管理和评估方面发挥作用。通过区块链的去中心化和安全性，可以更好地管理学生的学习记录、成绩单，确保学生的学业成绩真实可信，为学生提供更好的学术认可。

4. 移动学习和社交学习

随着移动设备的普及，未来数字化教学平台将更加注重移动学习和社交学习。通过移动端应用，学生可以随时随地访问学习资源，参与学术讨论。社交学习功能也将进一步加强，促进学生之间的合作和交流。

5. 数据隐私与安全性

随着数字化教学平台使用的增加，数据隐私和安全性将成为一个关键问题。未来平台需要更加注重学生数据的隐私保护，采取有效的安全措施，确保学生和教育者的数据安全。

（四）数字化教学平台的挑战与未来机遇

1. 挑战

技术标准不一：不同的数字化教学平台可能使用不同的技术标准，导致数据难以互通互用，给教育者和学生带来不便。

数字鸿沟：部分地区和学生可能因为技术设备、网络条件等方面的限制而无法充分享受数字化教学平台带来的便利。

学生管理难度：随着学生数量的增加，管理学生信息、评估成绩等工作可能变得更加复杂，需要更为智能化的管理系统。

2. 机遇

个性化学习的实现：数字化教学平台可以通过数据分析和智能推荐系统，更好地实现个性化学习，满足不同学生的学习需求。

全球学术资源的共享：数字化教学平台促使全球范围内学术资源的共享，学生可以更便捷地获取来自不同地区、不同学科的优质教育资源。

创新教学方法：平台提供了更多创新的教学方法和工具，教育者可以更灵活地尝试新的教学策略和教学设计，推动教育的创新。

全球合作与跨文化交流：数字化教学平台促进了全球范围内的合作与交流。学生可以通过在线课程与来自不同国家和文化背景的同学共同学习，拓宽视野，增进跨文化的理解。

终身学习的支持：数字化教学平台为终身学习提供了更多的可能性。无论是学生、职场人士还是老年人，都可以通过数字化教学平台获取所需的知识和技能，实现持续学习。

数字化教学平台的特点与功能涵盖了教学设计、学生管理、协作与社交、数据分析与个性化学习等多个方面。其灵活性、多媒体支持、协作互动以及学生管理的功能，使得教育者能够更好地组织和管理教学活动，学生能够更便捷地获取学习资源和进行学习交流。

未来，数字化教学平台将继续迎接智能化、虚拟增强现实技术、移动学习等方面的挑战与机遇。通过更加智能的应用和创新的教学设计，数字化教学平台将为学生提供更丰富、更灵活、更个性化的学习体验，为教育领域的发展作出更大的贡献。同时，我们也需要关注数字化教学平台在标准化、数据隐私、技术普及等方面面临的挑战，以实现数字化教育的可持续发展。

二、教学资源的数字整合与创新

在当今数字化时代，教育领域正在经历着前所未有的变革。数字整合与创新已成为教学资源管理的重要方向。下面将探讨数字整合与创新在教学资源领域的应用，以及它们对教育体系的影响。

（一）数字整合的定义与背景

数字整合是指将各种数字技术有机地融入教学活动，以提高教学效果和学生学习体验。这一趋势的背后，是信息技术的迅猛发展和社会对培养创新能力的需求。数字整合不仅包括硬件设备的应用，还涉及软件、网络、大数据等多个方面。

（二）数字整合的教学资源应用

1. 教学内容个性化

数字整合使教学内容能够更好地适应学生的个性化需求。通过智能教育平台，教师可以根据学生的学习情况调整教学内容，使每个学生都能够在适合自己学习节奏的情况下获得知识。

2. 多媒体教学

数字整合带来了多媒体教学的时代。教师可以利用图像、音频、视频等多媒体资源，使教学更生动有趣。这样的教学方式有助于激发学生的学习兴趣，提高学习的效果。

3. 虚拟实验室

在一些实验教学难以实施的情况下，数字整合可以提供虚拟实验室的解决方案。学生可以通过计算机模拟实验过程，从而更好地理解实验原理和操作技巧。

4. 远程教学

数字整合也为远程教学提供了更多可能性。通过在线课程和远程教育平台，学生可以在任何地方参与学习，打破了时空的限制，使教育资源更加平等分布。

（三）创新的角色与挑战

1. 教育创新

数字整合为教育创新提供了强大的支持。新的教学方法、评估方式和教育理念可以在数字化的环境中更灵活地实施。例如，采用项目化学习、合作学习等方法，培养学生的团队协作和问题解决能力。

2. 教育资源管理挑战

随着数字整合的深入，教育资源的管理面临着新的挑战。如何更好地整合各类资源，确保其质量和有效性，成为一个亟待解决的问题。此外，数字整合也要求教育机构更新硬件设备、培训教师，这需要大量的投入。

（四）数字整合与创新的未来趋势

1. 人工智能在教育中的应用

随着人工智能技术的发展，将进一步推动数字整合与创新。人工智能可以根据学生的学习情况提供个性化的教学方案，同时能够辅助教师更好地管理教学资源。

2. 虚拟现实和增强现实的普及

虚拟现实（VR）和增强现实（AR）技术将为教学提供更为沉浸式的体验。学生可以通过虚拟实境更深入地了解各类知识，提高学习的参与度和深度。

3. 开放教育资源的共享

未来数字整合的一个趋势是开放教育资源的共享。通过建立开放的教育资源平台，各类教育机构可以分享优质的教学资源，提高整体的教育水平。

数字整合与创新是教育领域发展的必然趋势，它为教学资源的管理和教学方式的创新提供了广阔的空间。然而，要实现数字整合与创新的目标，需要全社会的共同努力，包括政府、学校、教师、学生等各方面的参与。只有通过共同努力，才能更好地推动教育的发展，培养更多具有创新能力的人才。

三、个性化学习与技术工具

（一）引言

个性化学习作为教育领域的一项重要创新，强调根据学生的独特需求和学习风格定制教学方案。随着科技的飞速发展，各种技术工具也应运而生，为个性化学习提供了强大的支持。下面将深入探讨个性化学习的概念、意义，以及与之紧密相连的各类技术工具的应用。

（二）个性化学习的概念与背景

1. 个性化学习定义

个性化学习是一种根据学生的兴趣、能力、学习风格和进度，定制教学内容和方法的教育理念。它强调每个学生的独特性，提倡教育的差异化和定制化。

2. 个性化学习的背景

随着社会的发展和信息技术的普及，学生的学习需求变得更加多样化。"一刀切"的教育模式难以满足不同学生的需求，因此，个性化学习成为教育改革的一项迫切需求。

（三）个性化学习的意义与优势

1. 提高学习动机

个性化学习充分考虑学生的兴趣和需求，使学习变得更加有趣和有目的性，从而提高学生的学习动机。

2. 促进深度学习

通过个性化的学习路径和资源，学生可以更加集中精力深入学习感兴趣的领域，促进深度学习和专业知识的积累。

3. 适应不同的学习风格

每个学生都有自己独特的学习风格，个性化学习通过多样化的教学方法和资源，更好地适应不同学生的学习风格，提高学习效果。

4. 培养自主学习的能力

个性化学习强调学生在学习过程中的主动性和自主性。学生通过自主选择学习内容、安排学习进度，逐渐培养自主学习的能力。

（四）技术工具在个性化学习中的应用

1. 人工智能

（1）智能教育平台。人工智能技术可以通过智能教育平台根据学生的学习情况提供个性化的学习建议和资源，实现对每个学生的个性化辅导。

（2）智能导师。智能导师系统通过分析学生的学习行为，为学生量身定制学习计划，提供针对性的学习建议，实现学生学业的个性化发展。

2. 虚拟现实（VR）和增强现实（AR）

（1）沉浸式学习体验。虚拟现实和增强现实技术可以提供沉浸式的学习体验，将学生置身于虚拟的学习场景中，增强学习的感知和参与度。

（2）虚拟实验室。通过虚拟实验室，学生可以进行各种实验，尽管身处不同的地理位置，促使学生在实验中更深刻地理解科学原理。

3. 在线学习平台

（1）自适应学习系统。在线学习平台通过自适应学习系统，根据学生的学习表现调整难度，提供适合个体学生的学习内容和任务。

（2）学习分析工具。学习分析工具可以收集学生在学习平台上的行为数据，为教育者提供关于学生学习进展和需求的实时反馈，以便调整个性化学习计划。

（五）个性化学习的挑战与未来发展

1. 挑战

（1）数据隐私与安全问题。个性化学习涉及大量学生数据的收集和分析，因此必须妥善处理数据隐私和安全问题，确保学生的个人信息不被滥用。

（2）师资培训与支持。实施个性化学习需要教育者具备新的教学理念和技术应用能力。因此，师资培训和支持是一个重要的挑战。

2. 未来发展趋势

（1）融合多元化技术。未来，个性化学习将更多地融合多元化技术，如区块链、自然语言处理等，以提供更全面、深层次的个性化学习体验。

（2）强调创造性思维和解决问题能力。个性化学习将更加注重培养学生的创造性思维和解决问题的能力，使学生具备创新能力和适应未来社会变革的能力。

（3）社交学习的融入。未来的个性化学习将更加注重社交学习的融入。通过在线合作、团队项目等形式，学生可以在社交互动中培养团队协作和沟通能力。

（4）拓展跨学科学习。为了更好地适应快速变化的社会，个性化学习将拓展跨学科学习，使学生能够获得更广泛的知识和技能，增强综合素养。

个性化学习与技术工具的结合是教育领域的一次深刻变革。通过充分利用人工智能、虚拟现实等技术，个性化学习实现了更加灵活、多样、有趣的学习方式，为每个学生提供了更加个性化、有针对性的学习体验。然而，面对挑战，包括数据隐私、师资培训等问题，教育界需要共同努力，制定相关政策和标准，保障个性化学习的可持续发展。未来，随着技术的不断发展，个性化学习将不断演进，更好地适应社会的需求，培养更具创新力和适应力的新一代人才。

第二节　在线教育平台与资源

一、在线学习平台的发展趋势

随着科技的不断发展和互联网的普及，在线学习平台在教育领域扮演着越来越重要的角色。在线学习已经成为学生、职业人士和教育机构的首选，不仅为教育提供了更多的灵活性，还为学生提供了更多的机会。下面将探讨在线学习平台的发展趋势，包括技术、内容、社交互动以及市场竞争等方面的变化和创新。

（一）技术驱动的发展趋势

1.人工智能和机器学习

人工智能（AI）和机器学习（ML）技术已经在在线学习平台中得到广泛应用，为学生和教育者提供了更加个性化和智能化的学习体验。通过分析学生的学习习惯和表现，AI可以为学生提供定制化的建议和反馈，帮助他们更好地理解和掌握知识。此外，AI还可以自动化评估和标记学生的作业和测验，减轻教育者的工作负担。

2.虚拟现实和增强现实

虚拟现实（VR）和增强现实（AR）技术为在线学习平台带来了更加沉浸式的学习体验。学生可以通过VR体验历史事件、探索虚拟实验室，或与远程教育者和同学进行实时互动。AR技术则可以将虚拟元素叠加到现实世界中，增强学习内容的交互性和吸引力。

3.区块链技术

区块链技术被用来验证学生的学历和成绩，防止学术造假。这可以帮助雇主更好地了解招聘候选人的学术背景，也为学生提供了更多的自主权和控制权，他们可以选择分享哪些学术记录。

4. 自动化内容生成

自动化内容生成技术，如自然语言处理，可以用来生成在线课程的文本、视频和音频内容。这可以帮助教育机构更快速、更经济地创建和更新课程内容，同时也提供了更多样性和个性化的选项。

5. 移动学习

移动设备的普及使学生可以随时随地访问在线学习内容。因此，在线学习平台需要更好地适应不同屏幕尺寸和设备类型，以确保学习体验的一致性和质量。

（二）内容丰富多样的发展趋势

1. 开放教育资源

开放教育资源是指可以免费访问和使用的教育材料，包括教科书、课程大纲、视频和练习。在线学习平台越来越多地采用 OER（open educational resources，开放教育资源），以降低学习成本，提高教育的可及性，并为学生提供更多选择。

2. 互动性和游戏化

互动性和游戏化元素被广泛应用于在线学习内容中，以增加学生的参与度和动力。这包括测验、小组项目、虚拟竞赛和奖励系统，以使学习变得更加有趣和吸引人。

3. 开放式在线课程

许多知名大学和教育机构提供开放式在线课程，让学生免费或以低成本参与高质量的课程。这一趋势为学生提供了更多的选择，同时也帮助教育机构扩展他们的受众。

4. 实践导向的学习

在线学习平台越来越注重实际应用和实践导向的学习。这包括提供虚拟实验、案例研究、实际项目和实习机会，以帮助学生将所学知识应用到实际问题中。

5. 多语言和跨文化内容

随着在线学习的全球化，越来越多的平台提供多语言和跨文化的学习内容，以满足不同国家和地区的学生需求。这有助于促进跨文化理解和国际合作。

（三）社交互动的发展趋势

1. 社交学习

社交学习是在线学习平台的重要组成部分，通过在线讨论、协作项目和虚拟团队工作，学生可以与同学和教育者互动，分享观点和经验，提高学习效果。

2. 在线教育社区

在线教育社区为学生和教育者提供了一个交流和合作的平台。这些社区可以是课程论坛、社交媒体群组或专门的教育社交网络，为学习者提供了支持和互动的机会。

3. 实时互动工具

实时互动工具，如实时视频会议、即时消息和在线讨论板，成为在线学习中不可或缺的一部分。这些工具使学生能够直接与教育者互动，提问题、讨论课程内容，并实时获得反馈。这种实时互动有助于建立更紧密的学习社区，提高学生对学习过程的投入感。

4. 协作工具和项目

在线学习平台越来越注重协作和项目导向的学习。通过集成协作工具，如在线文档编辑、共享平台和项目管理工具，学生能够与同学共同完成任务和项目，培养团队合作和沟通技能。

5. 社交媒体整合

社交媒体的整合使得学生可以更轻松地在不同平台上分享和讨论学习经验。在线学习平台通过整合社交媒体功能，促进学生之间的互动，使得学习内容更容易被分享和推广。

（四）市场竞争的发展趋势

1. 个性化学习服务

随着在线学习市场的竞争加剧，个性化学习服务将成为平台的重要竞争优势。平台通过利用大数据和机器学习技术，为学生提供更加个性化的学习路径、教材推荐和学习建议，满足不同学生的学习需求。

2. 行业专业化

随着在线学习的不断发展，平台开始专注于特定行业或领域，提供更深入、专业化的学习体验。这种行业专业化使得学习内容更有针对性，吸引了更多有特定职业需求的学生。

3. 合作与联合办学

在线学习平台越来越多地与学校、大学、企业和其他教育机构建立合作关系。这种合作模式有助于平台拓展学术资源，提供更多的课程选择，并在教育领域建立更广泛的影响力。

4. 费用与付费模式创新

费用与付费模式的创新是在线学习平台发展的关键因素之一。除了传统的一次性付费和订阅制度外，一些平台还探索了按学分付费、按课程完成度付费等灵活的模式，以满足不同学生的经济能力和学习需求。

5. 全球化竞争

在线学习已经超越了国界，平台需要适应不同文化、语言和法规，以在全球范围内保持竞争力。国际化的课程、多语言支持和全球合作成为平台发展的重要方向。

总体而言，在线学习平台在技术、内容、社交互动和市场竞争方面都呈现出多样化和创新的发展趋势。随着科技的不断进步和教育需求的不断演变，预计在线学习将继续发展，并为学生和教育者提供更多便利、个性化和高效的学习体验。

二、开放教育资源的利用

开放教育资源（OER）是指在使用时没有版权和法律限制的教育资源。这包括教科书、课程材料、视频、演示文稿、试题等。开放教育资源的出现改变了教育的格局，提供了更加开放、自由的学习环境。下面将探讨开放教育资源的利用，包括对学生、教育者和教育体系的影响。

（一）对学生的影响

1. 经济可及性

开放教育资源的最显著优势之一是经济可及性。传统教科书和学习资料费用高昂，而 OER 的免费或低成本特性为许多学生提供了更加经济实惠的学习选择。这有助于减轻学生负担，特别是那些在经济上较为拮据的学生，使他们更容易获得高质量的教育资源。

2. 自主学习和灵活性

开放教育资源为学生提供了更大的自主学习空间。学生可以根据自己的学习风格和进度选择适合的资源，而不受固定的教材限制。这种灵活性促进了自主学习和自我发现，使学生更容易调整学习策略，提高学习效果。

3. 全球化学习机会

OER 的开放性质使得学生可以轻松访问来自世界各地的学习资源。通过互联网，学生可以获取不同语言和文化背景的教育材料，拓宽视野，促进跨文化理解。这为全球化时代的学生提供了更广泛的学习机会。

4. 个性化学习路径

由于 OER 的多样性和丰富性，学生可以更容易地找到符合其兴趣和需求的学习资源。这促进了个性化学习路径的建立，使每位学生都有机会深入研究自己感兴趣的领域，而不受限于传统的教育资源。

（二）对教育者的影响

1. 创新教学方法

教育者可以通过利用开放教育资源来创新教学方法。OER 的多样性允许教育者采用不同的教学策略，包括互动性的教学、实践导向的学习和跨学科的教育。这有助于激发学生的学习兴趣，提高教学的吸引力和效果。

2. 个性化教学体验

借助 OER，教育者可以更好地满足学生的个性化学习需求。他们可以根据学生的水平和兴趣选择合适的资源，设计更具针对性的教学计划。这种个性化教学体验有助于提高学生的学习动机和参与度。

3. 教学资源共享和合作

OER 的开放性质鼓励了教学资源的共享和合作。教育者可以共享他们创建或发现的资源，促进教学资源的共享社区的形成。这种合作有助于提高教学质量，减少教育资源的重复创建，使教育者能够更好地利用彼此的专业知识。

4. 反馈和改进

通过开放教育资源，教育者能够更好地获得学生的反馈。这有助于实时了解教学效果，识别可能存在的问题，并及时调整教学策略。教育者可以借助开放的反馈机制不断改进课程设计，提高学生的学习体验。

（三）对教育体系的影响

1. 提高教育的普及性

开放教育资源的免费或低成本属性有助于提高教育的普及性。这种开放性质使更多人能够获得高质量的学习资源。尤其是在发展中国家和地区，OER 为提高教育水平提供了有力支持。

2. 打破地域限制

OER 通过互联网的全球性质，打破了地域限制。学习者无须身临其境，即可访问世界各地的知识资源。这有助于减小不同地区之间的教育差距，促进全球范围内的教育均衡发展。

3. 促进开放式教育模式

开放教育资源的使用促进了开放式教育模式的发展。开放式教育强调学习的开放性、共享性和社群性，通过网络技术实现学生、教育者和资源的共享，推动了教育的进步和创新。

4. 提高教育质量和标准

OER 的开放性质促使教育机构和教育从业者更加注重教育质量和标准。由于教育资源可以被广泛分享和比较，教育机构被鼓励提供高质量的课程和教学材料，以吸引学生和建立声誉。

（四）挑战与应对措施

1. 质量和可信度问题

挑战：开放教育资源的质量和可信度问题可能影响学生对其有效性的信任。

应对：建立开放教育资源的质量标准，提供评估和认证机制，以确保高质量和可信度。

2. 版权问题

挑战：由于开放教育资源的开放性质，可能涉及版权和知识产权的问题。

应对：采用适当的开放许可协议，明确资源的使用权限，同时加强知识产权法律和政策的宣传和培训。

3. 技术和数字鸿沟

挑战：一些地区可能面临技术设施和数字鸿沟，影响学生对开放教育资源的获取。

应对：加强数字基础设施建设，提供培训和支持，确保所有学生都能够平等地享受到开放教育资源。

4.缺乏集成性和定制性

挑战：开放教育资源可能缺乏集成性，导致学生需要从不同来源获取材料，影响学习的连贯性。

应对：教育机构可以引导教育者整合开放教育资源，创建更有条理和一体化的学习体验，同时鼓励教育者根据学生需求进行资源的定制。

（五）未来发展趋势

1.技术整合的加强

未来，随着技术的不断进步，开放教育资源将更紧密地与先进技术整合，如人工智能、虚拟现实和区块链等，以提供更个性化、互动性更强的学习体验。

2.全球合作和共享

未来，预计会有更多国际合作项目，共享优质的开放教育资源，共同推动教育的发展。这有望减小不同地区之间的教育差距，促进全球范围内的教育均衡发展。

3.开放教育资源的商业化

随着开放教育资源的日益普及，一些商业机构可能涌入这一领域，提供高质量的定制化服务，并通过收费模式实现商业化运营，这也将成为未来的一个发展趋势。

4.开放教育资源的研究和评估

随着开放教育资源的不断发展，预计将有更多的研究和评估对其影响进行深入分析，从而更好地了解开放教育资源的实际效果和潜在问题，推动其更科学使用。

开放教育资源的利用对学生、教育者和整个教育体系都产生了深远的影响。从经济可及性、自主学习、全球化学习机会到教学资源共享和合作，开放教育资源为教育注入了更大的开放性和灵活性。然而，也需要应对相关挑战，如质量和版权问题等。未来，随着技术的发展和全球化的推进，开放教育资源将继续发挥其积极作用，并在教育领域推动更多创新和变革。

三、慕课与在线课程的设计

随着信息技术的迅猛发展，教育领域也逐渐进入数字化时代。慕课（massive open online course，MOOC）和在线课程成为教育创新的代表，为学习者提供了更加灵活、开放的学习方式。下面将深入探讨慕课与在线课程的设计，包括其定义、特点、设计原则以及对教育的影响。

（一）慕课和在线课程的定义与特点

1. 慕课

慕课是一种在线教育形式，通过互联网面向大规模学习者提供课程。慕课通常包括视频讲座、在线测验、论坛交流等多种教学元素。最重要的特点之一是它的开放性，允许任何人免费参与，形成了庞大的学习社群。慕课通常由大学或教育机构提供，也有一些商业性的慕课平台。

2. 在线课程

在线课程是一种更广义的概念，包括通过网络进行的各种学习活动。这包括传统学校提供的在线课程、企业内部的培训课程以及各种在线学习平台上的课程。在线课程的形式也多种多样，可以是视频课程、互动课堂、混合式学习等。

（二）慕课与在线课程的设计原则

1. 清晰的学习目标

慕课和在线课程设计的首要任务是确保学习目标的明确性。学习者需要清楚知道课程的目标是什么，以便能够更好地集中精力和时间在重要的学习任务上。

2. 互动性设计

慕课和在线课程的设计需要注重互动性，通过讨论、小组项目、在线测验等形式促使学生积极参与。这有助于提高学生的参与度和学习动机，促进知识的深度理解。

3. 多媒体教学设计

慕课和在线课程设计中多媒体教学的运用是至关重要的。视频、音频、图像等形式可以更生动地呈现知识，使学习体验更加丰富和吸引人。

4. 个性化学习路径

利用技术手段，设计个性化的学习路径，根据学生的兴趣、水平和学习速度提供定制化的学习体验。这有助于更好地满足学生的个性化需求，提高学习效果。

5. 实践导向的学习

慕课和在线课程的设计应注重实践导向的学习。通过实际项目、案例研究、实验等方式，促使学生将理论知识应用到实际问题中，提高他们的实际操作能力。

6. 及时反馈机制

设计及时的反馈机制，包括自动化的测验评估、教师的定期评估等。及时的反馈有助于学生及早发现和纠正错误，促进学习效果的提升。

（三）慕课与在线课程的设计实践

1.Coursera

Coursera 是一个知名的慕课平台，提供来自全球顶尖大学和机构的课程。Coursera 注重课程的质量，通过高质量的视频讲座、定期的作业和测验以及互动讨论区，为学生提供了丰富的学习体验。课程设计往往结合实际案例和项目，以促进实践导向的学习。

2.edX

edX 是由麻省理工学院和哈佛大学共同创办的慕课平台。edX 注重课程的学术性和技术性，采用开源软件平台，支持丰富的互动性设计，如在线实验、讨论论坛和编程作业。edX 还提供了多元化的课程，覆盖了各个学科领域。

3.Udemy

Udemy 是一个商业性的在线课程平台，允许教育者创建和销售自己的课程。Udemy 强调灵活性和多样性，其课程涵盖了从编程、设计到健康和生活技能的各个领域。Udemy 的设计注重实际操作，提供大量实际项目和应用场景。

（四）慕课与在线课程对教育的影响

1. 打破地域限制

慕课与在线课程的开放性使得学习者可以随时随地获取知识，打破了地域限制。学生不再受制于地理位置，可以通过网络获取世界各地最优质的教育资源。

2. 提高学习的灵活性和个性化

慕课与在线课程的设计注重灵活性，学习者可以根据自己的节奏、时间和地点选择学习。这种自由度提高了学习的灵活性，使得学生能够更好地融入学习，适应自己的生活和工作安排。同时，通过个性化的学习路径和资源选择，学习者能够更好地满足个性化的学习需求，提高学习效果。

3. 降低学习门槛，提高学习的可及性

慕课与在线课程的开放性质使得学习资源更加容易获得。学习者无须付出高昂的学费和其他费用，只需要具备基本的网络连接条件，即可参与学习。这有助于降低学习的门槛，提高学习的可及性，特别是对那些经济条件较差的学生或偏远地区的学习者。

4. 提供丰富的学习资源

慕课与在线课程为学习者提供了丰富的学习资源，包括视频讲座、在线实验、论坛交流、教材等。这种多样性的学习资源有助于学生更全面地理解和掌握知识，同时满足不同学习风格和需求的学生。

5. 促进全球化和国际化

慕课与在线课程为学习者提供了融入全球学术社区的机会。学生可以参与国际化的课程，与来自世界各地的学生和教育者互动，促进文化交流和全球合作。这有助于培养学生的国际视野和跨文化沟通能力。

6. 提升教育创新和实践

慕课与在线课程的兴起推动了教育创新和实践的发展。教育者在设计慕课和在线课程时需要借助先进的教育技术、多媒体资源以及创新的教学方法，从而不断推动教育领域的发展。

（五）未来发展趋势

1. 技术整合和智能化

未来，慕课与在线课程将更加注重技术整合和智能化。随着人工智能技术的发展，将有更多的智能化工具用于学习资源的个性化推荐、学习路径的智能设计以及学生学习行为的分析。

2. 增强现实（AR）和虚拟现实（VR）的应用

AR 和 VR 技术将更多地应用于慕课和在线课程设计，为学生提供更沉浸的学习体验。通过虚拟实验室、虚拟场景等方式，学生可以在虚拟环境中进行实际操作和体验，提高学习的互动性和趣味性。

3.社交学习的强调

未来，慕课与在线课程将更加强调社交学习。通过在线社区、协作项目、远程团队合作等方式，学生可以更好地与同学和教育者互动，分享知识和经验，促进学习的合作性和社交性。

4.区块链技术的应用

区块链技术有望在慕课与在线课程中发挥更大的作用。通过区块链技术，可以更好地验证学习者的身份、学历和成绩，增强学习成果的可信度和可追溯性。

5.个性化学习的进一步发展

个性化学习将成为未来慕课和在线课程设计的核心。通过大数据分析和机器学习算法，平台可以更准确地理解学生的学习需求和行为，从而提供更加个性化、精准的学习支持。

慕课和在线课程的设计已经在教育领域产生了深远的影响，为学习者提供了更加灵活、开放的学习方式。其设计原则强调清晰的学习目标、互动性、多媒体教学、个性化学习路径、实践导向学习和及时反馈机制。慕课与在线课程的设计不仅提供了丰富的学习资源，还提高了学习的灵活性和可及性，促进了全球化和国际化的教育交流。此外，它们推动了教育创新和实践的发展。

未来，随着技术的不断进步，慕课与在线课程将继续发展，并更加注重技术整合和智能化。增强现实和虚拟现实技术、社交学习、区块链技术和个性化学习将成为未来设计的重要趋势。这将为学习者提供更加丰富、互动和个性化的学习体验，进一步推动教育领域的变革。

总之，慕课与在线课程的设计不仅满足了学习者对灵活、开放学习方式的需求，还促进了教育创新和实践的发展。通过不断完善设计原则和利用新技术，慕课与在线课程将继续对教育产生积极的影响，为更多学习者提供更好的学习机会。

第三节　虚拟实验室与模拟

一、虚拟实验室的教学应用

虚拟实验室是一种利用计算机技术模拟和模仿实际实验场景的教育工具。与传统实验室相比，虚拟实验室具有低成本、易于管理、可随时随地进行学习等优势。下面将深入探讨虚拟实验室的教学应用，包括其定义、特点、优势、设计原则以及对教育的影响。

（一）虚拟实验室的定义与特点

1.定义

虚拟实验室是指通过计算机技术和虚拟现实技术，模拟实验过程和实验环境，使学生能够在虚拟的场景中进行实验操作，获取实验数据，进行实验分析和讨论。

2.特点

模拟性：虚拟实验室通过模拟实际实验环境，提供与真实实验相似的学习体验。

互动性：学生可以通过虚拟实验室与实验环境进行互动，进行实验操作，获取实时反馈。

可重复性：学生可以反复进行虚拟实验，强化对实验过程和结果的理解。

安全性：虚拟实验室避免了一些实验中可能涉及的危险因素，提供了更安全的学习环境。

多样性：可以模拟多种实验场景，涵盖不同学科和专业领域。

（二）虚拟实验室的教学应用优势

1.降低成本

传统实验室需要购买昂贵的仪器设备、实验材料和耗材，而虚拟实验室的建设成本相对较低。学校和教育机构可以通过虚拟实验室节省大量经费，使得更多的学生能够获得实验机会。

2. 提高学生参与度

虚拟实验室通过互动性和模拟性的特点，能够提高学生的参与度。学生可以在虚拟环境中主动进行实验操作，获得实时的反馈，这有助于激发学生的学习兴趣和积极性。

3. 克服时间和空间限制

传统实验室通常需要学生在特定的时间和地点进行实验，而虚拟实验室可以随时随地进行学习。学生不再受制于固定的实验时间，可以更加灵活地安排学习时间，适应个体差异。

4. 提高实验重复性

虚拟实验室允许学生反复进行实验，强化对实验过程和实验结果的理解。学生可以在不同的条件下进行实验，观察不同的结果，从而更深入地理解实验原理和知识。

5. 提供安全的学习环境

一些实验可能涉及危险品或对学生安全构成潜在威胁。虚拟实验室提供了更加安全的学习环境，学生可以在没有实际风险的情况下进行实验操作，避免了潜在的安全隐患。

（三）虚拟实验室的设计原则

1. 真实性和模拟性

虚拟实验室的设计应追求真实性和模拟性，即能够准确地模拟实际实验环境和过程。这包括对实验仪器、实验材料、实验过程的真实还原，以便学生在虚拟环境中获得尽可能真实的实验体验。

2. 互动性和参与度

虚拟实验室应具备强烈的互动性，让学生能够积极参与实验操作。提供实时的交互和反馈机制，使学生能够感受到自己的操作对实验结果的影响，从而增加学生的参与度和学习体验。

3. 个性化学习路径

设计虚拟实验室时，应考虑学生的个体差异，提供个性化的学习路径。这可以通过设立不同难度级别的实验任务、提供额外的学习资源或调整实验参数等方式实现，以满足不同学生的学习需求。

4. 实践导向和问题解决

虚拟实验室的设计应强调实践导向，使学生能够通过实验操作解决实际问题。设置探究性的实验任务，鼓励学生通过实验获得数据，进行数据分析，找到提出问题和解决问题的方法，培养解决实际问题的能力。

5. 跨学科整合

在设计虚拟实验室时，可以考虑跨学科整合，将不同学科的知识和实验元素有机结合，形成更综合的虚拟实验体验。这有助于拓展学生的学科视野，培养跨学科思维和综合应用能力。

（四）虚拟实验室在不同学科中的应用

1. 物理学

在物理学中，虚拟实验室可以模拟各种物理现象，如光学、力学、电磁学等。学生可以通过虚拟实验平台进行电路实验、光学实验等，观察和分析实验现象，深入理解物理学原理。

2. 化学

在化学中，虚拟实验室可以模拟化学反应、溶解过程、分子运动等实验场景。学生可以在虚拟环境中进行安全的酸碱中和实验、观察化学反应动态等，加深对化学知识的理解。

3. 生物学

在生物学领域，虚拟实验室可以模拟生物实验，如细胞分裂、生物鉴定、生态系统模拟等。学生可以通过虚拟实验平台了解生物实验的基本原理，进行虚拟解剖和实验操作，加深对生物学概念的理解。

4. 工程学

在工程学中，虚拟实验室可以用于模拟各种工程实验，如材料测试、电路设计、机械结构分析等。学生可以通过虚拟实验平台进行电子电路设计、材料性能测试等实验，提高工程实践能力。

5. 计算机科学

在计算机科学中，虚拟实验室可以用于模拟程序设计、网络配置、数据库操作等实验。学生可以在虚拟实验环境中进行编程实践、网络搭建等操作，提高计算机科学技能。

（五）虚拟实验室对教育的影响

1. 促进实验教学的普及

虚拟实验室的使用可以弥补实际实验设备和场地的不足，使实验教学更具普及性。学校和机构可以通过虚拟实验室向更多学生提供实验机会，无论他们身在何处。

2. 拓展学生实践经验

虚拟实验室不受时间和地点的限制，可以随时随地进行实验操作。这拓展了学生的实践经验，使他们能够更加灵活地进行实验操作，提高实际问题解决能力。

3. 培养学生自主学习能力

在虚拟实验室中，学生通常需要主动进行实验操作和数据分析。这培养了学生的自主学习能力，使其能够更好地组织学习时间、解决实验中的问题，并加深对知识的理解。

4. 提升实验安全性

一些实验涉及有害物质或潜在的安全风险，虚拟实验室提供了更安全的学习环境。学生可以在虚拟环境中进行实验，无须担心实验操作可能带来的危险。

5. 支持远程教育

虚拟实验室的特点使得它成为远程教育的理想选择。学生无须亲临实验室，通过网络即可参与虚拟实验，这为远程学习提供了更多实践机会。

（六）未来发展趋势

1. 增强现实和虚拟现实的整合

未来，虚拟实验室有望加强与增强现实和虚拟现实技术的整合。AR 和 VR 技术可以提供更加沉浸式的虚拟实验体验，使学生能够更直观地与实验环境互动。通过 AR 和 VR 的整合，学生可以在虚拟环境中模拟实验操作，观察实验结果，并与虚拟实验室中的物体进行互动，这将极大地提高虚拟实验室的真实感和互动性。

2. 智能化和个性化学习

未来的虚拟实验室将更加智能化，借助大数据分析和机器学习算法，能够根据学生的学习情况和需求提供个性化的实验体验。这意味着虚拟实验室可以根据学生的表现调整实验难度，提供个性化的反馈和支持，以满足不同学生的需求。

3. 跨学科整合

未来的虚拟实验室将更多地强调跨学科整合。它不仅能模拟特定学科领域的实验，还能整合不同学科的元素，模拟综合性的实验场景，培养学生跨学科思维和解决复杂问题的能力。

4. 开放式教育资源

虚拟实验室的设计和实施可以借助开放式教育资源，使更多的教育机构和学生能够访问和使用。通过共享虚拟实验室资源，可以降低教育的门槛，提供更多的学习机会。

5. 合作学习和远程实验

虚拟实验室还有望更好地支持合作学习和远程实验。学生可以在虚拟实验室中共同进行实验操作，解决问题，加强合作和沟通能力。此外，虚拟实验室的远程性质意味着学生可以随时随地参与实验，不局限于实验室的时间和地点。

虚拟实验室是一种强大的教育工具，可以有效模拟实验环境，提供丰富的学习体验。它的应用领域广泛，可以在不同学科中提供实践机会，提高学生的参与度和实际问题解决能力。虚拟实验室的优势在于降低成本、提高学生参与度、拓展学生实践经验、培养自主学习能力、提高实验安全性和支持远程教育。

未来，虚拟实验室有望更好地整合 AR 和 VR 技术，提供智能化和个性化学习体验，强调跨学科整合，提供更多的开放式教育资源，促进合作学习和远程实验。通过不断改进设计和利用新技术，虚拟实验室将继续对教育产生积极的影响，为学生提供更好的实验和学习机会。

二、模拟软件在不同学科的实践

模拟软件是一类利用计算机技术模拟和模仿实际场景或过程的工具。随着科技的不断发展，模拟软件在教育领域得到了广泛的应用。下面将深入探讨模拟软件在不同学科中的实践，包括其定义、特点、应用领域、设计原则以及对教育的影响。

（一）模拟软件的定义与特点

1. 定义

模拟软件是一种通过计算机程序模拟实际过程或系统的工具。它可以模拟各种复杂的场景，提供虚拟实验、实际操作和情景模拟，以帮助学生更好地理解和应用学科知识。

2. 特点

真实性：模拟软件能够高度还原实际场景，使学生获得接近实际经验的学习体验。

互动性：学生可以通过模拟软件与虚拟环境进行互动，进行实际操作和决策，获取实时反馈。

可重复性：学生可以反复进行模拟，强化对实际过程和问题的理解，提高实践经验。

安全性：模拟软件避免了一些实际操作可能带来的危险，提供更安全的学习环境。

跨学科应用：模拟软件可以应用于多个学科领域，涵盖了从自然科学到社会科学的广泛范围。

（二）模拟软件在不同学科的应用领域

1. 物理学

在物理学中，模拟软件可用于模拟各种物理现象和实验。例如，通过物理模拟软件，学生可以模拟自由落体实验、光学现象、电磁场分布等，观察和分析物理规律，加深对物理学概念的理解。

2. 化学

在化学领域，模拟软件可以模拟化学反应、分子结构、溶解过程等实验场景。学生可以通过虚拟化学实验室进行安全的酸碱中和、溶解实验等操作，提高对化学知识的实际运用能力。

3. 生物学

模拟软件在生物学中的应用范围广泛，可以模拟细胞分裂、生态系统的变化、遗传过程等。通过生物模拟软件，学生可以观察生物实验的过程，深入了解生物学原理。

4. 工程学

在工程学领域，模拟软件可以用于模拟各种工程实验和设计。例如，学生可以使用工程模拟软件进行电路设计、材料强度分析、结构力学模拟等，提高实际工程问题的解决能力。

5. 医学

在医学教育中，模拟软件广泛应用于临床技能培训、解剖学习等方面。虚拟手术室和解剖模拟软件使医学生能够在虚拟环境中进行手术模拟和解剖实践，提高操作技能和诊断能力。

6. 计算机科学

在计算机科学中，模拟软件可用于编程实践、算法设计等。学生可以通过虚拟编程环境进行实际的编程操作，测试算法，模拟计算机系统的运行，加深对计算机科学原理的理解。

7. 社会科学

在社会科学领域，模拟软件可用于模拟社会系统、经济模型、心理实验等。学生可通过虚拟社会模拟软件了解社会变迁、政策影响、市场行为等，以及进行心理学实验，模拟不同的社会情境，深入理解社会科学理论和方法。

（三）模拟软件的设计原则

1. 真实性和模拟性

模拟软件设计的首要原则是要追求真实性和模拟性，即能够准确地模拟实际场景和过程。这包括对物理现象、化学反应、生物系统等进行真实还原，以使用户在虚拟环境中获得尽可能真实的体验。

2. 互动性和参与度

设计模拟软件时应注重互动性，使用户能够积极参与模拟过程。提供实时的交互和反馈机制，使用户能够感受到他们的决策和操作对模拟结果的影响，从而提高用户的参与度和学习体验。

3. 多样性和个性化

考虑用户的多样性，设计模拟软件时应具备多样性和个性化的特点。不同的用户可能有不同的学科背景、学习风格和兴趣点，模拟软件应该能够提供多样化的场景和任务，同时支持用户根据自身需求进行个性化的学习。

4. 实践导向和问题解决

模拟软件的设计应强调实践导向，使用户能够通过模拟实际场景解决问题。通过设定探究性的任务，鼓励用户在模拟环境中进行实际操作，观察、分析和解决问题，以培养实际问题的解决能力。

5. 跨学科整合

模拟软件的设计可以考虑跨学科整合，将不同学科的知识和实验元素有机结合，形成更为综合的模拟体验。这有助于拓展用户的学科视野，培养跨学科思维和能力。

（四）模拟软件对教育的影响

1. 拓展学科学习边界

模拟软件的应用使得学科学习不再局限于课堂和实验室。学生可以通过模拟软件更深入地探讨学科知识，模拟不同学科的实际应用，拓展学科学习的边界。

2. 提高学生实践经验

模拟软件提供了安全、虚拟的实践环境，学生可以在模拟中进行实际操作，观察实验结果，模拟实际问题，从而提高实践经验和解决问题的能力。

3. 促进探究式学习

设计良好的模拟软件鼓励学生进行探究式学习。学生在模拟环境中主动提出问题、进行实验、解决问题，这有助于培养他们的主动学习态度和独立思考能力。

4. 提升学科知识应用能力

通过参与模拟，学生能够更好地理解学科知识的应用场景。他们可以将学科理论知识应用于模拟环境中，实际操作加深对理论的理解，提升知识的应用能力。

5. 促进跨学科学习

跨学科整合的模拟软件能够促进学生进行跨学科学习。学生在模拟过程中可能涉及多个学科领域，从而培养跨学科思维和能力，更好地理解复杂的实际问题。

模拟软件在不同学科中的应用已经成为教育领域的一项重要趋势。通过虚拟实验室和模拟软件，学生可以在安全、互动的环境中进行实际操作和问题解决，增强了实践经验和应用能力。设计良好的模拟软件应具备真实性、互动性、多样性、实践导向和跨学科整合的特点，以更好地服务于教育目标。

未来，模拟软件的发展趋势将主要体现在与增强现实和虚拟现实技术的整合、智能化和个性化学习、开放式资源共享、社交学习和合作等方面。这将为学生提供更为丰富、沉浸式和灵活的学习体验，推动教育向更具创新性和实践性的方向发展。

第九章　教师的可持续及专业化发展

第一节　可持续发展的理论基础

一、可持续发展教育的核心理念

可持续发展是当今社会面临的一项巨大挑战，涉及经济、社会、环境等多个层面。教育作为社会变革和可持续发展的关键领域，被赋予了培养创新者和社会责任感的任务。可持续发展教育旨在培养学生全面的认知、技能和价值观，使他们能够理解并应对全球性的挑战。下面将深入探讨可持续发展教育的核心理念，包括其定义、基本原则、重要性以及在教育体系中的角色。

（一）可持续发展教育的定义

可持续发展教育是一种综合性的教育模式，其目标是通过教育培养具备可持续思维和行为的公民，使他们能够在个体层面和社会层面上为可持续发展作出贡献。这种教育形式旨在促使学生不仅关注个人成就，还关注社会、环境和经济的可持续性。

可持续发展教育的核心理念可以概括为：

全球视野：强调学生需要具备全球视野，了解全球性问题、尊重不同文化，并能够跨越国界进行合作。

综合性思维：培养学生综合考虑社会、经济和环境层面的能力，促使他们形成系统性思维。

跨学科学习：强调不同学科之间的关联性，鼓励跨学科的学习，以解决复杂的现实问题。

可持续生活方式：培养学生形成可持续的生活方式，包括对资源的负责任使用、对环境的尊重以及社会责任感。

社会公正：强调对社会公正的重视，关注社会中的不平等现象，鼓励学生参与社会公益活动。

（二）可持续发展教育的基本原则

全面性和综合性：可持续发展教育关注个体的全面发展，不仅涉及知识和技能的培养，还包括价值观、道德和公民责任等方面。

实践导向：注重将理论与实际结合，通过实际项目、实践活动等方式培养学生的实际问题解决能力。

培养批判性思维：培养学生批判性思维，使他们能够深入分析问题、质疑现状，并寻找创新的解决方案。

跨学科整合：在教学中强调不同学科之间的相互关系，鼓励学科的整合，使学生能够涉足多个领域。

参与性和合作性：培养学生的参与精神和合作意识，使他们能够在协作中学习、解决问题，并培养团队协作的能力。

（三）可持续发展教育的重要性

应对全球性挑战：可持续发展教育旨在培养有能力应对全球性挑战的人才，如气候变化、资源短缺等。

塑造未来领导者：通过培养学生的领导力、创新力和团队协作精神，可持续发展教育致力于培养未来的社会领导者。

提高公民素质：通过关注社会责任、公民道德，可持续发展教育有助于提高学生的公民素质，使他们成为具有社会责任感的公民。

促进经济可持续性：可持续发展教育强调经济、社会和环境的平衡，有助于培养具备持续创新能力的人才，推动经济的可持续发展。

塑造可持续文化：可持续发展教育有助于塑造一种可持续的文化，使可持续发展的理念深入人心，成为社会行为的一部分。

（四）可持续发展教育在全球教育体系中的角色

教育政策与改革：可持续发展教育需要得到政府层面的支持，通过教育政策和改革，将可持续发展教育纳入学校和课程体系，确保其在教育体系中的地位。

教育机构的角色：教育机构在可持续发展教育中扮演着关键的角色。学校和大学可以通过调整课程设置、推动跨学科教学、加强实践性项目和社会参与，培养学生对可持续发展的理解和实践能力。

教育者的责任：教育者在可持续发展教育中有着重要的责任。他们需要更新教育理念，提升自己的可持续发展知识水平，通过激发学生的学习兴趣，引导他们思考全球性问题。

全球合作与交流：可持续发展是一个全球性的议题，需要各国在教育领域进行合作与交流。通过国际性的项目、学术交流，可以促进不同国家在可持续发展教育方面的经验共享与互补。

社会与企业参与：除了政府和教育机构，社会和企业也应该积极参与可持续发展教育。社会可以通过提供社会实践机会、支持公益项目等方式，培养学生的社会责任感。企业可以与学校合作，提供实习机会，将可持续发展理念融入企业文化。

（五）未来发展趋势

数字化技术的应用：随着数字化技术的发展，虚拟现实、在线学习平台等工具将更广泛地应用于可持续发展教育。这将提供更多元的学习体验，促进学生更深入地理解全球性问题。

跨学科研究的深化：未来可持续发展教育将更加注重跨学科研究。不仅是跨学科教学，还将有更多的研究项目涉及多个学科领域，推动可持续发展教育理论和实践的深化。

社会参与的强化：未来可持续发展教育将更加强调社会参与。学生将有更多机会参与社会实践、义工活动，亲身体验和解决实际问题，培养实际操作能力。

全球合作的加强：面对全球性挑战，各国将更加加强合作，共同推动可持续发展教育。国际性的研究项目、学术交流将更加频繁，促进全球可持续发展教育的共同进步。

注重社会创新：未来可持续发展教育将更加注重社会创新。培养学生具备解决实际问题的能力，鼓励他们成为社会变革的引领者，推动社会的可持续发展。

可持续发展教育的核心理念包括全球视野、综合性思维、跨学科学习、可持续生活方式以及社会公正。这一理念强调教育的目标不仅是传授知识和技能，更是培养学生全面发展的能力，使他们能够在复杂多变的环境中作出积极贡献。

在全球范围内，可持续发展教育在教育体系中的角色至关重要。政府、教育机构、教育者、社会和企业等需要共同努力，推动可持续发展教育的实施。未来，随着社会的发展和教育理念的不断演变，可持续发展教育将面临新的挑战和机遇，为塑造可持续的未来社会作出更为重要的贡献。

二、环境教育与可持续发展

在当前全球面临日益严重的环境问题的背景下，环境教育与可持续发展成为备受关注的重要议题。环境教育旨在提高人们对环境问题的认识，激发对可持续发展的责任感，培养具备环境意识的公民。下面将深入探讨环境教育与可持续发展的紧密联系，包括二者的定义、目标、实践方法以及对未来的启示。

（一）环境教育与可持续发展的定义

1. 环境教育的定义

环境教育是一种以提高个体和社会对环境问题的认识为目标的教育形式。它旨在培养人们对环境的敬畏感、理解力和解决问题的能力，使其具备环保行为和可持续生活方式。环境教育的范围涵盖自然科学、社会科学、伦理学等多个领域，以全面了解和解决环境问题。

2. 可持续发展的定义

可持续发展是一种在满足当前需求的基础上，确保不会损害未来世代满足其需求的能力的发展方式。这种发展模式关注经济、社会、环境之间的平衡，旨在创造一个能够持续繁荣的系统，避免过度开发资源和对环境的破坏。

（二）环境教育与可持续发展的目标

提高环境意识：环境教育旨在通过传授环境知识和问题解决能力，提高个体和社会对环境问题的认识和理解。

培养可持续行为：环境教育的目标之一是培养人们采取可持续行为的能力，包括资源的节约利用、废物的减少、能源的有效利用等。

激发环保责任感：通过环境教育，激发人们对环保的责任感，认识到个体的行为对整体环境的影响，从而主动参与环保行动。

促进全球合作：可持续发展的核心理念之一是全球合作。环境教育通过国际合作项目和交流活动，培养学生具备全球视野和团队协作的能力。

倡导公平与公正：可持续发展旨在实现社会的公平与公正。环境教育通过强调社会与环境的关系，推动社会的公平发展，减少环境不平等。

（三）环境教育与可持续发展的实践方法

课堂教育：通过将环境教育融入学校和大学的课程体系，教育机构可以培养学生对环境问题的认识。这包括环境科学、生态学、可持续发展等相关课程的设置。

实地考察和实践活动：通过实地考察和实践活动，学生能够亲身体验环境问题，并学习解决问题的实际技能。这包括参观环境保护项目、参与植树活动等。

社区参与项目：通过参与社区环境保护项目，学生可以深入了解本地环境问题，并通过实际行动促进社区的可持续发展。

科技应用：利用科技手段，如虚拟现实、在线课程等，拓展环境教育的传播渠道，提高公众对环境问题的关注度。

国际交流与合作：通过国际交流与合作项目，学生能够了解不同国家的环境问题、解决方案，并共同探讨全球性环境挑战。

（四）环境教育与可持续发展的重要性

培养可持续思维：环境教育培养了人们具备可持续思维的能力，使他们在决策和行为中考虑到环境、社会和经济的相互关系。

塑造可持续生活方式：通过环境教育，人们更容易接受和实践可持续生活方式，包括减少能源消耗、垃圾分类、绿色出行等。

推动政策变革：具备环境教育背景的人们更有可能关注并参与环保政策的制定与改革，促使政府和企业朝更加环保可持续的方向发展。

加强社会责任感：环境教育有助于加强个体和社会的环保责任感，使人们认识到自己的行为对环境和社会产生的影响，从而更积极地参与环境保护和可持续发展的实践。

促进全球合作：环境教育培养了全球视野和跨文化交流的能力，推动人们超越文化差异，共同应对全球性的环境挑战。这种全球合作是可持续发展的基石之一。

解决复杂环境问题：环境问题往往涉及多个领域，涵盖自然、社会、经济等多个方面。通过环境教育培养的跨学科思维和解决问题的能力，有助于更好地应对复杂的环境问题。

（五）环境教育与可持续发展的未来发展趋势

数字化技术的应用：随着科技的发展，数字化技术如虚拟现实、在线课程、互动应用等将更广泛地应用于环境教育，提供更丰富、生动、有趣的学习体验。

强调公民教育：未来的环境教育将更加强调公民教育，培养学生在全球化背景下的责任感和参与意识，关注全球性的环境和社会问题。

社会创新的整合：环境教育将更加注重与社会创新的结合，鼓励学生提出创新性的解决方案，推动可持续发展实践进入新阶段。

可持续发展指数的引入：在教育评估中引入可持续发展指数，评估学校、学生和教育机构在可持续发展方面的贡献，推动教育体系更加注重可持续发展。

产业界与教育的更紧密合作：未来，产业界与教育机构将更加紧密地合作，通过提供实践项目、实习机会等方式，将环境教育与实际问题解决相结合，培养更为实用的环境专业人才。

环境教育与可持续发展之间存在紧密的联系和互动关系。通过提高对环境问题的认识、培养可持续思维、激发社会责任感，环境教育为实现可持续发展目标提供了坚实的基础。在未来，随着社会的发展和教育理念的演进，环境教育与可持续发展将继续发挥重要作用，为培养更有环保意识、责任感、创新精神的公民作出贡献。通过不断创新教育方法、强化国际合作、推动全球公民教育等途径，我们有望迎来更加绿色、可持续的未来。

三、教育实践中的可持续性原则

教育实践是塑造未来社会的重要途径之一。随着全球社会对可持续发展的日益关注，将可持续性原则融入教育实践中变得至关重要。下面将深入探讨教育实践中的可持续性原则，包括定义、核心原则、实践方法以及对学生和社会的影响。

（一）可持续性原则的定义

可持续性原则在教育实践中涵盖了一系列理念和行为准则，其目标是通过教育的方式促进社会、环境和经济的可持续发展。这些原则旨在培养学生具备关注全球问题、实践可持续生活方式、推动变革的能力。

（二）核心原则

综合性和系统性：教育实践中的可持续性原则要求将环境、社会、经济等因素纳入综合性思考。学生需要了解这些因素之间的相互关系，以便更好地应对复杂的全球挑战。

长期视角：可持续性教育注重长期影响，培养学生具备长期思考和规划的能力。这包括对未来社会和环境的关注，以及为可持续发展作出贡献的承诺。

跨学科教学：可持续性原则倡导跨学科的教学方法，使学生能够从多个学科角度来理解和解决问题。这有助于培养学生的综合性思维和解决问题的能力。

社会公正：教育实践中的可持续性原则追求社会公正，要求关注社会中的不平等现象，倡导平等权利和机会的分配。

参与和合作：学生的参与和合作是可持续性教育的核心。通过参与实践项目、社区服务和国际合作，学生能够在实际中学到更多，并培养社会责任感。

（三）实践方法

项目式学习：项目式学习是一种强调实际应用和解决实际问题的教学方法。学生通过参与项目，探究和解决真实的问题，培养实践能力和可持续发展意识。

社区参与和服务学习：将学生与社区连接起来，通过参与社区服务学习项目，使学生亲身体验社会和环境的问题，促使他们更加关注社区的可持续发展。

模拟和实验：利用模拟和实验的方式，让学生在受控的环境中体验各种情境，从而更好地理解可持续性原则，并培养解决问题的能力。

国际交流与合作：通过国际交流与合作项目，学生能够了解不同文化和国家的可持续发展经验，拓展他们的国际视野，从而更好地应对全球性挑战。

数字化技术的应用：利用在线学习平台、虚拟实境等数字化技术，扩大可持续性教育的传播渠道，提供更灵活、便捷的学习体验。

（四）对学生的影响

全面发展：教育实践中的可持续性原则致力于培养学生的全面发展。不仅关注其学科知识，还注重培养其领导力、团队协作精神、创新能力等综合素养。

环保意识：学生通过可持续性教育更容易形成环保意识，认识到自己的行为对环境的影响，从而更加主动地采取可持续的生活方式。

社会责任感：可持续性教育强调社会责任感，培养学生关注社会公正、推动社会变革的使命感，使其具备更强烈的社会责任感。

全球视野：通过国际交流与合作项目，学生将更容易形成全球视野，认识到全球性问题需要全球性思考和合作，为其未来的职业和生活提供更广阔的发展空间。

解决问题的能力：可持续性教育培养学生解决问题的能力。学生通过参与实践项目、模拟实验等方式，能够在实际中应用所学知识，培养解决实际问题的能力。

（五）对社会的影响

培养可持续发展的专业人才：教育实践中的可持续性原则有助于培养更多具备可持续发展视野的专业人才。这些人才在各个领域都能够应对复杂的可持续性挑战，推动行业向更为可持续的方向发展。

推动社会变革：可持续性教育通过培养学生的社会责任感和领导力，推动社会变革。学生成为具有变革能力的公民，能够倡导和实施社会、环境和经济的可持续性变革。

形成可持续发展的社会文化：教育实践中的可持续性原则有助于形成一种强调可持续发展的社会文化。这种文化将影响人们的价值观和行为准则，促使整个社会更加注重可持续性。

促进企业社会责任：可持续性教育培养出的学生进入社会后，有望促使企业更加重视社会责任，采取可持续的商业实践，推动产业向绿色、环保方向发展。

加强国际合作：通过国际交流与合作项目，教育实践中的可持续性原则促进国际间的合作。各国学生共同面对全球性的可持续性挑战，通过共同努力寻求解决方案。

（六）挑战与应对

课程整合难题：整合可持续性原则到课程中可能面临难题，因为传统的学科框架通常是分立的。为了解决这个问题，需要采用跨学科的教学方法，鼓励教育机构在课程设计中更加综合性地思考问题。

教育资源不足：有些地区可能缺乏相关的教育资源，如教材、实践项目等。

为了解决这一问题，需要政府、企业和非政府组织共同努力，提供更多支持和资源。

培训师资困难：教育实践中的可持续性原则需要教育者具备相应的知识和技能。培训师资是一个挑战，需要投资教育者的培训，确保他们能够有效地传授可持续性的理念。

社会观念和体制问题：一些社会观念和体制问题可能成为推动可持续性教育的障碍，特别是当这些观念与传统的教育理念相冲突时。需要进行深刻的社会变革，以适应可持续性教育的需求。

（七）未来展望

全球合作：随着全球化的深入，未来可持续性教育将更加强调全球合作。各国教育机构将更紧密地合作，共同应对全球性的可持续性挑战。

数字化技术的应用：随着科技的进步，数字化技术如虚拟现实、在线课程等将更广泛地应用于教育实践，提供更灵活、便捷的学习方式。

社会企业的崛起：社会企业将在推动可持续性教育中扮演更为重要的角色。它们将通过商业实践结合社会责任，成为可持续性教育的推动者。

可持续性评估体系的建立：未来可持续性教育可能会建立更为完善的评估体系，通过指标和标准来评估学校、教育者和学生在可持续性方面的贡献。

学生参与的强化：未来可持续性教育将更加强调学生的参与。学生不仅是知识的接收者，更是变革的推动者，积极参与到社会和环境的可持续发展中。

教育实践中的可持续性原则是塑造未来社会的关键因素之一。通过将可持续性原则融入教育实践，能够培养具备全球视野、综合思考和社会责任感的人才。在克服挑战的过程中，全球范围内的合作、数字化技术的应用以及社会企业的崛起将为可持续性教育带来更多机遇。未来，有望看到一个更加注重可持续性发展的教育体系，为社会的绿色、和谐和可持续发展贡献力量。

第二节 教师的职业道德与责任

一、教育伦理与职业操守

教育伦理与职业操守是教育工作者和机构在履行教育使命、塑造学生品格时必须遵循的道德规范。这一领域涉及师生关系、知识传递、评价体系等多个方面。在不断变化的社会环境中，教育伦理与职业操守的重要性愈加凸显。下面将深入探讨这两者的概念、核心原则、实践方法以及面临的挑战与前景。

（一）教育伦理与职业操守的概念

教育伦理：教育伦理是一种涉及教育行为和教育目标的道德规范。它强调在教育过程中要遵循的道德准则，包括对学生的尊重、公正、负责任等方面的原则。

职业操守：职业操守是指从事某一职业的人必须遵循的行为规范和道德标准。在教育领域，职业操守要求教育从业者在教学、管理、评估等方面保持高尚的品德和行为操守。

（二）核心原则

尊重个体差异：教育伦理与职业操守要求教育者尊重学生的个体差异，包括文化、性别、能力等方面的差异。不歧视、不偏袒，给予每个学生平等的机会。

公正和公平：教育者应该在教育过程中保持公正和公平，确保每个学生都有平等的学习机会，不受社会背景、经济条件等因素的制约。

专业素养：教育从业者应当具备专业素养，包括丰富的学科知识、教学技能、沟通能力等。他们应该不断提升自己的专业水平，为学生提供优质的教育服务。

负责任：教育者应当对自己的工作负起责任，包括对学生学业的负责、对学科的负责，同时也要对教育体制中的不公正现象有很强的责任感。

保护学生权益：教育者有责任保护学生的权益，确保他们在学校内部获得安全、积极、有益的学习环境，防范欺凌等问题。

（三）实践方法

建立良好的师生关系：良好的师生关系是教育伦理与职业操守的基础。教育者应该建立互信、尊重、理解的关系，关心学生的成长和发展。

提供个性化的教学：考虑到学生的个体差异，教育者应该采用个性化的教学方法，满足学生不同的学习需求，激发他们的学习兴趣。

不断发展专业：通过参与教育研讨会、培训课程等，教育者可以不断提升自己的专业水平，跟上教育领域的最新发展。

建立有效的评价体系：设计公正、科学、客观的评价体系，确保对学生的评价是准确的、全面的，同时也要注重对学生的激励和引导。

积极参与社区：教育者应该积极参与社区活动，关注社会问题，为学生树立榜样，培养他们的社会责任感。

（四）面临的挑战与前景

社会变革的压力：随着社会的不断变革，教育伦理与职业操守也面临新的挑战。如何在社会变革的压力下保持职业操守，是当前教育者需要思考的问题。

科技发展的影响：科技的发展为教育带来了新的机遇，但也带来了新的伦理问题，例如隐私保护、人工智能在教育中的应用等。教育者需要在科技发展的同时，谨慎处理伦理问题。

教育存在的挑战：教育中存在的一些挑战，如升学压力、竞争激烈等。

全球化的影响：全球化使得教育者面临更加多元化的教育环境，涉及不同文化、价值观、教育体系等。因此，教育者需要适应全球化的趋势，以更好地适应跨文化背景下的教育需求。

资源分配的不均衡：不同地区、不同学校之间存在资源分配的不均衡。解决资源不均衡问题是提升整个教育体系伦理水平的重要一环。

未来，教育伦理与职业操守面临的挑战将不断涌现，但也有着广阔的前景。

强化教育伦理的培训：针对教育者，可以加强教育伦理与职业操守的培训，使其深刻理解道德规范、懂得如何应对复杂伦理问题，提高整体伦理水平。

推动法规与政策的发展：法规与政策的完善对于规范教育者行为和保障学生权益至关重要。政府和教育机构应该致力于制定更为明确和全面的法规，从而推动整个教育体系的良性发展。

倡导全人教育：传统教育往往过于注重知识传递，未来的教育应该更加注重全人教育，培养学生的道德情操、创新能力、团队协作等方面的素养，从而更好地回应社会对于全面发展的需求。

强调教育的社会责任：教育者应该更加强调自己的社会责任，不仅是知识的传递者，更是社会价值观念的引导者。通过强调教育的社会责任，可以更好地引导教育工作者履行其职业操守。

建立跨学科伦理研究：面对新兴科技、社会结构的变化，建立跨学科伦理研究团队，探讨教育伦理与职业操守在复杂环境中的应对策略，有助于更好地适应未来的发展。

教育伦理与职业操守是教育体系中的灵魂，直接关系到学生的成长、社会的发展。在当今社会，教育者需要不断强化自己的伦理观念，保持高尚的职业操守。面对未来，我们期待教育伦理与职业操守能够更好地适应社会的发展变革，引导教育事业朝着更加人性化、全面发展的方向迈进。通过全社会的共同努力，我们有望构建一个更加公正、平等、关爱的教育环境，为每一位学生的未来奠定坚实的基础。

二、师德建设与教师道德责任

师德建设与教师道德责任是教育体系中至关重要的组成部分。师德建设是指通过一系列的教育和培训活动，提高教师的道德素养、职业操守，使其成为学生的楷模和引导者。教师道德责任强调教师在教育实践中应该履行的义务和责任，包括对学生、对家长、对社会的责任。下面将深入探讨师德建设与教师道德责任的概念、核心原则、实践方法，以及未来的发展趋势。

（一）师德建设的概念

师德建设是指通过系统性的培训、教育活动，提高教师的道德修养和职业操守水平，使其更好地履行教育使命，成为学生的良师益友。师德建设旨在引导教师形成正确的人生观、价值观，促进其专业化发展。

（二）教师道德责任的概念

教师道德责任是指教师在教育过程中应该履行的道德义务和责任。这包括对学生的责任，对教育事业的责任，以及对社会的责任。教师道德责任强调教师作为社会公共服务者的特殊地位，要求其对学生的发展、社会的进步负有特殊的道德责任。

（三）师德建设与教师道德责任的核心原则

爱岗敬业：教师应当热爱自己的工作，全身心投入教育事业。只有对教育充满热情和责任心，教师才能在工作中不懈努力，为学生提供更好的教育服务。

尊重学生：尊重学生是师德建设和教师道德责任的基本原则之一。教师应当尊重学生的个性差异、尊严和权利，不歧视任何学生，提供平等的学习机会。

诚实守信：教师应该保持良好的职业操守，诚实守信。他们不应该以任何方式伪造学生成绩，更不应该违反职业道德，损害学生或学校的利益。

示范榜样：教师要成为学生的榜样，以身作则。良好的品德和行为举止能够对学生成长产生积极的影响，教育者要时刻注意自己的行为对学生的示范作用。

关爱学生：教育事业是一项充满人文关怀的事业，教师应该关爱学生，了解他们的需求、困惑和期望，积极支持他们的发展。

不断学习：教育是一个不断发展变化的领域，教师应该保持学习的状态，不断提高自己的专业素养，适应社会和科技的变革。

（四）实践方法

专业培训与发展：学校和相关机构可以组织各类专业培训，帮助教师提升教学水平、了解新的教育理念和方法，增强对学科知识、教育心理学、多元文化等方面的理解，以适应不断变化的教育环境。

建立良好的师生关系：良好的师生关系是培养学生道德情操和教育素养的关键。教师应该尽量了解学生的个性、家庭背景，以更有针对性地进行教育引导，使学生在尊重、信任的氛围中茁壮成长。

开展道德教育课程：在教育体系中引入道德教育课程，通过课堂教学、案例分析、讨论等方式，引导学生树立正确的价值观念和道德观念，提升道德素养。

建设教育伦理委员会：学校可以建设教育伦理委员会，负责监督和评估教育者的师德行为，通过同行评议和互动交流，促进教育者在道德层面的不断提升。

举办道德风采大赛：通过组织道德风采大赛，鼓励学生以及教师分享身边的先进事迹和优秀经验，倡导正能量，形成良好的道德风尚。

（五）面临的挑战与前景

社会价值观多元化：随着社会的发展，价值观念变得更加多元化。教师在教育过程中可能面临不同观念的碰撞，如何在多元化的社会中处理好教育伦理与职业操守面临的挑战是一个亟待解决的问题。

信息时代的冲击：在信息时代，信息传播更加迅速，社交媒体的兴起也为教育者的行为带来更大的曝光度。如何在互联网时代保护教育者的隐私权，同时维护良好的教育形象，是一个需要思考的问题。

教育资源不均衡：一些地区的教育资源相对匮乏，教育者可能面临教育条件不足的挑战。这需要政府和社会共同努力，提升全国各地教育资源的均衡发展。

家庭教育的影响：家庭教育在塑造学生的道德观念中起重要作用。在一些家庭教育较差的情况下，学生可能在道德方面存在一定问题，这也给教育者的道德责任带来一定挑战。

未来，师德建设与教师道德责任将面临更复杂多变的情况，但也有着明朗的前景。

全面推动教育现代化：随着信息技术的飞速发展，未来的教育将更加注重创新和个性化发展。教育者需要不断学习和更新知识，适应教育现代化的要求，以更好地履行自己的教育使命。

强化道德素养的培养：在教育体系中，应该更加注重对教育者和学生道德素养的培养。通过系统的道德教育课程、实践活动，引导教育者和学生树立正确的道德观念，增强社会责任感。

构建更加完善的师德建设机制：学校和社会应该共同构建更加完善的师德建设机制。这包括建设有效的培训体系、完善激励机制、加强道德评估等方面，形成系统化、长效化的师德建设体系。

加强国际合作：面对全球化的趋势，国际间的教育合作将更为紧密。通过与其他国家的教育机构分享经验、共同研究解决方案，可以促进全球范围内的教育伦理与职业操守的共同提升。

师德建设与教师道德责任是教育事业中不可或缺的重要组成部分。在不断发展的社会环境中，教育者需要时刻关注自己的师德建设，履行教育伦理与职业操守的责任。未来，随着社会的发展和教育理念的不断更新，师德建设与教师道德责任将进入一个更加复杂、多元的阶段。通过不断努力和改进，我们有望构建一个更加注重道德教育、更加人文关怀的教育环境，培养出更为优秀、有品德的新一代。

三、教师在社会变革中的角色与责任

教师作为教育体系的中坚力量，其在社会变革中的角色和责任愈加凸显。社会的变革涉及经济、科技、文化等多个方面，而教育是推动社会进步的重要力量之一。下面将深入探讨教师在社会变革中的角色和责任，以及应对社会变革的策略和发展趋势。

（一）教师在社会变革中的角色

知识传授者：教师作为知识的传授者，负责向学生传递学科知识和文化传统。在社会变革中，新的知识和技能不断涌现，教师需要不断更新自己的知识体系，以保持对学科的深入理解。

引导者和榜样：教师不仅是知识的传递者，更是学生价值观和行为习惯的引导者。在社会变革中，教师要通过言传身教，成为学生的榜样，引导他们树立正确的人生观和价值观。

创新推动者：面对社会的变革，教师需要成为创新的推动者。他们应该通过更新教学方法、采用新的教育技术，培养学生的创新思维和实践能力，使其更好地适应社会的发展。

社会责任者：教师在社会中扮演着社会责任的角色，他们要关心学生的全面发展，培养学生的社会责任感，使他们成为有担当、有贡献的社会成员。

跨文化传播者：随着全球化的深入，教师要能够在跨文化的背景下进行教学，培养学生具备跨文化交流和合作的能力，促进国际间的文化交流。

（二）教师在社会变革中的责任

培养适应变革的学生：社会变革意味着未来社会对人才的需求也在变化，教师的责任之一就是培养能够适应变革的学生。他们需要具备创新思维、团队协作、问题解决等综合能力，以更好地适应未来社会的发展。

传递核心价值观：面对社会的变革，教师需要传递社会核心价值观，引导学生树立正确的道德观念和价值观。这有助于培养学生的社会责任感，使他们在社会变革中能够成为积极的参与者。

关注学生心理健康：社会变革可能带来一系列的心理压力和困扰，教师要关注学生的心理健康，提供情感支持和心理辅导，帮助学生更好地面对变革中的困境。

引导思想解放：社会变革常常伴随着思想观念的解放和创新，教师要引导学生进行正确的思想解放，鼓励他们在不同观念间进行理性思考，培养独立思考和判断问题的能力。

参与社会问题解决：教师在社会变革中还有责任引导学生参与社会问题的解决。他们可以通过课堂讨论、社会实践等方式，激发学生对社会问题的关注，培养他们解决问题的能力。

不断发展专业：社会变革使得知识和技能更新速度加快，教师要不断进行专业发展，提高自己的综合素养。这包括参与行业研究、学习新的教学方法、适应新的科技工具等。

参与教育改革：面对社会的变革，教育体系也需要不断改革和创新。教师有责任积极参与教育改革，为教育体系的优化提供建议和支持，推动教育朝着更加适应社会变革的方向发展。

（三）教师在社会变革中的应对策略

跟随社会发展：教师要紧密关注社会的发展趋势，了解社会的需求和变化。通过持续学习和专业培训，使自己保持对新知识、新技术的敏感度，确保自己的教学内容与时俱进。

创新教育方法：面对学生的多样性和社会的多变性，教师需要不断创新教育方法。借助现代技术、互动教学等手段，提高教学的吸引力和实效性，激发学生的学习兴趣。

注重学科交叉：社会变革通常伴随着学科知识的交叉和融合。教师可以通过跨学科的教学方法，促使学生更好地理解和应用知识，培养综合素养。

关注学生个体差异：学生个体差异较大，教师要关注每个学生的特点和需求。实施个性化教学，满足不同学生的学习需求，使他们在社会变革中更好地找到自己的定位。

培养团队协作能力：社会变革往往需要团队的协同合作。教师可以通过团队项目、小组讨论等方式，培养学生的团队协作和沟通能力，使其更好地适应未来社会的工作环境。

强化社会责任教育：在教育中融入社会责任教育，引导学生关注社会问题，培养他们为社会发展贡献力量的意识和行动。

（四）未来发展趋势

强调创新教育：随着科技的迅猛发展，未来教育将更加强调创新能力的培养。教师需要成为创新教育的倡导者，通过创新教学方法，激发学生的创造力和实践能力。

数字化教育的普及：未来教育将更加数字化，教师需要善于利用教育科技工具，个性化地满足学生的学习需求，促使学生更好地适应数字时代的发展。

全球化教育：随着全球化的发展，未来教育将更加注重培养学生的国际视野和跨文化能力。教师要引导学生更好地融入国际社会，成为具有全球竞争力的人才。

社会责任教育的强化：未来社会将更加注重可持续发展和社会责任，教育将强调社会责任教育，培养学生对社会问题的认知和解决问题的能力。

教育科研的重要性：未来，教师需要更加注重教育科研的重要性。积极参与教育研究，推动教育理论的创新，为实践提供更科学的指导。

在社会变革的大背景下，教师作为教育体系的关键角色，承担着重要的责任和使命。他们不仅需要传授知识，更要引导学生适应社会的变革，培养他们的创新能力、团队协作能力和社会责任感。未来，随着社会的不断发展和教育理念的更新，教师的角色和责任将更加多样化和复杂化。通过不断努力和创新，教育体系有望更好地服务于社会发展的需要，培养更为优秀、全面发展的新一代。

第三节　持续学习与职业发展

一、终身学习的重要性

在信息时代，社会、科技和经济的快速发展使得知识的更新速度前所未有。终身学习作为一种学习理念和生活方式，越来越被强调。它不仅是一种适应现代社会的需要，更是一种积极主动的态度，代表了对不断进步、不断提升自己的追求。下面将探讨终身学习的定义、重要性以及实现终身学习的途径和策略。

（一）终身学习的定义

终身学习是一个广义的概念，它不仅指在学校包括大学受到的教育，更是一个贯穿整个人生的学习过程。终身学习强调个体在任何时候、任何地方都能获取新知识、新技能，以适应社会、经济和科技的快速变化。

终身学习包括但不限于以下几个方面：

自主学习：终身学习强调个体的自主学习能力。个体应该具备独立获取信息、分析问题、解决问题的能力，积极主动地寻求新知识和技能。

职业培训：随着职业领域的变化，终身学习还包括在职业生涯中接受职业培训，不断提升自己的职业技能，以保持竞争力。

社交学习：通过社交和交流，个体能够从他人的经验和见解中学到新的知识。这包括参与社区活动、专业组织、线上社交平台等。

参与文化活动：终身学习也涵盖了对文化、艺术、历史等领域的不断学习，以拓宽自己的视野，培养综合素养。

（二）终身学习的重要性

适应快速变化的社会：当今社会变化迅速，新技术、新观念层出不穷。终身学习使个体能够更好地适应这种变化，保持对社会发展的敏感性，不被淘汰。

提升就业竞争力：在竞争激烈的职场中，持续学习使个体能够不断提升自己的职业技能，增加在职场上的竞争力，有利于职业生涯的发展。

拓展个人视野：终身学习不仅有助于提高专业素养，还能够拓宽个人视野。

通过学习不同领域的知识，个体能够更全面地理解世界，更好地应对复杂多变的社会问题。

保持身心健康：终身学习有助于保持身心健康。学习过程中，个体需要保持积极的心态、灵活的思维。

提高社会参与度：终身学习使个体更具社会参与度。具备知识和技能的个体更容易参与社会活动、履行社会责任，对社会的发展作出积极贡献。

增强个体幸福感：持续学习和自我提升能够带来成就感和满足感，提高个体的幸福感。学习不仅是一种责任，更是一种享受。

（三）实现终身学习的途径和策略

设立学习目标：个体需要明确自己的学习目标，包括短期和长期的目标。目标的设立能够有针对性地推动学习行为。

制订学习计划：制订详细的学习计划有助于提高学习效率。计划可以包括学习的时间安排、学科选择、学习方法等。

利用现代科技：在信息时代，利用互联网、移动设备等现代科技工具可以更便捷地进行终身学习。在线课程、电子图书、学术数据库等资源能够为学习提供便利。

培养好奇心：好奇心是终身学习的动力之一。培养对未知事物的好奇心，积极主动地寻找问题的答案，推动自己不断学习。

参与社交学习：与他人交流学习经验、参与学习小组、加入专业组织等社交学习方式有助于获取更广泛的知识，通过交流不断优化自己的学习方法。

注重实践：实践是学习的重要环节。将学到的知识应用于实际情境中，不仅能够加深对知识的理解，还能够培养实际问题解决的能力。实践中的挑战和反馈是终身学习的重要组成部分。

接受反馈：在终身学习过程中，接受他人和自己的反馈是至关重要的。通过了解自己的不足和进步，及时调整学习策略，提高学习效果。

保持积极心态：学习过程中会面临各种挑战，保持积极的心态能够帮助个体更好地应对困难。学会从失败中学习，持续改进自己的学习方法。

定期评估学习计划：终身学习需要不断调整和优化学习计划。个体应该定期评估自己的学习计划，检查是否达到了设定的目标，是否需要进行调整。

寻找学习伙伴：与他人一同学习，可以在学习中获得更多的启发和支持。

学习伙伴可以共同分享学习资源，相互鼓励，提高学习的效果。

（四）终身学习的发展趋势

个性化学习：随着技术的发展，未来的学习将更加个性化。通过人工智能、大数据等技术，学习系统能够根据个体的学习风格、兴趣和需求，提供定制化的学习内容和方式。

跨学科学习：未来社会问题愈发复杂，跨学科的知识将变得更加重要。终身学习将更加注重跨学科的学习，培养个体解决复杂问题的能力。

虚拟现实学习：虚拟现实技术将为终身学习提供更为丰富的学习体验。通过虚拟现实技术，个体可以沉浸式地参与学习场景，提高学习的真实感和效果。

社交化学习：社交媒体和在线社交平台将成为重要的学习工具。未来终身学习将更加注重社交化学习，通过分享、讨论和合作，促进知识的传播和共享。

开放式学习资源：开放式学习资源的丰富将为终身学习提供更多选择。个体可以通过各种开放式在线课程、数字图书馆等资源获取所需知识。

终身学习的认可：未来社会将更加重视终身学习的重要性，相应的制度和机制将更加完善，为个体提供更多的学习机会和支持。

终身学习是适应当今社会快速变化的必然选择，是一个积极、主动的生活态度。在终身学习的过程中，个体不仅能不断提升自己的专业技能，更能培养创新思维、团队协作和解决问题的能力。随着科技的发展和社会的进步，终身学习将变得更加便捷、个性化，并在未来社会发展中扮演着愈发重要的角色。因此，每个个体都应该树立终身学习的观念，通过不断学习、不断进步，使自己更好地适应社会的需求，迎接未知的挑战。

二、教师的职业发展计划

教师作为教育事业中的中坚力量，其职业发展对教育体系和学生成长至关重要。一个明确的职业发展计划有助于教师更好地规划自己的职业生涯，提升专业素养，不断适应教育领域的变革。下面将探讨教师职业发展的重要性、制订职业发展计划的步骤以及推动职业发展的关键因素。

（一）教师职业发展的重要性

提升教育质量：教师是教育体系中的灵魂，其职业发展水平直接关系到教育质量。通过不断学习和提升自身能力，教师可以更好地履行教育使命，提高教学质量。

适应教育变革：教育领域在不断变革，教学方法、教育技术等方面都在发生变化。教师职业发展需要与时俱进，不断更新知识、适应新的教育理念和方法。

激发学生的学习兴趣：具备不断学习的精神的教师更容易激发学生的学习兴趣。通过职业发展，教师能够提供更富有创造力和激情的教学。

提高职业满意度：职业发展计划有助于教师更好地了解自己的职业方向和目标，从而更有动力投入工作。在不断进步中获得的成就感可以提高职业满意度。

拓宽职业视野：职业发展不局限于教学岗位，还可以包括教育管理、教育研究等方向。通过职业发展，教师可以拓宽自己的职业视野，寻找更多发展机会。

（二）制订教师职业发展计划的步骤

自我评估：了解自己的优势、劣势、兴趣和价值观是制订职业发展计划的第一步。通过反思自己的教育理念、教学风格、专业技能等方面，确定个人职业发展的方向。

设定明确目标：根据自我评估的结果，制定明确的职业发展目标。目标应该具体、可衡量、有时限，并能够激励个体努力前行。

了解行业动态：教育领域的变革较为迅速，教师需要不断关注行业动态。了解最新的教学理念、教育技术、政策法规等信息，以更好地适应行业的发展。

寻找发展机会：主动寻找职业发展机会是职业计划中的关键一环。这包括参与专业培训、学习新的教学方法、申请进修和深造等。

建立专业网络：与同行、上级、下级以及其他领域的专业人士建立联系、分享经验，获取职业建议，扩大自己的专业网络。

制订行动计划：根据设定的目标，制订切实可行的行动计划。明确每个阶段需要完成的任务和学习计划，使目标更具可操作性。

不断学习和反思：职业发展是一个不断学习和不断反思的过程。教师应该保持学习的热情，不断提高自己的综合素质。

（三）推动教师职业发展的关键因素

学校支持：学校作为教育机构，应该提供良好的职业发展环境和支持体系。这包括提供专业培训、职业指导、教学资源等。

同事合作：与同事之间的合作和共享经验对教师职业发展至关重要。建立学科组、教研组，共同研究教学方法，互相交流经验，共同进步。

家庭支持：家庭是教师事业背后的坚强支持。获得家庭的理解和支持，教师在职业发展的道路上会更为坚定和积极。

行业组织参与：参与教育行业的专业组织和协会，了解行业发展趋势，获取行业内的最新信息，获取职业机会和资源。

持续反思：持续反思是职业发展的重要环节。教师应该时刻关注自己的职业发展方向，不断反思自己的教学实践，总结经验教训，及时调整发展方向。

积极参与研究：积极参与教育研究是推动教师职业发展的关键因素之一。通过参与研究项目，教师能够深入了解教育问题，提高解决问题的能力，同时也为个人职业发展积累丰富的经验。

注重跨学科发展：教育领域的变革往往涉及多个学科的交叉。注重跨学科的学习和发展，能够使教师更全面地理解教育问题，拓展自己的专业视野。

建立良好的师德师风：良好的师德和师风是教师职业发展的基石。教师应该注重自身道德修养，保持教育热情，尊重学生，与同事和谐相处，树立良好的教育形象。

（四）教师职业发展的未来趋势

数字化技术的深入应用：随着数字化技术的飞速发展，未来教育将更加数字化。教师需要不断学习和掌握新的教育技术，以更好地支持学生的学习。

全球化视野的培养：全球化发展下，未来的教师需要培养全球化视野，更好地理解多元文化，应对不同文化背景学生的需求。

创新教学模式：未来教育将更注重创新教学模式的实践。教师需要在教学中不断尝试新的方法，激发学生的创造力和创新思维。

个性化教育：未来教育将更加个性化，注重每个学生的特点和需求。教师需要学习个性化教育的理念和方法，更好地满足学生的学习需求。

教育科研的重要性：教育科研将成为未来教师职业发展的重要方向之一。通过参与科研项目，教师能够深入研究教育问题，提升自己的学科水平。

跨学科学习：教育问题往往涉及多个学科，未来的教育将更加注重跨学科学习。教师需要不断扩充自己的学科知识，提高综合素质。

社会责任教育：未来的教育将更加注重培养学生的社会责任感。教师需要关注社会问题，通过教育引导学生积极参与社会活动，为社会发展贡献力量。

教师职业发展计划是教育事业中至关重要的一环。通过明确的目标、科学的计划、不断学习和积累经验，教师能够更好地适应教育领域的变革，提高自身素质，为学生提供更优质的教育服务。未来，随着教育形势的发展和社会需求的变化，教师需要具备更全面、更高级的职业素养，积极适应教育变革，为培养更多有理想、有担当的新一代贡献自己的力量。

三、教育技术对教师学习的影响

随着科技的快速发展，教育技术已经成为现代教育的重要组成部分。它不仅对学生的学习方式产生深远影响，同时也对教师的专业发展和学习方式带来了重要变革。下面将深入探讨教育技术对教师学习的影响，包括教育技术的定义，教育技术对教学方法的改变、对教师专业发展的促进等方面的内容。

（一）教育技术的定义

教育技术是指利用先进的技术手段和方法，通过对教育过程和教学活动进行设计、管理和改进，以提高教育质量的一门交叉学科。它包括了多种工具、资源和应用，例如计算机、互联网、在线教育平台、教学软件等。教育技术的目标是更有效地促进学生的学习，提高教学效果，为教师提供更多更灵活的教学手段。

（二）教育技术对教学方法的改变

个性化学习：教育技术为教师提供了实施个性化学习的可能性。通过学习管理系统和智能学习应用程序，教师能够更好地了解每个学生的学习风格、兴趣和水平，从而个性化地调整教学内容和方式，使学生更容易理解和掌握知识。

互动性和参与度提升：利用互联网和多媒体技术，教育技术使得教学变得更加生动有趣。教师可以通过在线平台创建互动性强的教学资源，如在线测验、虚拟实验、教学游戏等，提高学生的参与度和学习积极性。

异地教学和在线学习：教育技术突破了地域的限制，使得异地教学和在线学习成为可能。教师可以通过网络教育平台传授知识，学生也可以在不同地点参与学习，这为教学资源的全球化提供了可能。

混合式教学：结合传统面对面教学和在线学习的混合教学模式逐渐受到重视。这种模式下，教师可以更灵活地选择教学内容，学生则能够在课堂外更加自主地学习，使得教学更加贴近学生的需求。

即时反馈：教育技术使得即时反馈成为可能。通过在线测验和学习分析工具，教师可以即时了解学生在学习过程中的表现，及时调整教学策略，提高教学效果。

（三）教育技术对教师专业发展的促进

专业发展资源的丰富性：教育技术为教师提供了丰富的专业发展资源。在线课程、教育技术研讨会、教学资源共享平台等使得教师可以随时随地获取最新的教育理念和教学方法，促进自己的专业成长。

技术应用能力的提升：随着教育技术的不断发展，教师需要适应并掌握新的技术工具。这促使教师提升自己的技术应用能力，从而更好地整合技术到教学中，提高教学效果。

学科知识的拓展：教育技术的应用需要教师具备跨学科的知识。教育技术的发展激励教师拓展学科知识，了解与自己教学领域相关的最新科技进展，使得教师在多个领域都能胜任。

创新教学方法的鼓励：教育技术的引入鼓励教师尝试新的教学方法。通过使用新的技术工具，教师可以更灵活地设计和实施教学活动，促进创新和实践。

教育领导力的培养：教育技术的应用不仅是在课堂上，还涉及教育管理和领导。教育技术的发展培养了教师在技术整合和管理方面的领导力，使得他们更好地适应学校管理和发展的需要。

（四）教育技术的挑战与应对

技术依赖：部分教师可能过度依赖技术，导致在传统教学方法上缺乏灵活性。解决方法是强调技术仅是辅助手段，而不是替代教育本质的工具。教师需要在技术与传统教学方法之间找到平衡，灵活运用，根据实际情况做出恰当的选择。

技术知识不足：部分教师可能缺乏足够的技术知识，无法充分利用教育技术。为了解决这个问题，学校和相关机构应提供定期的专业发展培训，帮助教师提高技术水平，熟练掌握教育技术的使用方法。

数字鸿沟：在一些地区，一部分教师和学生无法获得高质量的教育技术。政府和相关组织需要加大力度，提供基础设施和资源，确保所有学校和教师都能平等地享受到教育技术的益处。

隐私和安全问题：在线学习和数字化教学带来了学生隐私和数据安全的问题。教育机构需要制定严格的隐私政策和数据安全措施，确保学生和教师的个人信息得到充分保护。

应试教育的影响：部分地区的应试教育体制可能限制了教育技术的应用。教育机构需要与政府合作，促使教育体制更加注重学生综合素养和创新能力的培养，从而更好地融入教育技术的发展。

（五）未来展望与发展方向

人工智能的应用：人工智能技术在教育领域的应用将进一步深化。通过智能教育系统，个性化的学习路径和内容将更好地满足学生的需求，帮助教师更精准地进行教学。

增强现实（AR）和虚拟现实（VR）技术：AR 和 VR 技术将为学生提供更为沉浸式的学习体验，例如虚拟实验室、虚拟历史场景等，从而增强学习的真实感和趣味性。

区块链技术的应用：区块链技术可以提供更安全、透明、可追溯的学习环境。学生的学习记录、证书等可以通过区块链技术进行安全存储，增加学历认证的可信度。

开放教育资源（OER）的发展：OER 的普及将为教育技术的发展提供更广阔的空间。通过共享教学资源，教育将更加开放，教师可以更灵活地利用各种资源进行教学。

学习分析和数据驱动教学：学习分析和数据驱动教学将成为未来教育技术的重要方向。通过分析学生的学习数据，教师可以更好地理解学生的学习状况，从而更有针对性地进行教学设计。

教育技术已经深刻地改变了教学方式和学习环境，对教师学习和专业发展产生了深远的影响。教师需要不断学习和适应新的技术工具，提高自己的数字素养，以更好地引导学生面对未来社会的挑战。同时，政府、学校和相关机构也需要共同努力，为教师提供更多的支持和培训，确保教育技术的有效应用，最终实现教育的创新和提升。

参考文献

[1] 刘天娥.学前教师教育课程设置研究 [M].武汉：武汉大学出版社，2017.

[2] 张力.体育课程教学优化及其与信息技术融合的探索 [M].北京：中国书籍出版社，2019.

[3] 卢虹.应用型教师发展研究 [M].上海：同济大学出版社，2019.

[4] 赵长林，王桂清，李友雨.大学课程与教学研究 [M].北京：北京理工大学出版社，2020.

[5] 王朝霞.高校音乐教师教育与基础音乐教育对接共赢 [M].广州：暨南大学出版社，2019.

[6] 刘文华.应用技术本科教育课程模式研究 [M].上海：上海教育出版社，2018.

[7] 李秀奇，姜文晋，唐晶.新课标下学校体育课程建设与发展研究 [M].徐州：中国矿业大学出版社，2018.

[8] 周遵琴.高校体育教学改革与发展 [M].成都：电子科技大学出版社，2015.

[9] 徐道平，王凤娇，赵卫红.互联网时代下高校英语教学研究 [M].长春：吉林人民出版社，2019.

[10] 钟海青.教师教育改革与发展探索 [M].桂林：广西师范大学出版社，2008.

[11] 龚敏，傅成华.地方高校教学改革与教学研究探索 [M].成都：西南交通大学出版社，2009.

[12] 李建成.测绘学科和专业发展战略研讨会征文汇编 [M].武汉：武汉大学出版社，2021.

[13] 李罡.高校艺术类专业实践教育模式创新研究与实践 [M].石家庄：河北美术出版社，2016.

[14] 刘胜祥，黎维平.植物学精品课程建设研究 [M].武汉：湖北科学技术出版社，2008.

[15] 马敏，王坤庆.变革中的教师教育：华中师范大学免费师范生培养的理论与实践探索 [M].武汉：华中师范大学出版社，2012.

[16] 杨维.教学思想与观念探索 [M].大连：东北财经大学出版社，2007.